莫言和他的故乡

林间

莫言和他的故乡

厦门大学出版社　国家一级出版社
XIAMEN UNIVERSITY PRESS　全国百佳图书出版单位

故乡是莫言成长的沃土
——序《莫言和他的故乡》

阎海峰

  2012年10月11日,中国当代作家莫言获得了诺贝尔文学奖。消息传来,从文坛内外到普通百姓,人们都感到无比欣慰和振奋;海内外媒体的记者们更是齐集莫言的故乡高密,与莫言近距离接触,用最快的速度报道这一文坛盛事。作为莫言的同乡,我在欣慰之外,也油然而生了几分自豪。

  莫言获奖当日,在故乡高密举行的新闻发布会上,他谈到了自己与故乡的关系:"我的故乡和我的文学是密切相关的。""高密有泥塑、剪纸、扑灰年画、茂腔等民间艺术。民间艺术、民间文化伴随我成长。我从小耳濡目染这些文化元素,当我拿起笔来进行文学创作的时候,这些民间文化元素就不可避免地进入了我的小说,也影响甚至决定了我的作品的艺术风格。"

  故乡在莫言心中一直占有很重要的分量。诚如他所言:"我出生于斯,长于斯,我与这个地方是血肉相连的,无论这个地方多么贫瘠、多么荒凉,但是作为一个故乡的人,作为一个在外的游子,一旦踏上这块土地,你就会心潮激荡,到任何地方那种感觉都是不可能产生的,这就是所谓的故乡的力量。"虽然他曾经对故乡充满"怀乡"与"怨乡"的情绪,但每当他一回到故乡,就会自然而然地"掉进那块高粱地"。尤其是随着年龄的增长,他越来越眷恋故乡,每年都要回故乡住上一段时间,以寻找创作的灵感。

  故乡是莫言成长的起点,更是他文学创作的沃土。当年,他参军到部队后,刚开始创作时曾固执地认为,童年是酸涩到不堪的,因此在文字中有意"去高密"化。为了抵制故乡的诱惑,他去写海洋、山峦、军营;为了让小说道德高尚,他给主人公的手里塞一本《列宁选集》;为了让小说有贵族气息,他让主人公日弹钢琴三百曲等等,但始终摆脱不了"附庸风雅"的"胡编乱造"。

  后来他醒悟了过来,觉得还是应当以自己生长的这块古老的土地为根基,以自己熟悉的乡村为背景,写自己擅长的农村生活题材。于是,从上世纪80年代中期起,莫言以一系列乡土作品崛起,写的是一出出发生在山东高密东北乡的"传奇"。他熟悉的亲人——奶奶、父亲、母亲、姑姑先后成了他文学作品的原型,苦难的童年成了他文学创作的源泉。经过二十多年持之不懈的努力,他终于在自己的作品中打造出了一个"高密文学王国"。在某种意义上,诺贝尔文学奖正是对他建立的这个堪与马尔克斯的"马孔多小镇"相媲美的"高密文学王国"的奖赏!

上世纪七十年代,我和莫言先后从故乡高密参军入伍,我是70年的兵,他是76年的兵;他留在了胶东"老根据地",我则奔赴了江西、福建的红土地。上世纪八十年代,我们又有幸作为部队文艺工作者,在军营里从事专业文学创作,并取得了一些微小的成绩。

1980年,我的处女作、散文《觅食深山》在《解放军文艺》发表后,引起了领导的重视,不仅送我到部队举办的新闻报道和文艺创作学习班学习,而且把我调到师团两级演出队担任编剧工作。后来,又被调到福州军区政治部创作室任创作员。在闽期间,我创作的长篇报告文学《福马大隧道》、《厦门大拍卖》、《惊动全国第一案》等作品曾先后荣获解放军总政治部"当代军人风貌奖"、"全国报告文学一等奖"等奖项。

1981年,莫言的处女作、短篇小说《春夜雨霏霏》在保定《莲池》杂志发表,此后他便一发而不可收,接连发表了《丑兵》、《为了孩子》等多篇小说,不久就被提干,并调到总参三部五局任宣传干事。后来,又被送往解放军艺术学院学习。在学期间,他先后发表了《金色的红萝卜》、《白狗秋千架》、《红高粱》等中短篇小说,并获得了《解放军文艺》年度优秀小说奖、台湾联合报小说奖和第四届全国中篇小说奖。

1988年我从驻福建野战部队调到济南军区政治部,准备从事专业创作,后因故转业到了地方。而莫言自1987年与张艺谋合作、把小说《红高粱》改编为电影并获得第38届西柏林国际电影节金熊奖之后,在文学创作的道路上突飞猛进。从《红高粱家族》到《天堂蒜薹之歌》,从《丰乳肥臀》到《檀香刑》,从《生死疲劳》到《蛙》,一部部精彩纷呈的长篇小说先后问世,不仅为中国当代文学增添了光彩,而且丰富了世界文学的宝库。最后,他实至名归地摘取了诺贝尔文学奖的桂冠。

相比之下,在为自己感到惭愧的同时,我更深为自己有这样一位同乡、这样一位战友而感到骄傲和自豪!

记得莫言获奖当日,地方报社的记者让我代表潍坊市作家协会发表对

莫言获奖的感言，我在向莫言表示祝贺的同时，也着重谈了莫言的成长与故乡的关系。在我看来，莫言能取得今天这样的成就与故乡的滋育是密不可分的，"确切地说，高密东北乡是莫言的精神原乡和文学故土，它既是莫言用自己作品构建的王国，也是他吸取营养和力量的地方。"第二天，报纸在《文学作品都不是孤立存在的》通栏标题下，刊出了我的感言。

莫言获奖之后，许多报刊的记者和有关栏目的编辑，纷纷找到潍坊市作协，希望了解莫言在故乡高密创作的情况。由于高密是潍坊下辖的县级市，作为潍坊市作协秘书长的我自然也责无旁贷，尽自己所知，向媒体介绍了莫言的相关情况。我觉得，莫言倾半生之力，圆了中国人的百年"诺贝尔文学奖"之梦，自己为之做一些宣传、推介工作，完全是应尽的责任和义务。只是苦于全面介绍莫言的书籍太少，介绍起来往往挂一漏万。

就在此时，从千里之外的福建传来了林间编写的《莫言和他的故乡》一书即将出版的消息。

几个月前，林间从福建到山东考察投资项目，彼此相谈甚欢，我尽自己所能为他们提供了一些参考意见。其间，林间送给我一本他在厦门大学建校90周年时出版的作品——《芙蓉湖畔忆"三林"——林文庆、林语堂、林惠祥的厦大岁月》（厦门大学出版社2011年出版），我也回赠了自己的军旅作品集《军营春秋》（解放军文艺出版社2001年出版），以及自己参与主编的一套《潍坊酒文化》系列丛书（作家出版社2010年出版）。于是我们成了相知的"文友"。

几天前，林间从厦门给我打来电话，嘱我为其即将出版的新作《莫言和他的故乡》写几句话。我虽有点犹豫，毕竟是关于莫言的书；却也不敢推辞，毕竟是朋友的一腔信任，况且这对我宣传、介绍莫言也有帮助。于是，恭敬不如从命。

我想，林间在繁忙的工作之余，能挤出时间，倾力写出这部20余万字的作品，不仅显示了他的文学水平和功力，而且也表现了他的"三热爱"——对莫言的热爱、对文学的热爱，以及对莫言的故乡——齐鲁大地的热爱。书中不仅较为全面地描写了莫言获奖的历程、成长的历程以及创作的历程，而且重点描述了莫言和故乡血脉相连的关系以及故乡对莫言创作所产生的巨大作用和影响。虽然由于时间关系我未及阅读全书，但从该书《目录》和部分章节中，已可看出这是一部资料丰富、文笔生动的精品力作，也是一部对读者全面了解莫言、感悟莫言十分有益的参考读物。

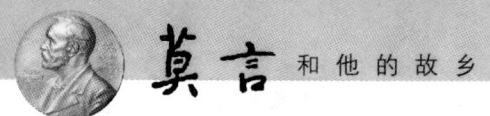

　　期盼着《莫言和他的故乡》早日问世；期盼着莫言的故乡涌现出更多的文学新人，成为一方令人向往的文学沃土；期盼所有的读者在莫言精神的激励下，"接地气，通人脉"，为国家的繁荣兴盛做出更大的贡献！是为序。

2012年12月3日于山东潍坊

　　（阎海峰：山东高密人，中国作家协会会员，国家一级创作。现为山东潍坊市文联专职作家，潍坊市作协秘书长）

目录

第一章　不眠之夜 /1
　　一、时间凝固在那一刻 /2
　　二、漫长等待的岁月 /9
　　三、莫言 PK 村上春树 /21
　　四、收获的秋天到来了 /35
　　五、斯德哥尔摩：欢乐的冬夜 /47

第二章　齐鲁大地的儿子 /61
　　一、"苦难"的年代 /62
　　二、军中岁月 /70
　　三、处女作：《春夜雨霏霏》/75
　　四、军艺才子 /84
　　五、成名作：《透明的红萝卜》/91

第三章　高粱红了 /99
　　一、首部获奖小说：《红高粱》/100
　　二、首部长篇小说：《红高粱家族》/106
　　三、《红高粱》：从小说到电影 /112
　　四、中国：高粱红了 /123

第四章　故乡泥土的芬芳 /133
　　一、一分耕耘一分收获 /134
　　二、1985 年：《白狗秋千架》/141
　　三、1988 年：《天堂蒜薹之歌》/153
　　四、1993 年：《酒国》/157
　　五、1995 年：《丰乳肥臀》/164

第五章　蛙声一片 /171

　　一、《檀香刑》：鼎均双年文学奖 /172

　　二、《四十一炮》："华语文学传媒大奖" /180

　　三、《生死疲劳》："红楼梦奖" /185

　　四、《蛙》：茅盾文学奖 /196

　　五、作家与"地气" /204

第六章　乡土生活的馈赠 /213

　　一、高密：莫言文学馆 /214

　　二、"东北乡"传奇 /221

　　三、怀乡与怨乡 /226

　　四、莫言创作研讨会 /236

　　五、潍坊：飞翔的风筝 /244

第七章　从故乡走向世界 /251

　　一、故乡与亲人 /252

　　二、大江健三郎 VS 莫言 /262

　　三、红高粱文化节 /268

　　四、法兰克福书展 /275

　　五、越是中国的越是世界的 /284

附　录　莫言生平及创作大事记 /299

　　后　记 /304

第一章　不眠之夜

2012年10月11日,中国人迎来了北京奥运会开幕式之后的又一个不眠之夜。如果说,四年前的那个夜晚,是全体中国人为了整个民族崛起的一次集体狂欢;那么,四年后的这个夜晚,则是中国人为了自己民族的一位优秀分子登上世界文学最高殿堂的喜悦与振奋。

莫言 和他的故乡

一、时间凝固在那一刻

时间凝固在北京时间10月11日19时（瑞典当地时间10月11日13时）。位于北欧的瑞典学院诺贝尔奖评审委员会正式宣布，将2012年诺贝尔文学奖授予中国作家莫言。莫言因此成为第一位获得诺贝尔文学奖的中国籍作家。

当瑞典学院常务秘书彼得·恩格隆德宣布中国作家莫言获得诺贝尔文学奖时，整个大厅沸腾起来了！应邀出席新闻发布会的中央电视台记者李晶思回忆说，现场气氛非常热烈，大家纷纷上前祝贺中国记者。

当天，中国《环球人物》杂志的三位记者刘仲华、董阳、张晓博特意提前1小时赶往瑞典学院，经过两道安保的检查才进入现场。他们发现，古色古香的学院大厅里已经挤满了前来占位的媒体记者和各种机器。大家都把镜头对准了大厅一角紧闭着的大门。这扇通往院士会议室的大门已经被围栏围住，再过一会儿，今年诺贝尔文学奖的神秘答案就将从这扇大门里带出来。

记者环视了一下周围，只见人头攒动，参加发布会的人数似乎明显比去年多。除来自世界各国的媒体记者外，还有一些学者和当地高校的学生。瑞典学院每年通过抽签决定谁可以到现场旁听发布会，幸运被选中者通常都兴高采烈，早早地就赶到现场。一位教授在得知刘仲华等记者来自中国后，便预测说："今年肯定是亚洲作家获奖。"[1]

13点整，紧闭的大门打开了，瑞典学院常务秘书彼得·恩格隆德在"咔嚓咔嚓"的快门声中走了出来。他像往常一样淡定，先是用瑞典语、后来又用英语宣布："今年的诺贝尔文学奖授予中国作家莫言。"

话音未落，人群中爆发出一阵欢呼声，所有挤在现场的中国记者和旅瑞华人都激动不已。周围的瑞典人则纷纷向中国记者表示祝贺。

瑞典文学院在颁奖词中称，"莫言将现实和幻想、历史和社会角度结合在一起。他创作中的世界令人联想起福克纳和马尔克斯作品的融合，同时

2012 年诺贝尔文学奖新闻发布会现场

又在中国传统文学和口头文学中寻找到一个出发点。"②因此,将 2012 年诺贝尔文学奖授予了莫言。

大厅另一侧的一张空桌子,迅速被布置成一个展台,放上了 10 多本莫言的瑞典语、英语和法语著作,其中有《红高粱家族》《丰乳肥臀》等。书的旁边还摆放着瑞典学院关于莫言获奖的一大沓瑞典语、英语、德语、法语新闻公报,上面有对莫言本人和作品的介绍以及评价,供与会者取阅。

瑞典学院院士、诺贝尔文学奖评委之一、瑞典著名汉学家马悦然在接受新华社记者专访时说,莫言是中国最好的作家之一,他的作品十分富有想象力和幽默感,他很善于讲故事。"他不学别人,他只写他要写的东西。"马悦然与莫言是相识 30 年的好朋友,近年来,他翻译了莫言的两部作品,但都还没有出版,因为怕有人据此推测莫言要获奖。他笑着跟记者说:"今天晚上回家可以拿给出版社出版了。"他认为,此次莫言获奖将有助于进一步把中国文学介绍给世界。

瑞典汉学家陈安娜是莫言的三部长篇小说——《红高粱家族》《天堂蒜薹之歌》《生死疲劳》(瑞典语版本)的翻译者。她的先生、旅瑞华人作家万之在发布会现场接受记者采访时说:"《生死疲劳》非常精彩,5 年前当安娜拿到这部作品时,我就对她说,你一定要翻译,这是一部能拿诺贝尔奖的作品。今天我很激动,这是中国籍作家在文学奖的零的突破。大陆有很多好的作家,莫言是第一个,但不是最后一个。得奖可以让全世界关注中国文学，关注中国作家。"

尽管由于世界经济不景气及连年入不敷出，诺贝尔基金会已经宣布，将2012年的奖金数额削减20%，通过减少开支来保护基金会的长线投资。这意味着诺贝尔奖的奖金数额将从目前的1000万瑞典克朗减至800万瑞典克朗(约合人民币750万元)，但不容否认，该奖项依然是世界上屈指可数的文学巨奖。

在公布诺贝尔文学奖"新科"获奖者后，瑞典学院工作人员立即用中文对莫言进行了电话采访。莫言在采访中表示，听到获奖后感到非常惊讶，"因为我一直感觉诺贝尔文学奖离我非常遥远"。采访者告诉他，今后全世界大学生都会阅读他的作品，并请他推荐一部自己的主要作品，莫言推荐了今年刚刚在瑞典出版的长篇小说——《生死疲劳》。他说："这本书比较全面地代表了我的写作风格，以及我在小说艺术上所做的一些探索。"

在谈到当年如何走上文学道路时，莫言直言，自己很小的时候就开始读书，后来读得多了，就引发出对文学的强烈兴趣。"当我拿起笔写作的时候，我首先感觉到有很多话要说，我发现通过文字表达是最有力量的、也是最自由的一种方式，所以我就开始写作了。"他坦言，自己当然也想通过写作来证明自己、改变个人的命运。③

这是一个不寻常的夜晚，也是一个不平静的夜晚。当晚，位于北京朝阳区东土城路25号的中国作家协会灯火通明，从作协领导到普通工作人员，都掩饰不住自己喜悦的心情，因为获得2012年诺贝尔文学奖的著名作家莫言正是中国作协的现任副主席④，因为中国文学界在诺贝尔文学奖获奖史上有了"零的突破"。随后，中国作协通过官方网站发表贺词，向莫言表示热烈祝贺。贺词全文如下：⑤

欣闻莫言先生荣获2012年诺贝尔文学奖，我们表示热烈祝贺！

在几十年文学创作道路上，莫言对祖国怀有真挚情感，与人民大众保持紧密联系，潜心于艺术创新，取得了卓越成就。自上世纪80年代以来，莫言一直身处中国文学探索和创造的前沿，作品深深扎根于乡土，从生活中汲取艺术灵感，从中华民族百年来的命运和奋斗中汲取思想力量，以奔放独特的民族风格，有力地拓展了中国文学的想象空间、思想深度和艺术境界。莫言的作品深受国内外广大读者喜爱，在中国当代文学史上占有重要地位。

莫言的获奖,表明国际文坛对中国当代文学及作家的深切关注,表明中国文学所具有的世界意义。希望中国作家继续勤奋笔耕,奉献更多精品力作,为人类的文化发展作出新的贡献!

中国作家协会

当晚,中共中央政治局常委李长春也致信中国作家协会,对中国当代著名作家、中国作家协会副主席莫言获得2012年诺贝尔文学奖表示祝贺。

李长春在贺信中说,随着我国改革开放和现代化建设的迅猛发展,中国文学迸发出巨大的创造活力,广大中国作家植根于人民生活和民族传统的深厚土壤,创作出一大批具有中国特色、中国风格、中国气派的优秀作品。莫言就是其中的杰出代表。莫言获得诺贝尔文学奖,既是中国文学繁荣进步的体现,也是我国综合国力和国际影响力不断提升的体现。他希望广大作家坚持以人民为中心的创作导向,贴近实际、贴近生活、贴近群众,创作出更多无愧于历史、无愧于时代、无愧于人民的优秀作品,为中华文化繁荣发展,为人类文明进步作出新的更大贡献。⑥

莫言获奖后接受记者采访

一石激起千层浪。莫言获奖在中国文学界以及海内外引起了极大的反响,许多作家和普通老百姓纷纷对此表示祝贺,并通过媒体表达了自己的喜悦和兴奋之情。

著名作家、原文化部部长王蒙在接受央视网记者采访时表示:"这是一

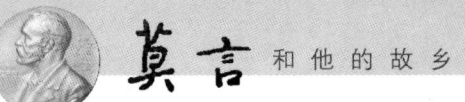

件很好的事情,说明中国当代作家,以及中国当代文学成就获得了世界的关注。"王蒙认为,"莫言是中国这一代很具代表性的作家,其作品在国内外的影响很大,包括日本的著名作家大江健三郎等,对莫言都有很高的评价。"王蒙还认为:"诺贝尔文学奖对于喜欢写作的人来讲,都是有很正面的鼓励作用的。"

中国作家协会主席铁凝对记者说,"听到这个消息,我非常高兴,向莫言表示最诚挚的祝贺!"她认为,莫言在30多年的创作道路上,一直身处中国文学探索和创造的前沿,他的作品始终深深扎根于乡土,他的视野亦从来不拒"外来"。他从我们民族百年来的命运、奋斗、苦难和悲欢中汲取思想的力量,以奔放而独异的鲜明气韵,有力地拓展了中国文学的想象空间和艺术境界。他讲述的中国故事,洋溢着浑厚、悲悯的人类情怀。

铁凝激动地说,莫言的作品不仅深受国内广大读者的喜爱,而且就我所知,他的作品在国外也深受一大批普通读者的喜爱。我和他一起在西班牙参加中西文学论坛的时候,他生病住进医院,他的主治医生就是他的读者。这给我留下了很深刻的印象。在中国当代作家中,莫言的作品可能也是译成国外语种最多的。虽然莫言在中国当代文学史上占有非常重要的地位,但他始终是一个朴素而多产的劳动者姿态。

铁凝认为,莫言的获奖,表明国际文坛对中国文学和作家的关注,表明中国当代作家几十年不倦的实践和努力,正在产生越来越大的国际影响。这对今后的中国文学引起国际上更多读者的关注、研究、了解和兴趣,以及中外文学交流,都会产生积极的影响。莫言的获奖,也表明了中国文学所具有的世界意义。

在衷心祝贺莫言获奖的同时,铁凝表示:"实际上,对于一个成熟的、把写作视为生命的作家而言,获得任何一种奖项,都不会是他写作的最重要的动力。""我相信,莫言和一大批中国作家,以及一批生活在世界各地的优秀华人作家同行们将继续勤奋写作,积攒充沛的创造能量,为人类的文明进步、人类文化财富的积累作出应有的贡献。"

与莫言同为中国作家协会副主席的高洪波在接受媒体采访时说:"为莫言感到由衷高兴,为中国文学自豪,为他举杯庆祝!我觉得他对中国本土文化的了解,对高密县土地的了解程度和认识深度,在中国作家中是非常优秀的。"高洪波认为,"真正的文学具有民族的特色,民族的风格,民族的气质,但它必然具有文学的共通性,能够超越我们的族群,我们国家的地理疆域"。

莫言获奖表明,中国文学正在世界文学中成为一棵枝叶繁茂的大树。

中国作协书记处书记李敬泽在接受记者采访时表示,"2012年10月11日晚,对热爱中国文学的人来说,是个欢乐的晚上。"他认为,莫言此次获奖,不仅是对他本人的肯定,也证明了中国文学所具有的世界性意义。这30年来,莫言一直处在文学创作和探索的前沿。他的创作一方面深深扎根于民间传说,一方面与世界文学构成了强劲的对话。莫言的获奖,将进一步促进中国文学与世界文学的对话。⑦

大陆著名作家莫言获得诺贝尔文学奖的消息,在海峡对岸也引起了极大的关注,并引发了台湾岛内新一轮"莫言热"。10月11日晚间,台湾岛内的网络、广播、电视、通讯社等多种媒体即时播发了莫言获奖的消息。10月12日出版的多家大报更是以头版头条的位置,图文并茂地报道了莫言"以魔幻写实手法糅合中国乡土民间故事、历史及现代生活",最终摘取诺贝尔文学奖"桂冠"的消息。⑧

知名作家、现任台湾文化主管部门负责人龙应台在听到莫言获奖的消息后,开心地说:"莫言得奖,太棒了!"作为与莫言相识约20年的朋友,龙应台在谈到莫言时说,"他长得就很有喜感,胖胖的一团,他常笑"。龙应台认为,莫言"一直拥抱着家乡的泥土、红高粱与他的人群,其意义非凡"。他的小说充满方言,从中可以看到村落的经验是如何给人以充沛的生命力。他的创作当中充满土地的元气,他的作品"既泥土又狂野,既荒诞又现实。"莫言得奖,证明"最泥土的人就最国际"。龙应台坦言自己最喜欢的莫言小说是《生死疲劳》,她说,自己"每回读莫言的小说,都会感叹,我不如他。"

龙应台认为,莫言的得奖对台湾而言,是如何把更多好的文学作品翻译成外文,让更多国家接受;对大陆而言,可让莫言成为文化大使,到世界游走,"他多有魅力,一开口就迷倒所有人。"⑨

台湾文学界对莫言获奖表达了"实至名归"的祝贺。2010年莫言到访台湾时曾与之进行"新世纪华语文学"对谈的作家骆以军表示,莫言的"魔幻"不是虚的,而是实的,他对民间有深刻的观察。曾写过专文评价莫言作品的台湾"中研院"院士王德威,对莫言得奖写下了"华文文坛众望所归"的评语,他说:通过乡土叙事、现实主义、民族形式,我们可以更好地理解莫言在当代中国小说中的书写位置。

从2000年就开始陆续引进和出版莫言小说的麦田出版公司总编涂玉云指出,莫言写作愈长篇、功力愈显现,其布局和驱动的能力无人能比。出版社近期会把莫言几本重要长篇小说再版。著名的台湾诚品书店开设了莫言著作专区,让读者能重新回味莫言说故事的魅力。台湾众多文学爱好者也在网络论坛上热议莫言,称:"莫言是全球华人的骄傲,台湾与有荣焉"。

在被誉为"东方之珠"的香港,《大公报》发表文章称,"毫无疑问,2012年10月11日19:00将在中国文学史上留下辉煌的一笔。"撇开"第一人"不说,中国籍作家获诺贝尔文学奖无疑是中国文学获得世界认可的一个重要标志。莫言获奖证明:中国作家也可以问鼎诺贝尔文学奖。这对莫言个人来说,意味着他的文学作品受到了诺贝尔文学奖的认可;于中国文学而言,意味着中国文学与世界更近了一步。

莫言获得诺贝尔文学奖,令中国文学界为之沸腾,也让亿万国人倍感兴奋!正如中国作协一位负责人所说,莫言获奖表明百年诺贝尔文学奖正在发生着一个历史性的转折,中国文学与世界的对话,也正在非常有力地展开……

①参见《环球时报》2012年10月12日报道。

②该颁奖词的另一种译文是:"通过幻想与现实、历史视角与社会视角的混合,莫言结合威廉·福克纳(William Faulkner)与加夫列尔·加西亚·马尔克斯(Gabriel García Márquez)作品中的因素,创造了一种世界性怀旧,与此同时,也找到了旧式中国文学与语言传统的新出发点。"

③参见《京华时报》2012年10月12日报道(记者聂宽冕、唐平)。

④中国作协现任主席为铁凝,副主席为王安忆(女)、叶辛、刘恒、李冰、李存葆、何建明、张平、张抗抗(女)、陈忠实、陈建功、莫言、高洪波、廖奔、谭谈。

⑤中新网2012年10月12日电。

⑥新华社2012年10月12日电。

⑦新华网北京2012年10月12日电。

⑧新华网台北2012年10月12日电。

⑨中新网台北2012年10月11日电。

二、漫长等待的岁月

自从1901年诺贝尔文学奖设立以来,已经走过111年的历程。百年来,曾有许多位中国作家"走近"诺贝尔文学奖的殿堂,却又一次次地与之"失之交臂"。以至在中国文学界乃至许多中国人心中,留下了一个很深的"诺贝尔奖情结"。

早在上世纪初,诺贝尔文学奖设立之后仅仅十二年,1913年,海外归来的中国学者辜鸿铭就与印度诗人泰戈尔同时被提名为当年诺贝尔文学奖候选人。举荐辜鸿铭的理由在于他用娴熟的英语翻译了中国著名儒学经典《四书》中的三部——《论语》、《中庸》和《大学》,使具有数千年悠久历史的中国文化传播至西方社会,有力地促进了中西文化的交流。尽管瑞典皇家文学院当年有意将诺贝尔文学奖授予一位东方人。然而,辜鸿铭的竞争对手却是著名的印度诗人泰戈尔。①

辜鸿铭

虽然在获得诺贝尔奖之前,泰戈尔仅仅到英国旅居过三次:第一次(1878—1880年)是作为留学生,第二次(1890年)是作为来去匆匆的游客,两次都没有给高傲的英国人留下什么印象。而1912年的第三次欧洲游,却使泰戈尔结识了英国文学界的许多知名作家、诗人,包括叶芝、肖伯纳、威尔士、布里吉斯、高尔斯华绥,以及旅居欧洲的美国诗人庞德等。

大诗人叶芝在读了泰戈尔自己译成英文的诗集——《吉檀迦利》手稿后,激动不已,称誉泰戈尔的诗"是高度文明的产物,如同沃土中长出的灯芯草。"他不仅在席间热情洋溢地朗诵了泰戈尔的诗歌,并亲自为《吉檀迦利》的英文版作序。这篇序言随同诗集一起被译成多种语言,在世界各地广为传播。而庞德以其担任芝加哥《诗艺》杂志记者之便,抢在《吉檀迦利》在英国问世之前,率先发表了泰戈尔的 6 首诗。后来,他又写了几篇关于泰戈尔的文章,其评价之高不下于叶芝的序言。一时间,泰戈尔及其诗歌成了伦敦文学界的热门话题,泰戈尔也一下子成为英国家喻户晓的大诗人。

不久,英国诗人斯杰茨·穆尔正式向瑞典皇家学院推荐泰戈尔,希望能将下一年度的诺贝尔文学奖授予这位印度诗人。瑞典皇家学院经过审慎考虑和集体投票,最终决定将 1913 年的诺贝尔文学奖授予泰戈尔,以表彰"其诗作所揭示的深沉意蕴与高尚目标",以及他"用西方文学普遍接受的形式对于美丽而清新的东方思想之绝妙表达"。②辜鸿铭则"名落孙山"了。

1927 年,又有一位中国著名作家"走进"了西方学者的眼里,这位作家便是以《狂人日记》《孔乙己》等作品名闻遐迩的鲁迅。当时,来自瑞典的探测学家斯文·赫定到中国考察及任教,在上海期间,他了解了鲁迅的文学成就以及他在中国文学上的巨大影响。这位爱好文学的瑞典人,与北大同仁刘半农商量,准备推荐鲁迅为诺贝尔文学奖候选人。

鲁迅

刘半农托鲁迅的好友台静农去信征询鲁迅的意见,却被鲁迅婉言谢绝了。9 月 25 日,鲁迅在给台静农的回信中说到:"诺贝尔赏金,梁启超自然不配,我也不配,要拿这钱,还欠努力。世界上比我好的作家何限,他们得不到。你看我译的那本《小约翰》,我哪里做得来,然而这作者就没有得到。"鲁迅还说:"我觉得中国实在还没有可得诺贝尔奖赏金的人,瑞典最好不要理我们,谁也不给。倘因为黄色脸皮的人,格外优待从宽,反足以长中国人的虚荣心,以为真可以与别国大作家比肩了,结果将很坏。"③

其时,斯文·赫定作为瑞典最后一个无冕贵族,是瑞典皇家科学院和皇家文学院的成员,在诺贝尔奖的科学和文学两项评选中有发言权,被认为是瑞典诺贝尔奖的关键人物之一。然而,鲁迅自己认为他不配,于是谢绝了提名。

台静农后来回忆说,"1927 年 9 月中旬,魏建功先生在北京中山公园举行订婚宴,北大同人刘半农、钱玄同等都前往祝贺。席间半农把我叫出去,说在北大任教的瑞典人斯文·赫定是诺贝尔奖金的评委之一,他想为中国作家争取一个名额。当时有人积极为梁启超活动,半农以为不妥,他觉得鲁迅才是理想的候选人。但是,半农先生快人快语,口无遮拦,他怕碰鲁迅的钉子,便嘱我出面函商,如果鲁迅同意,则立即着手进行参加评选的准备——比如将参评作品译成英文,准备推荐材料之类,结果鲁迅回信谢绝,下一步的工作便没有进行。"④这次"半途而废"的诺贝尔文学奖提名活动,虽是鲁迅朋友们的一番好意,有些"剃头挑子一头热",却成为了中国文学界的"一大憾事"。

一年多后,胡适也遇到了与鲁迅类似的事情。据《胡适日记全编》记载,1929年2月26到28日,胡适乘火车从外地返回上海,在火车上遇见了斯文·赫定。胡适在日记中写道:"火车上熟人最多,有美国公使,有瑞典探险家 SvenHedin(即斯文·赫定),有陈万里、杨宪武等。Hedin 同我谈:他是瑞典国家学会十八会员之一,可以推举诺贝尔文学奖金候选人。他希望提出我的名字,但希望我把我的著作译成英文。"

胡适的回答也很有意思,也许他没有当面说出,但在日记中表达了出来:"此事我有我的意见:如果他们因为我提倡文学革命有功而选举我,我不推辞;如果他们希望我因希冀奖金而翻译我的著作,我可没有那厚脸皮。我是不配称文学家的。"

这段话表达了几层意思:首先,他认为自己在提倡文学革命方面是"有功"之臣,如果因此而提名他,他不会"推辞";其次,如果为了获个什么奖,而自己来翻译自己的东西,这实在不符合当时中国文人的自尊和体面,他是"不干的";再次,胡适自认"不配称文学家"。在他看来,"文学奖"主要是授给那些文学创作者,而他自己只不过在"提倡文学革命"方面做了点贡献。看来,胡适对诺贝尔文学奖的情形,还是有所了解的。因此,他和鲁迅都不约而同地选择了"回避"。⑤

新中国成立后,著名作家老舍、沈从文、巴金、王蒙等无疑也都具有冲击诺贝尔文学奖的"实力"。然而,由于种种主观或客观方面的原因,却都"阴差阳错",与诺贝尔文学奖"失之交臂"。

先是1968年,当时中国国内的"文革"正进入高潮期。由于国内外信息不通,以《四世同堂》《骆驼祥子》《茶馆》等"京味"作品闻名于世

老舍

的已故中国作家老舍被提名为诺贝尔文学奖候选人,据称还进入了最后五个候选者的行列。然而,瑞典方面请求其驻华大使寻访老舍下落,却一直没有准确音信,于是便断定老舍已经去世(老舍确实已于1966年8月24日去世)。

由于诺贝尔奖不颁给已故之人,评选委员会便决定在剩下的4个候选者中评选,并希望最好能授予东方人。最终日本著名作家川端康成获得了当年的诺贝尔文学奖,成为日本第一个获得诺贝尔文学奖的作家。⑥

20年后,1988年,以《边城》等描写湘西的系列作品受到海内外人们喜爱的著名作家沈从文,再次进入了诺贝尔文学奖评委们的视野。然而,由于沈从文在评选前即已去世,因此,当年的诺贝尔文学奖便花落他人。

诺贝尔文学奖评委马悦然后来在接受记者采访时曾表示:1988年评奖时沈从文如果健在,很有可能会得到诺贝尔文学奖。他说:1988年5月10日,龙应台女士曾给他打来电话,询问沈从文是否在世?他因此曾分别给中国驻瑞典大使馆文化秘书及专门写文化名人

沈从文

的记者、老朋友李辉打电话核实,李辉确切地告诉他沈从文已去世。马悦然说:"要是沈从文那个时候还活着,活到10月份就肯定会得奖。"⑦

巴金

此后,2000年,一个自称"美国诺贝尔文学奖中国作家提名委员会"的机构刚成立(由"全美中国作家联谊会"会长冰凌等发起),便提名中国作家巴金为当年的诺贝尔文学奖候选人。推荐信称赞巴金"为中国当代最为杰出的作家和思想家,他的文学创作奠定了享誉世界的崇高声望和国际文化界尊崇的优异基础,他对人性和人类尊严的执著探讨和神圣理解,已经被载入了当代中国文化和人类文化的史册"。可是,巴金及其亲属对提名并不领情,巴金女儿干脆说"这很可能是一场闹剧,或者别有目的"。结果自然"无疾而终"。

从2000年到2003年,"全美中国作家联谊会"曾连续四次提名王蒙参加诺贝尔文学奖评选,均因种种原因"流产"。推荐信称赞王蒙"是中国当代文学最具代表性的伟大作家、文艺理论家和思想家,他的巨大的文学成就和人格造就了他成为一代文化大家和享誉世界的伟大作家"。王蒙对此也不以为然,说"全然不知被提名的事"、"估计是些捕风捉影的无聊'写手'搞的所谓'热点'报道"。他认为诺贝尔文学奖就像一块激怒公牛的红布,挑起人们非理性的反应。在他看来,最终具有决定性的还是文学作品,而不是奖项。

王蒙

中国当代诗人、朦胧诗派的代表人物北岛也曾多次进入诺贝尔文学奖候选人的名单。北岛本名赵振开,1949年出生,1978年同诗人芒克创办民间诗歌刊物《今天》。1990年旅居美国,他的诗被称为"刺穿了乌托邦的虚伪,呈现出了世界的本来面目。一句'我不相信'的呐喊,震醒了茫茫黑夜酣睡的人们。"

北岛

北岛曾先后获瑞典笔会文学奖、美国西部笔会中心自由写作奖、古根海姆奖学金等,并被选为美国艺术文学院终身荣誉院士。在华人作家中,北岛是马悦然较早翻译和极力推荐的作家。1996年之前,北岛就多次获得诺贝尔文学奖提名,并进入了终审名单。据称有一次投票表决时,只有一票之差。北岛之所以一再落选,除了评委们对其诗歌艺术成就的认识外,与另一位曾对北岛有过重要影响的瑞典诗人汤斯托墨(Thomas Transtromer)有关,因为多次被提名诺奖的汤斯托墨尚未获奖,北岛也只好被搁置了下来。

而在台湾,享誉世界的著名作家林语堂也曾先后四次被提名为诺贝尔文学奖候选人,最终也都未能"如愿"。

林语堂

第一次是1944年,林语堂用英文写作的长篇小说《京华烟云》出版后,先后被译成多种文字,仅在美国就卖了10多万部,被国外评论界誉为"中国现代版的《红楼梦》"。他介绍中国的另一部论著——《生活的艺术》也被翻译成多国文字出版,并被列为当年全美畅销书之一。林语堂的书大多是直接用英文写作的,而且十分畅销,影响面大,因此获得了诺贝尔文学奖的提名。

第二次是1972年,第三次是1973年,由于种种原因,他仍无缘入选。

第四次是1975年。这一年,国际笔会在维也纳召开,林语堂接替川端康成担任国际笔会副会长。会上,全体成员表决通过以国际笔会名义推荐林语堂为该年度诺贝尔文学奖候选人。可惜的是,诺贝尔文学奖的评委们虽然称赞他的作品呈现的中国图景有价值,但仍觉得他在陈述整个中国的转变时,作品"尚缺'精准的人物描写'及'力量和深度'……"。最终,那年获奖的是意大利诗人蒙塔莱。

还有一位台湾作家李敖,因著有长篇历史小说《北京法源寺》,据称也曾在2000年被提名为当年的诺贝尔文学奖候选人。虽然最后没有结果,但其所著的《北京法源寺》因此而洛阳纸贵,甚至连本来颇为冷清的法源寺也跟着红火了起来,成为许多游客到北京的旅游目的地之一。⑧

此外,还有阎连科、贾平凹、余华等中国著名作家,据称也曾被诺贝尔奖评委会青睐过,可惜均未成正果。

李敖

从诺贝尔文学奖的百年发展历程看,要想获得诺贝尔文学奖的作家和作品,一般须具有以下特点:第一,站在人类的高度,关注和关怀人类面临的共同问题;第二,作品的表现手法新颖;第三,作家具有人道主义和现实主义的思想。

而在实际评选中,则面临着"提名、筛选、投票"等重重难关。就提名而言,诺贝尔文学奖的提名门槛并不高,任何大学的文学教授都有资格向诺贝尔奖委员会推荐人选和作品。评委会每年也会主动向各国的相关机构和研究部门寄发诺贝尔文学奖的推荐表。

每年9月,征求提名次年诺贝尔奖候选人的邀请及推荐表就会发往世界各地(每年大约发出600多份邀请),发给各国相关团体和被认为有资格提名的个人。提名人必须递交正式提名信,并附上候选人的相关资料(如原著或译本),于次年2月1日前送达评选机构,逾期则列入下一年度的名单。

根据诺贝尔文学奖的评选流程,每年2月1日提名工作结束。在每年接到的无数提名者中,剔除水平不够以及重复的,大概每年会有200多个作家进入候选人名单。诺贝尔奖委员会准备好这些人的资料后,向瑞典学院的全体院士汇报。进入4月份,200多人的大名单会缩减成为15人的名单。到5月份,剩下最后5个候选人。最后再由瑞典学院全体院士(共有18位院士),投票来决定诺贝尔奖得主。每次投票必须有12位以上院士(委员)参加投票才算有效。而只有得到超过半数院士的票,这个候选人才能得奖。

全世界每年有200多人入围第一轮候选人名单,但最终获奖者却只有1人。因此,被提名与最后得奖的距离远非"一步之遥",而几乎是"遥不可及"。中国作家在近百年中多次被提名,却没有一次能得奖,也就毫不奇怪了。瑞典文学院院士埃斯普马克在其所著的《诺贝尔文学奖内幕》中,对历届评选的过程进行了披露,由此可以约略窥见其中的概貌。⑨事实上,历届获奖者中,绝大多数人都是以多部优秀作品被翻译成多国文字、在世界上确立地位后才获此殊荣的,诺贝尔奖的评选不是单纯看一部作品,而是基于对候选人的整体评价。

2000年,终于有一位华人作家真正踏进了诺贝尔文学奖的殿堂。当年10月12日,瑞典学院宣布,将2000年度诺贝尔文学奖授予法籍华人作家高行健。颁奖词称许"其作品的普遍价值,刻骨铭心的洞察力和语言的丰富机智,为中文小说和艺术戏剧开辟了新的道路",高行健因此成为首位获得诺贝尔文学奖的华人作家。

高行健的获奖让中国官方感到颇为"棘手",中国作家协会随即作出表态,该协会有关负责人在接受新华社记者采访时说:"中国有许多举世瞩目的优秀文学作品和文学家,诺贝尔文学奖评委会对此并不了解。看来,诺贝尔文学奖此举不是从文学角度评选,而是有其政治标准。这表明,诺贝尔文学奖实质上已被用

瑞典国王为高行健(左)颁奖

于政治目的,失去了权威性。"⑩

高行健获得诺贝尔文学奖一事,在中国文学界乃至普通老百姓中,似乎并没有引起太多的反响。因为高行健上世纪八十年代即已移居海外,因此大陆文学界以及普通老百姓对其"知之甚少"。但他的获奖却引发了一场争议:有些人认为中国有很多作家更加优秀,高行健的得奖是因为他的政治立场所致;有的人则反对前者的说法,认为它对于华人文学毕竟有积极的意义。

在参与推荐高行健的作家中,就有中国留美作家刘再复。刘再复回忆说:"我曾经推荐过巴金,但是没有被接受,后来我推荐高行健就被接受了。我是竭力推荐我们国家的作家,我愿意为他们摇旗呐喊,愿意当中国作家的'神瑛侍者'"。他认为《灵山》"揭示了中国文化鲜为人知的另一面",但"知音很少,非常孤独"。

尽管众说纷纭,但高行健在国际上却依然"十分吃香"。2003年,法国甚至专门举办了"高行健年",以表彰他在世界文学交流中的成就。

此后十一年,诺贝尔文学奖评选中似乎很少见到中国作家的身影。在这十一年中,先后获得诺贝尔文学奖的作家是:

——2001年:祖籍印度、生于特立尼达的英国作家维·苏·奈保尔。其代表作有《神秘的按摩师》、《给毕斯沃斯先生一所房屋》、《河中一湾》及《幽黯国度》等。授奖理由是为了表彰"其著作中富有洞察力的叙述和不为世俗左右的探索融为一体,将扭曲的历史中的真实展现出来。"

——2002年:凯尔泰斯·伊姆雷,匈牙利犹太作家。主要作品有小说《无命运的人生》、《非劫数》、《惨败》等。获奖理由是为了"表彰他对脆弱的个人在对抗强大的野蛮强权时痛苦经历的深刻刻画以及他独特的自传体文学风格。"

奈保尔

伊姆雷

库切

——2003年:约翰·马克斯韦尔·库切,南非白人小说家、文学评论家、翻译家。主要作品有小说《耻》、《钢铁时代》、《凶年纪事》等。他的作品主要描写的是种族隔离下人们的生活。瑞典学院称赞这些作品"对所塑造的人物进行了非常透彻的心理刻画。构思纤美精巧,文白韵味深刻、分析精辟入微。"

——2004年:埃尔弗里德·耶利内克,奥地利女作家。主要作品有《钢琴教师》、《女情人们》等小说。颁奖词称许她"在她的小说和剧本中发出的反抗之声如音乐般流动,她的语言充满非凡的热情,揭露了社会的陈腐思想及其高压力量的荒唐。"

耶利内克

——2005年:哈罗德·品特,犹太人。英国剧作家,被评论界誉为萧伯纳之后英国最重要的剧作家。主要作品有《看门人》、《生日派对》等。颁奖词称他"揭露了日常闲谈掩盖下的危局,直闯压抑的密室"。

——2006年:费利特·奥尔罕·帕慕克,土耳其作家,主要作品有《白色城堡》、《我的名字叫红》、《伊斯坦布尔》等。颁奖词称许他"在追求他所在城市忧郁的灵魂同时,发现了文化碰撞和交融的新符号"。

——2007年:多丽丝·莱辛,英国女作家,代表作有《金色笔记》等,被誉为继伍尔芙之后最伟大的女性作家。颁奖词认为这位"女性经验的史诗作家用怀疑、想象和远见卓识对分裂的文明进行了审视。"

品特　　　　　帕慕克　　　　　莱辛

——2008年:勒·克莱齐奥,法国著名文学家,与莫迪亚诺、佩雷克并称为"法兰西三星"。代表作有《诉讼笔录》、《战争》、《乌拉尼亚》等。颁奖词称许他"在其作品里对游离于西方主流文明外和处于社会底层的任性进行

了探索"。

——2009年:赫塔·米勒,罗马尼亚裔的德国女性小说家、诗人、散文家。代表作有《心兽》《低地》《呼吸秋千》等。颁奖词称她"以诗歌的洗练与散文的流畅,呈现了被掠夺者的处境"。

——2010年:马里奥·巴尔加斯·略萨,拥有秘鲁与西班牙双重国籍的作家及诗人。代表作有《绿房子》《城市与狗》《酒吧长谈》等。颁奖词称许他"对权力结构制图学般的细腻描述和对个人地址、反抗和挫败形象的犀利刻画"。

——2011年:托马斯·特朗斯特罗默,瑞典有世界影响的诗人。1954年发表诗集《17首诗》,先后共出版《途中的秘密》《小路》《为生者和死者》等10部诗集。颁奖词称:"通过凝练、透彻的意象,他为我们提供了通向现实的新途径"。

克莱齐奥　　　　米勒　　　　略萨　　　　特朗斯特罗默

中国人等待诺贝尔奖,似乎等得太久了!一个产生过先秦典籍、汉唐气象、宋明风韵的东方文明古国,一个诞生过屈原、李白、杜甫、曹雪芹的世界文学大国,至今却没有人拿过诺贝尔文学奖,这确实有些不可思议。

中国需要诺贝尔文学奖。诺贝尔文学奖是慰藉,是证明,也是一种肯定,更是一种新起点的开始。

百年来,诺贝尔文学奖因其奖金丰厚、影响力大和权威卓著而为世人所看重,它是一个具有明确指向性的价值符号。获得诺贝尔文学奖不仅说明一个作家及其著作的高水准,更深层次的意义在于,它是一种文化接纳和融合的过程,一种文明对话的过程。中国文学要走出国门、走向世界,也必须走出国门、走向世界。

随着2012年的到来,中国当代作家莫言进入了诺贝尔文学奖评委会的视野。幸运的苹果会像落到牛顿头上一样,落到莫言身上吗?

2012年2月下旬,来自瑞典学院的消息称,2012年度诺贝尔文学奖提名已经结束,共有210人入围,其中多达46人为首次获得提名。[11]据欧美博彩公司和美国《纽约时报》透露,中国作家至少有莫言、曹乃谦、张一一等人入围了这份大名单。

曹乃谦是山西籍当代作家,目前已发表文学作品一百余万字,其中有30多篇作品被翻译介绍到美国、法国、加拿大、日本、瑞典等国,被称为山西"山药蛋派"代表作家,与诺贝尔文学奖资深评委马悦然交谊深厚。马悦然曾力挺曹乃谦,在曹乃谦的短篇小说集《最后的村庄》出版之后,马悦然便称,这位只读到高一、会唱"要饭调"的"乡巴佬"(指曹乃谦),是"最有希望获得诺奖的中国人之一"。

张一一是湖南籍青年作家,也是一位颇有争议的作家。曾撰写《丑陋的北京人》、《丑陋的上海人》、《丑陋的广东人》等痛批全国各省不良风气的"丑陋地理志"系列文章,后出版《带三只眼看国人》一书,曾风靡海外华人社区,被译成十多种文字在海外出版,据称其作品"近似西方的审美标准"。

自从年轻外向的彼得·恩格德接任瑞典学院常任秘书以来,这个世界上最神秘的文学机构开始有了几道缝隙,也增添了些生机。据恩常秘在其博客上透露,2012年是颇不寻常的一年,因为往届的诺贝尔奖得主们空前热情地行使其提名权。除了往届得主,瑞典学院院士、世界范围内的部分语言和文学教授,以及国家级的作家协会也有提名权。

提名结束之后,诺贝尔委员会进入了秘密磋商。2012年4月,来自瑞典学院的消息称,2012年诺贝尔文学奖的初选工作已经全部结束,在获得提名的210位的作家中,已有190人被否决,仅剩下20人进入复评。中国有两位作家入围这份20人大名单,而对于具体是哪两位中国作家进入复评,彼得·恩隆德这位在应对媒体上经验丰富的"老江湖"始终是三缄其口。按照评选规程,到夏天必须再淘汰掉其中15人,仅余五位,供委员们最后秘密投票,而后于10月初择定最终的大奖得主。[12]

身为诺贝尔文学奖18位终身评委之一的马悦然(GoranMalmqvist),是瑞典汉学家高本汉的学生,也是诺贝尔奖评委中唯一深谙中国文化、精通汉语的汉学家。他曾翻译过《诗经》、《春秋繁露》、《西游记》、《水浒传》、《辛弃疾词》等中国古典文学作品,亦翻译了鲁迅、沈从文的小说等当代中文作品,致力于提升中国文学在国际上的地位。

幸运的是,马悦然也翻译过莫言的作品。他说,莫言的作品其实非常不错,"要是再简洁一点,就完美了"。在当代作家中,除莫言外,马悦然还翻译过李锐、王安忆、韩少功等人的作品。李锐的短篇小说集《厚土》,马悦然在十年前就注意到,并很快将它翻译出版。近几年,他又翻译了李锐的长篇小说《旧址》。李锐的两部最新长篇《无风之树》与《万里无云》,马悦然也很喜欢,他说,这两部小说就像诗一样。马悦然本人具有很浓的诗人气质,一旦遇到自己心仪的作品,则表露无余。

在 2012 年度诺贝尔文学奖评选中,究竟"鹿死谁手"呢?唯一的"中国通"马悦然又将扮演什么角色、发挥什么样的作用呢?人们拭目以待。

注

① 参见李玉刚著:《狂士怪杰——辜鸿铭别传》,人民文学出版社 2002 年版,第 333 页。

② 参见毛信德主编:《诺贝尔文学奖获奖作家传》,百花文艺出版社 1993 年版,第 82 页。

③ 参见《鲁迅书信选》,鲁迅致台静农,1927 年 9 月 25 日,人民文学出版社 1973 年版。

④ 参见中国青年网:《中国作家曾经离诺贝尔文学奖很近?》,2012 年 10 月 12 日。

⑤ 陈春生、彭未名:《荆棘与花冠——诺贝尔文学奖百年回眸》,武汉出版社 2000 年版。

⑥《宁波日报》:《老舍昨天诞辰 110 周年,舒乙披露老舍未获诺贝尔文学奖内幕》,2009 年 2 月 4 日。

⑦ 参见《这些中国作家曾离诺奖很近》,《海峡都市报》2012 年 10 月 12 日;《评委揭秘离诺奖最近的中国作家》,《中国青年报》2012 年 10 月 24 日。

⑧ 参见 2000 年 2 月 28 日《中国青年报》报道。

⑨ 参见埃斯普马克:《诺贝尔文学奖内幕》,李之义译,漓江出版社 2001 年版。原著名为:《诺贝尔文学奖:选择标准的探讨》。

⑩ 新华社北京 2000 年 10 月 13 日电。

⑪《中华读书报》2012 年 2 月 29 日(记者王胡)。

⑫ 中国日报网 2012 年 4 月 26 日。

三、莫言 PK 村上春树

2012年10月,一年一度的诺贝尔奖颁奖季到来了。

10月初,人们从诺贝尔奖官方网站看到,从10月8日开始,诺贝尔医学奖、物理学奖、化学奖、和平奖和经济学奖将陆续颁出,唯独文学奖的时间"还未确定"。不过,这并不影响全球读者对诺贝尔文学奖的关注热度。

早在8月底,全球著名的两大博彩公司 Unibet 和 Ladbrokes 就公布了自己的赔率表,其中,在 Unibet 公司公布的赔率表上,中国作家莫言首次出现在名单上,且位居榜首(赔率为1赔6.5),日本作家村上春树紧随其后(赔率为1赔8);在 Ladbrokes 公司的赔率表上,莫言则位居第二(1赔12),村上春树以1赔10名列榜首,韩国作家高银也以1赔14的赔率位居前列。这两份赔率表均表明,博彩公司认为莫言斩获诺贝尔文学奖的可能性非常之大。法新社的最新报道称,2012年诺贝尔文学奖很可能在中国作家莫言和日本作家村上春树中产生。

日本作家村上春树

按惯例,诺贝尔文学奖的入围名单是保密的,所以各大博彩公司的盘口成了"风向标"。经验上,博彩公司的盘口确实有靠谱的时候:从2004年至2006年,Ladbrokes 公司曾连续三年猜中当年的诺贝尔文学奖得主:奥地利女作家埃尔弗里德·耶利内克、英国作家哈罗德·品特和土耳其作家奥尔罕·帕慕克。而2009年的得主赫塔·米勒和2011年的得主托马斯·特朗斯特罗默等获奖者当年也都是赔率表上的热门人物,在开奖前皆曾以高赔率上榜。

中国知名作家麦家在微博上被网友问及,莫言获诺奖的预测"靠不靠谱",麦家的回复是:"靠不靠谱天知道,但我希望靠谱。"中央电视台著名主持人崔永元也在微博上对"莫言被传为诺贝尔文学奖最大热门"发表了看法,称希望"莫言得奖,他配得上这个奖。"研究中国现当代文学的复旦大学中文系副教授严锋在微博上发表意见称,"虽然机会渺茫,但我坚决支持莫言得诺奖。他的作品恣肆汪洋,元气充沛,想象力惊人,对中国的历史与现实都有强烈的关怀,挖掘很深,《酒国》和《蛙》充满音乐的复调感,很有现代性,堪称世界级。"严锋在接受记者电话采访时强调,"纯以文学水准来论,我觉得,莫言先生完全有资格获得诺贝尔文学奖。"[1]

然而,当记者多次拨打莫言电话时,却始终没有人接听。据多家媒体同行透露,莫言对于诺奖话题一直不愿谈及,对近期媒体上关于莫言与诺奖的报道,莫言的回应往往都是"千万别提这事儿了。"

尽管一直以来人们对中国作家的所谓"诺奖焦虑症"颇多指责,对每年几乎都要闹腾一阵的中国作家可能获"诺奖"的消息感到厌倦,但此次的情况似乎有些不同:莫言被中外舆论乃至"嗅觉敏锐"的博彩公司普遍看好,已是不争的事实。

《收获》杂志执行主编程永新分析,这应该与莫言的作品近两年在西方的出版与推广有极大关系。在欧美国家,一般而言,中国作家得到认同是非常困难的。但是莫言的作品在国外出版之后,得到了核心文化圈的认同,莫言作品的丰富性被更多人所知。或许,这就是莫言今年离诺奖最近的主要原因之一。

与莫言和村上春树都打过交道的日本著名作家大江健三郎,是1994年诺贝尔文学奖获得者,他在多年前就说过:"如果继我之后还有亚洲作家获得诺贝尔文学奖的话,我看好莫言。"而这样的评价,来源于莫言难能可贵地坚持着自己的写作立场,从《红高粱家族》到《檀香刑》《生死疲劳》《蛙》,在以英、法为主流的阅读市场中,莫言的作品是被翻译得最多、最精准的华语文学作品。法兰克福书展总裁于尔根·布斯也曾说:"在很多西方评论家眼中,莫言是有希望获得这一殊荣的中国作家。"

复旦大学中国当代文学创作与研究中心副主任栾梅健2010年曾撰文——《莫言,问鼎诺贝尔文学奖的条件已经具备》,他甚至为莫言专门组织过一场专题创作研讨会,遍邀国内外名家。在他看来,莫言从辩证角度提出和阐述的计划生育等主题,有助于消除西方对中国的诸多歧视及误解,在评奖中也比较能够受到欢迎。

因翻译村上春树《挪威的森林》及32卷《村上春树文集》而闻名海内外的林少华教授则调侃道:"如果村上春树得诺贝尔文学奖的话,于我个人也有好处,但作为一个中国人,我还是更希望莫言能得奖。"

随着"莫言有望成为诺贝尔文学奖得主"的消息愈传愈广,莫言本人却极为低调,甚至公开表示拒谈"诺奖"。他表示:"诺贝尔奖毫无疑问是影响最大的国际文学奖,但在它的历史上,也确实有很多作家缺席,像托尔斯泰、卡夫卡都没有获得这个奖项。而获奖作家里面,有的人的作品也并不是我们都很钦佩的。为什么我不愿意谈这个话题,因为一谈马上就会有人来攻击,很多人在批评中国作家有'诺奖焦虑症',对我这种批评就更多了。"莫言指出,"每年到那个时候,媒体都要拿着这个话题做一些文章,实际上跟作家的写作没有多少关系,也有些批评家讽刺中国作家有诺贝尔文学奖焦虑症。这个讽刺不一定正确,其实有时候我们已经忘掉了,是他们没有忘掉"。

8月25日,曾炮制欲以一次性支付"翻译定金"60万美金撼动诺奖评委的"80后作家"张一一在腾讯微博上表示:"2012诺贝尔文学奖莫言的赔率高居第一有什么好奇怪的呢?大伙儿知道'指鹿为马、道貌岸然、一点儿也不能让人心悦诚服'的诺贝尔文学奖资深评委、瑞典文学院院士马悦然,翻译莫言的《红高粱》、《丰乳肥臀》、《透明的红萝卜》、《白狗秋千架》4个作品收取了多少的好处费吗?"

一言既出,八方惊诧。在博彩公司公开榜单后一直保持沉默的莫言,按捺不住愤怒发布了一条新浪微博作为回应:"针对张一一在其腾讯微博上传播的谣言,本人郑重声明:截至目前,我在瑞典只出版了3本书:《红高粱家族》、《天堂蒜薹之歌》、《生死疲劳》,3本书的译者均为陈安娜。我对造谣者深恶痛绝,保留诉诸法律的权利,并对蒙受不白之冤的马悦然先生深表歉意。"②

莫言在微博上辟过谣之后,便回山东老家闭关写作去了,再不理会此事。媒体的电话一概不接,短信、邮箱也处于沉默状态。虽然莫言说他此行回高密老家的目的,只是想专心写作,本月他的新剧本——《我们的荆轲》将出版,但他不堪忍受最近诺奖传闻和流言的影响,希望躲开媒体和公众、低调对待此事的心态,也表露无遗。

此前,莫言曾公开表示,能获奖当然是好事情,但作家创作的终极目的

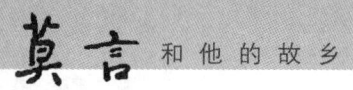

不是获奖,而是要通过写作表达自己的思想,改变自己和别人。问题是,在登上博彩公司的赔率榜之后,莫言成了当事人,话题就变复杂了。因此,躲回老家的莫言,手机无人接听或无法接通,也就在情理之中了。

诺贝尔文学奖最终花落谁家,是中国作家莫言,还是日本作家村上春树?两人的PK最终以谁的胜利而告终?或者还可能"半路杀出个程咬金"?人们纷纷加以各种猜测、揣摩、比较、分析。一家媒体更以"莫言VS村上春树:战斗力深度对比"为题,从各个方面对这两位"诺奖"大热门进行了专业分析:③

在上图的左端,是莫言和他的代表作,包括《红高粱》、《檀香刑》、《丰乳肥臀》、《生死疲劳》、《蛙》,均是最受英法阅读市场关注的华语文学作品之一。他曾先后获得法国儒尔·巴泰庸外国文学奖、法兰西文学与艺术骑士勋章等国际奖项,在海外享有极高的声誉。

在上图的右端,是村上春树和他的代表作,包括《且听风吟》、《挪威的森林》、《舞!舞!舞!》、《海边的卡夫卡》。他曾获西班牙卡塔龙尼亚国际奖、耶路撒冷文学奖等,在国际上同样具有很高的声誉。

村上春树29岁开始写作,第一部作品《且听风吟》即获得"日本群像新人赏"。1987年第五部长篇小说《挪威的森林》在日本畅销四百万册,引发了"村上现象"。村上春树作品的写作风格展现出深受欧美作家影响的轻盈基调,少有日本战后阴郁沉重的文字气息,被称作第一个纯正的"二战后时期作家",并被誉为日本1980年代的文学旗手。

他的最新长篇小说《1Q84》,在世界各地均排在最畅销名单的前列。截止2009年,《1Q84》共印了18次,第1卷印数高达123万册,第2卷印数也达 100 万册。第 3 卷于 2010 年初夏推出,印数也十分可观。日本评论界认为,《1Q84》中的男女主人公天吾和青豆是以往村上作品中从未出现过的人物形象。村上春树则表示,他在第三卷中着力刻画了个人与体制对立、相克的主题。

村上是在日本、台湾乃至韩国相当受欢迎的作家。在台湾,村上的作品大多由赖明珠翻译、时报出版社出版。在中国大陆,由林少华翻译的村上小说曾风靡一时,上海译文出版社于 2001 年出版了简体中文版的村上春树全集。

在莫言与村上春树的"大比拼"中,看好莫言获奖的人们从"天时"、"地利"、"人和"等不同角度分析,认为莫言问鼎诺贝尔文学奖的条件已经具备。

一、天时。经过 30 年的改革开放,中国的国际地位已经大幅提升;任何国际性的大奖都不能无视这个有着十三亿人口的、崛起中的泱泱大国。从 2008 年北京奥运会的成功举办,到 2010 年如火如荼举行的上海世博会,都说明世界已经十分关注中国,中国已经不是一个可有可无的存在。有着百年历史的诺贝尔文学奖同样不可能忽视中国,势必也会将橄榄枝伸向东方、伸向中国,这应该是毋庸置疑的事情。

二、地利。尽管瑞典皇家学院的评奖大师们标榜"独立"、超越"党派"、坚持"纯粹",然而不可否认的事实是,他们所秉承的仍然是西方中心主义,所认可的也仍然是西方的意识形态与价值观念。莫言在这方面具有我国许多当代作家所不具备的特点,从他早年的"红高粱家族系列",到《檀香刑》、《生死疲劳》,直到最近的长篇小说《蛙》,基本上都一以贯之地坚持着他的民间立场,这使他的作品容易为西方主流价值所接纳。

三、人和。作品翻译的多少与好坏直接决定着外国评委对中国作家的判断。正如哈佛大学王德威教授所说:"莫言先生是幸运的,他的大多数作品都是由美国著名翻译家葛浩文先生翻译的,其精准程度令人信服。"而莫言作品的法文翻译尚德兰女士,翻译水平也相当之高。可以说,在当今英、法主流阅读市场,莫言作品的翻译是最多的,也是最精准的,这无疑令众多的当代作家羡慕不已。③

正因此,"看好派"深信,不久的将来诺贝尔文学奖必将花落中国,而这位"幸运"的中国作家可能就是莫言!"不看好派"则认为:莫言虽然是当今最接近诺贝尔文学奖的中国作家之一,但不一定就是他,也不一定今年就能拿奖。文学评论家止庵指出,依照赔率表预测诺贝尔文学奖不太靠谱,莫言赔率第一,可能是中国人太希望莫言得奖了,从而大规模买进,也有可能是博彩公司借此吸引更多的中国人投注。作家冯唐表示,莫言获奖的可能性不大,"多个不懂中文的外国人在一起,通过翻译作品评价一个好的中文小说家,非常可笑"。

而看好村上春树获奖的人们认为:村上春树离诺贝尔文学奖最近。"布克奖"创始人、英国出版名人马斯开尔在预测诺贝尔文学奖"新人"时放言道:在日本作家当中,村上春树离诺贝尔文学奖最近。"我觉得他是一位非常快乐的作家,有着足够的获奖可能性。不过,我不清楚他是否能成为超越时代的伟大作家……"英国文学作品调查机构发表的最新预测报告称,在今年可能成为诺贝尔文学家获得者的候选人中,村上的排名在前位。村上的作品已被翻译成多国语言,尤其在亚洲地区获得了压倒性人气。该调查机构说,亚洲地区的获奖者已经多年没有产生,如果考虑亚洲因素的话,村上应该成为最有力的候选人。在最近3年,国外博彩公司对村上春树获得诺贝尔文学奖的赔率已经从前年的9倍上升到今年的4倍。

有业内人士分析指出,最近的诺贝尔文学奖获奖者偏向欧洲作家,这对在欧洲也受到好评的村上春树来说形势大好;2011年的获奖者是瑞典诗人,2012年应该是小说家的"顺风年"了。如果村上春树获奖的话,将成为继1994年大江健三郎氏以来,时隔18年后,第三位获得此奖的日本人。

"不看好派"则认为:村上春树今年不可能获诺贝尔文学奖。理由有四:

第一,村上春树作品的艺术性、文笔、技巧、人物塑造、故事、情感等虽然是够了,但思想的高度、深度不够,离民族史诗、时代史诗、国际史诗还有很大的差距。可以说精致而不够大气,优美而不够深刻,独特而不够犀利,曲折而不够现实,造作而不够质朴。

第二,村上春树作品中的商业因素、市场因素还是很重的,他比较注重迎合大众、迎合时代、迎合广大消费者(读者)的需要,这就影响了其作品的纯粹性、纯正性。

第三,村上春树作品主题的理想性、希望性、积极性、单一性并不鲜明,他还是比较颓废、灰色、忧伤、复杂的。而这是诺贝尔文学奖设立以来,十分强调的一点。

第四,村上春树的名气太大了、稿酬财富太多了,而诺贝尔文学奖往往会颁发给那些名气不是太大、生活条件(包括稿酬收入即作品的畅销程度)不是太优越,甚至生计、境遇和创作还比较艰难,且真正是在从事非常个性和高尚的纯文学创作,坚持在思考现实和历史、时代和未来、民族和世界的作家们。④

　　莫言与村上春树究竟谁能获取诺奖呢?实际上,就文学作品的思想性、艺术性及创作风格、写作技巧而言,两人各有所长,或者说"不相上下"。

　　　　十月的风把芒草穗头吹得来回摇摆,细长的云好像冻住了一样贴在蓝天上。天空高远,盯着看,眼睛简直要发痛。风掠过草原,轻拂她的头发,再穿过杂木林。树梢的叶子发出刷刷声响,远处传来狗叫声,微弱、朦胧,听上去像是来自另一个世界的入口。此外就没有别的什么声音了。我们什么声音也听不到,也没有一个人走过。只见两只羽毛彤红的鸟从草原中像是有些胆怯地飞起,飞向杂木林那边。我们一边走着,直子一边跟我说起那口水井的事情。

这是村上春树写的,摘自《挪威的森林》第一章(1987年初版,齐之丰译),而莫言与村上春树有着相似的文学语言追求:

　　　　队伍在一条狭窄的土路上行进,人的脚步声中夹杂着路边碎草的窸窣声响。雾奇浓,活泼多变。我父亲的脸上,无数密集的小水点凝成大颗粒的水珠,他的一撮头发,粘在头皮上。从路两边高粱地里飘来的幽淡的薄荷气息和成熟高粱苦涩微甘的气味,我父亲早已闻惯,不新不奇。在这次雾中行军里,父亲闻到了那种新奇的、黄红相间的腥甜气息。那味道从薄荷和高粱的味道中隐隐约约地透过来,唤起父亲心灵深处一种非常遥远的回忆。

　　以上文字摘自莫言中篇小说《红高粱》第一章(1986年初版)。就这两段文字而言,到底是谁的更精致、更精练、更简洁,以及更纯净、更少俗套、更玲珑剔透,谁更能把读者带入另一个世界,读者自然会有自己的判断。应当说,就作品而言,莫言与村上春树都具备冲击诺奖的能力。究竟谁能获奖,则在相当大程度上取决于诺贝尔文学奖评委们的"偏好"。

　　实际上,除了莫言和村上春树,2012年的诺贝尔文学奖热门还包括美国作家鲍勃·迪伦,加拿大作家艾丽丝·门罗,美国小说家菲利普·罗斯。其中,鲍勃·迪伦和村上春树2011年也是诺贝尔文学奖的热门人选。

莫言 和他的故乡

10月10日,就在诺贝尔文学奖开奖的前一天,连续猜中三年诺奖得主的英国博彩公司Ladbrokes关于诺贝尔文学奖的赔率又发生了戏剧性变化:爱尔兰文学元老威廉·特雷弗的赔率从1赔100缩小至1赔8,一跃成为拿奖的大热门。截至10日晚10:00,Ladbrokes公司的赔率表上,特雷弗、村上春树已经超过中国作家莫言。有业内人士分析:"开奖的前两天,名次突然飙升的作家,得奖的可能性最大。"诺贝尔文学奖最终会不会落到莫言和村上这两名亚洲作家其中一人身上?似乎又成了一大悬念。

然而,随着10月11日万众瞩目的诺贝尔文学奖获得者的揭晓,中国作家莫言最终在与日本作家村上春树争夺诺贝尔文学奖的角逐中胜出!从而为该年度的诺贝尔文学奖"花落谁家"画上了一个圆满的句号。

在得知2012年度诺贝尔文学奖花落中国作家莫言之后,日本媒体普遍感到失落,许多民众尤其是那些"村上迷"们更是感到难以置信。因为很多日本读者事先都看好村上春树,已经连续几年每年都在为这位世界最畅销的本国作家叫好。

东京一家名叫"6次元"的酒吧里,11日晚上聚集了很多电视台的摄像机,大家都在跟拍村上粉丝们的聚会,这些男男女女按照特别的习俗正在等待瑞典学院喜讯的发表,先是有人大声朗读村上春树的小说《听风的歌》片断,然后把可口可乐倒入一盘热蛋糕上,据说这是村上小说里的一个隆重的场景。不过,今年的这一天,"6次元"落空了,因为当第一时间消息传来、宣布中国作家莫言获奖时,一些村上的粉丝们已克制不住自己而潸然泪下。

难掩"落寞与失望"之情的日本女青年

日本《每日新闻》11日晚报道称,在钓鱼岛局势紧张的背景下,莫言和日本作家村上春树这两位热门诺贝尔文学奖候选人上演了一场"中日对决"。如今莫言"甩开"村上,获得诺贝尔文学奖,"中国的乡土文学打败了日本"。《产经新闻》在莫言得奖后评论说,莫言以其独特的描写中国农村生活的视角而著称,其得奖似在情理之中;同时也为村上春树今年未能得奖而感到惋惜。因为村上春树在英国博彩公司给出的赔率表上名列第一,却没能延续本月8日山中伸弥教授获得诺贝尔生理学奖的喜讯。

《朝日新闻》称,村上春树的母校已提前制作好了"恭喜获得诺贝尔奖"的条幅,并计划于12日一早挂出,当看到网络转播由莫言获得此奖时,现场一片叹息声。该校校长在接受采访时对村上春树未能获奖很是惋惜,并希望他继续努力,争取明年获得该殊荣。尽管日本媒体叹息声一片,但也有日本网民大度地称:"祝贺莫言获奖,这是亚洲的骄傲!"

村上春树因何与诺奖失之交臂?日本媒体纷纷发出这样的疑问。一位名为桥本隆则的学者在《失落的日本:谁是莫言?》的文章中写道:

这几天,日本学术界一片喜洋洋的气氛。因为原来并不被看好的京都大学教授山中伸弥奇迹般地获得了诺贝尔医学奖,这个宝贵的荣誉,给震后日本一股巨大的活力。

其实,在本次诺贝尔奖公布之前,大家一致认为,今年日本最有可能获奖的奖项就是诺贝尔文学奖,因为作家村上春树的《1Q84》享誉世界。在经历了前几年的失败后,他是这个奖项最有竞争力的候选人。

然而到了10月8日,诺贝尔生物医学奖发表,不被人注意的候选人——京都大学教授山中伸弥获奖,大大出乎了媒体们的意料,各大媒体几乎毫无准备。按照惯例,所有媒体都要把可能获奖者的资料准备齐全,还要在获奖者所居住的最近地区进行实况转播,同时报纸还要做好号外的预备,获奖者的亲朋好友也都要调查到,但这次山中教授获奖,日本媒体完全成了临时抱佛脚,效果很不尽人意。经此一役,大家都在相互鼓励:还有村上,他肯定会获得诺贝尔文学奖。

在名单公布之前,所有媒体都行动起来,事先开始24小时不间断跟踪采访村上,用这些采访资料来准备获奖前的纪录影片,凡是认识村上的,以及与村上小说有关系的人媒体都采访到,报社也为村上的可能获奖准备好了号外的排版,书店的负责人也在书店进门的醒目位置摆放了村上的书籍。一位书店的负责人说,他已经追加预订了村上的书籍,如果真的获奖他还要再次追加,一切的一切都准备好,万事俱备只欠"春"风。

然而,在名单正式宣布前2天,从瑞典当地又传来了莫言获奖可能性大的消息。这时,大家都在问:莫言是谁?

这已引起了日本民众的好奇。有一种极端的观点甚至认为,莫言入选是中国在钓鱼岛问题上对外公关的结果,莫言成为候选人就成了日中在诺贝尔文学奖对决的一种象征。日本网络上都在问:谁读过莫言的作品?回答当然是否定的占多数。与莫言在日本的冷清相比,村上的作品在中国却拥有很多读者,而且还获得年轻读者的共鸣。于是,大家更加自信地认为,村上的作品比莫言影响力更大,获奖机会应该更大。

10月11日,当莫言获奖的新闻从瑞典传来时,日本全国好像刹那间凝固住了,很多人都不相信自己的耳朵,还有的人打电话去报社问:为什么诺贝尔奖给了莫言,而不是给村上?

当然,这就是日本舆论与媒体给日本民众制造的假象。当山中教授获奖时,大家都认为是日本理应得到的胜利,其实日本政府并没有对山中多功能细胞的研究有多大的支援,连最起码研究资金都不能保证,教授的获奖,更多的只是他个人努力的结果,而不是日本的国家实力。现在日本政治经济都很低迷,在钓鱼岛问题上又越来越被动,拿到诺贝尔奖,日本就可以在世界上展示一点成绩,这无疑可以提高日本的自豪感,"村上必定打败莫言"的结论就是在这种氛围下生成的。

日本舆论让民众形成了错觉:全世界知名的村上假使获得诺贝尔奖,这就说明中日对决中,日本的思维是被世界各国所接受的。或许换一种方式说明,村上获奖就将挽救岌岌可危的日本政治,也将挽救岌岌可危的日本外交。最终,这个日本期待的"春"风没有刮起,胜利女神向中国作家莫言挥动了橄榄枝。⑤

莫言为什么把村上PK掉了?作为村上春树作品中文版的翻译者,林少华发表了自己的专业看法。他在文章中写道:

2012年中国作家莫言和日本作家村上春树是诺贝尔文学奖获奖

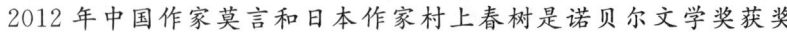

呼声最高的两位,村上甚至被称为"离诺贝尔文学奖最近的人",但最后的结果却出乎许多人的意料。

不用说,如果是村上君获奖对我有些实际好处。一是经济上的,二是名声上的。

但今年不同,今年有同胞兼半个山东老乡莫言登台亮相。事情明摆着,村上君终究是日本人,而我无论DNA还是国籍都是中国人,莫言君获奖无疑让同为中国人的我脸上大放光芒。我在10月11日当天早上在微博上宣示:莫言、村上哪位获奖我都衷心祝贺。若村上获奖,其获奖理由大约是:一、以洗练、幽默和节奏控制为主要特色的语言风格;二、通过传达都市人失落感、孤独感对人性领域的诗意开拓;三、对自由、尊严、爱等人类正面精神价值的张扬和对暴力源头的追问。而作为在中国走红的原因,还要加上一点:客观正确的历史认识。

挂完博客外出上课。晚间回来得知莫言获奖。我暗自庆幸:莫言君获奖采访轮不到我了。岂料记者仍不依不饶,追问为什么莫言获奖而村上没获奖?是啊,为什么?要知道,诺奖从来没有为什么,有也要等到50年后。不过细想之下,以上三点获奖理由之中,第二第三点应该没问题,也容易为瑞典学院十八位评委所认可。问题可能出在第一点,即村上的语言特色未必引起太多注意。这意味着,村上独特的语言风格在英译本中可能未得到充分再现。这又为什么呢?想起来了,记得翻译过《挪威的森林》和《奇鸟行状录》的哈佛大学教授杰·鲁宾(JAY RUBIN)认为村上那种脱胎于英文的语言风格是一把双刃剑:"村上那种接近英语的风格对于一位想将其译'回'英文的译者来说这本身就是个难题——使他的风格在日语中显得新鲜、愉快的重要特征正是将在翻译中损失的东西。"说白了,回娘家时娘家人不稀罕了。这当然怪不得村上,也怪不得译者,所谓宿命大约就是这样的东西。

另外,看过英德译本的大学同事和朋友告诉我,简洁固然简洁,但感觉不出中译本那种隽永微妙的韵味。而这分明是村上语言风格的另一特色。已故日本著名作家吉行淳之介曾经予《且听风吟》这样的评价:"每一行都没多费笔墨,但每一行都有微妙的意趣。"莫非英德译本把"微妙的意趣"译丢了?有一点倒是事实:尽管村上的作品已被译成三十余种语言,涉及三四十个国家和地区,但那里的读者和评论家几乎没有对作品的语言特色给予明显的关注。而若关键的瑞典学院评委们也没给予明显的关注,那么结果就可想而知了。⑥

诺贝尔文学奖公布的第二天,作为"获胜者"的莫言在老家接受记者采访时,也自然而然地谈到了村上春树。记者问:"因为村上春树的呼声也很高。你得奖,网上有一种声音是中国赢了,你怎么看?"

莫言回答说:"这种看法是老百姓的自由,我没权利反对。这是完全不同的两码事,而且究竟是不是我和村上春树两人在竞争今年的诺贝尔奖,这只是猜测。所以两个作家所谓的PK,再类比成中日关系,完全是一种玩笑,可以一笑置之。我非常尊重村上春树先生,他的作品中有很多我很欣赏的东西,我也是他的忠实读者,读了他的很多书。他的书中现代性和年轻人贴得很近的这种素质,是我的作品所不具备的,所以我很敬重他,希望他将来能获得诺贝尔奖。"

记者又问:"怎么看中日关系?"

莫言答:"我昨天在集中采访的时候,已经谈到过,我觉得中日关系首先还是要按照70年代中日建交的时候日本领导人和中国领导人达成的共识比较好,搁置争端,先谈友谊。中日紧张关系这种局面不会永远持续下去。两个国家的关系就跟两个人、两个家庭的关系很像,可能有时候闹得剑拔弩张,但是过了一段时候又会慢慢地互相理解,慢慢地各自退让,慢慢好起来。寄言于未来,中日两国的人民之间要求和平,渴望友谊的大局不会改变。现在这种紧张的局势也是极少数人造成的,与日本人民无关,更与中国人民无关。我希望和平是永远的,摩擦、矛盾、争议是短暂的。"⑦

读着莫言与记者的对话,不禁使笔者想起2009年,60岁的村上春树在其长篇小说《1Q84》(第1卷、第2卷)获得"耶路撒冷文学奖"后,毅然前往耶路撒冷出席颁奖仪式的情景。当时正值新一轮巴以冲突高峰期,支持巴勒斯坦的各方力量极力劝阻,但村上春树在经过慎重考虑之后,最终仍然决定前往以色列受奖,并发表了以人类灵魂自由为主题的获奖感言,题目是——《与卵共存:我愿与卵共存亡》。

村上春树在讲话中谈到自己为什么要不顾很多人的劝告、冒着战火纷飞以及被人误解的风险来到耶路撒冷的原因,并回顾了父亲二战后每日为战争中死于非命的人们祈祷的情形。他说:

先父去岁仙逝享年九十。他是一位退休教师,也是一位兼职佛教

徒。读研究生时，他应征入伍并被派往中国参战。我生于战后，常见他每日早餐前在家中佛坛前长时间的虔诚祈祷。有一次我忍不住问他为什么这样做，他告诉我他是在为那些在战争中死于非命的人们祈祷。

他为所有死去的人祈祷，不论敌友。凝视着他跪在佛坛前的背影，我仿佛感到死亡的阴影包围了他。

父亲走了，带走了他的记忆，我永远不可能知道的记忆。但那被死亡包围的阴影留在了我的记忆里。这是我从他那里继承的少数几样东西之一，也是最重要的东西。

今天我只希望向你们传达一件事情。我们都是人，都是超越国籍、种族、信仰的个体，都是面对着叫做"体制"的铜墙铁壁的危卵。显而易见，我们没有获胜的希望。这堵墙太高、太强大，也太冰冷。假如有任何获胜的希望，那一定来自我们对自身和他人灵魂的绝对的独一无二和不可替代的信任，来自于我们灵魂相聚所获得的温暖。⑧

从这篇获奖感言中，笔者读到的村上春树是一个极具人文关怀、也极具正义感的作家。"在一堵坚硬的高墙和一只撞向它的蛋之间，我会永远站在蛋这一边。"此举使村上名声大噪，一跃成为和平主义者的典范。

诺贝尔文学奖得与不得，似乎并不是最重要的，而让中日两国人民能够世世代代友好下去，让人类能够永远摆脱战争的阴影，也许才是作家更重要的责任与义务。正如村上春树所说："我写小说只有一个理由，那就是使个人灵魂的尊严彰显，使它呈现光彩。故事的用意是敲响警钟，用光明使体制透亮，以免它网罗和贬低我们的灵魂。我坚信，小说家的任务是通过写作故事来不断追求厘清每一个灵魂的独特性——用生与死的故事，用爱的故事，用让人潸然泪下的故事，用让人不寒而栗的故事，用让人笑逐颜开的故事。这才是我们日复一日一丝不苟写作小说的理由。"

①2012年10月8日《华西都市报》报道。

②参见《莫言微博回应张一一质疑，陈安娜称别理小疯子》，华夏经纬网2012年10月9日。

③贾君鹏：《"诺奖"大热门——莫言VS村上春树：战斗力深度对比》，中新网

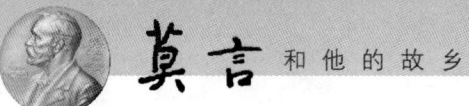

社区 2012 年 10 月 11 日。

④贾君鹏:《"诺奖"大热门——莫言 VS 村上春树:战斗力深度对比》,中新网社区 2012 年 10 月 11 日。

⑤桥本隆则:《失落的日本:谁是莫言》,新浪文化专题,2012 年 10 月 12 日。华声在线。

⑥林少华:《莫言 PK 村上:中日媒体逼我"站队"》,《东方早报》2012 年 10 月 12 日。

⑦中新网 2012 年 10 月 11 日电。

⑧村上春树:《与卵共存》,耶路撒冷文学奖获奖词,转引自源流中文网。

四、收获的秋天到来了

  2012年秋天对于中国文学界、对于莫言来说，无疑都是一个收获的季节。中国籍作家在与诺贝尔文学奖108次擦肩而过之后，莫言终于摘取了这一桂冠，这是莫言的骄傲，也是中国文学界的骄傲。为了这一天的到来，莫言经历了辛勤的耕耘和漫长的岁月。如今，他终于迎来了收获的秋天。

  莫言是幸运的。从鲁迅、老舍、巴金、沈从文、王蒙、北岛到辜鸿铭、林语堂、李敖，一个个著作等身、名扬海内外的文学巨匠和文学大师，都曾有机会和能力登上神圣的诺贝尔文学奖的殿堂，却都与之擦肩而过。如今，中国当代作家莫言的获奖，终于使这一似乎可望而不可即的梦想变成了现实，同时也使中国文坛的"诺奖综合征"和国人的"诺贝尔情结"得以解脱和释放。诺贝尔文学奖设立以来的百年历史，由此掀开了崭新的一页。

  莫言获奖，可谓"实至名归"。原因在于：

  首先，他的作品既有对现实的批判，又极具浪漫主义风格；既"关切现实与灵魂深处的痛"，能把中国几千年的历史和文化的沉淀传播给整个世界。因此，适合中国读者的口味，更适合评委的胃口，也让全世界的读者对中国有一个感性的认识。

  其次，它与中国文化在全世界的推广和中文在世界上的普及有关。随着孔子学院在世界各地的建立，越来越多的老外开始对中国文化产生浓厚的兴趣，自然而然中国文学也越来越受到世人的关注。如果别人连了解的欲望都没有，肯定不会把你的作品翻译出版，也就不会把这么有分量的大奖发给你。当然，随着电视、电脑、手机等视听电子产品的普及，传统文学开始走向没落，这也给莫言一个被关注的机会，以前在欧美文学的鼎盛期，不用说莫言，就是大名鼎鼎的鲁迅也不会被评委会放在眼里。

  再次，它与张艺谋、巩俐在国际上的影响也有很大的关系，或者说起到了很大的作用，可以毫不夸张地说，如果没有电影《红高粱》在世界上的成

莫言 和他的故乡

功,也就没有莫言的今天。当然也可以说如果没有莫言,就没有电影《红高粱》,没有张艺谋和巩俐的今天。而没有巩俐的出色表演,也许《红高粱》就不会在国际上获大奖,张艺谋也不可能成为世界上独树一帜的大导演。如此看来,莫言、张艺谋、巩俐的密切配合,不仅造就了一部《红高粱》,也造就了三个"艺术天才"。①

得知自己获得 2012 年度诺贝尔文学奖消息的时候,莫言正在他的老家山东高密,他习惯回到家乡寻找灵感和创作作品。而这次,这个从高密"东北乡"走出来的中国作家,在不断完成对"东北乡"叙事的言说后,终于在这片沃土上迎来了自己收获的秋天。②

由于莫言今年获奖呼声极高,熟悉莫言的记者很早便聚集在高密。在得知获奖的消息后,莫言表现得非常平静。他在接受记者采访时说,听到获奖的消息,自己非常高兴,感到狂喜并惶恐。③

在当晚举行的新闻发布会上,数十家中外媒体的记者对莫言进行了采访,可谓盛况空前。场面虽然非常拥挤,莫言仍随和地站着接受媒体采访。

10 月 11 日,莫言在家乡山东高密接受记者采访

莫言在新闻发布会上首先对媒体表示感谢。他说,这几天,各路媒体云集高密,有的来了好几天了,大家大老远地跑到高密来,非常辛苦。莫言说:"非常感谢大家到我们高密来,这本来是一个有红高粱的季节,可惜现在不种红高粱了。"谈到自己获奖的心情,莫言说,自己很高兴,甚至有点吃惊。因为世界上包括中国有很多优秀的作家,自己是一名相对年轻的作家,获奖的可能性很小,能获奖可以说是基本上没想到。获奖之后,之前的忙碌就可以告一段落了,自己就可以从热闹和喧嚣中解脱出来。

身在故乡的莫言对自己的家乡一往情深,并曾在作品中摹刻了一出出"东北乡"传奇。他说,"我的故乡和我的文学是密切相关的。""高密有泥塑、剪纸、扑灰年画、茂腔等民间艺术。民间艺术、民间文化伴随着我成长。我从小耳濡目染这些文化元素,当我拿起笔来进行文学创作的时候,这些民间文化元素就不可避免地进入了我的小说,也影响甚至决定了我的作品的艺术风格。"

在回答"您作品中的什么地方打动了评委"时,莫言说:"这是一个文学奖,授予的理由就是文学。我的作品是中国文学,也是世界文学的一部分。我的文学表现了中国人民的生活,表现了中国独特的文化和风情。同时我的小说也描写了广泛意义上的人,一直是站在人的角度上,一直是写人。我想这样的作品就超越了地区、种族、族群的局限。"

在此之前,对于莫言获得诺贝尔文学奖提名,舆论众说纷纭,也有一些人对他提出质疑。对此,莫言说:"感谢那些支持我的朋友,也感谢那些批评我的朋友。我终于得到了一个把自己放在众声喧哗之中的机会。持续半个月之久的网络大战,也是认识自我的最佳机会,让我知道我有哪些缺陷和不足,也让我知道了有哪些宝贵的东西需要坚持、发扬。"④

10月12日下午三时,莫言再次在高密市凤都国际酒店召开媒体见面会,与国内外记者分享获奖后的感受,并回答了在场记者关于故乡、党派、政治、出版自由、钓鱼岛等的提问。

在谈到作家与故乡的关系时莫言说,作家对故乡的关系实际上跟所有人对故乡的关系都一样,当你在这个土地上的时候,你感觉不到它跟你的密切联系,一旦当你离开这个地方,你就会产生一种魂牵梦绕的感受。对作家来讲可能这种感觉更加强烈,尤其像我这种以"乡土"为主要风格的作家,所以我早期的作品中人物、语言、事件等都是取自于乡土,对乡土的依赖性更强。乡土也不是永远写不尽的,如果要不断地写乡土就要对乡土的变化了如指掌,深入了解乡土的气质,对乡土发生的变化非常的清楚,然后才可能持续不断地写。

莫言强调说,自己所写的乡土文学已经跟30年代的乡土文学有了很大的变化,它已经是变化的乡土,已经是城乡化、城镇化的乡土。因此"如果一直说我是一个乡土作家,那么严格地说,我是不太服气的。"⑤

莫言在记者会上表示,自己获奖是文学的胜利,而不是政治的胜利。在谈到对毛泽东《在延安文艺座谈会上的讲话》的认识以及文学与政治的关系

莫言和他的故乡

时，莫言指出：

  毛泽东的《讲话》是历史文献，它的产生有历史的必然性，在当时那种社会历史背景下，对推翻腐朽的政权产生了积极的作用。我们今天再来看这个《讲话》，会感觉到它有巨大的局限，这种局限就在于这个《讲话》过分的强调了文学和政治的关系，过分的强调了文学的阶级性而忽略了文学的人性。

  我们这一批作家在上个世纪80年代开始写作的时候，就认识到这个问题，其实我们后来所有的创作都是在突破这个局限。我当时的写作也是顶着巨大的风险，冒着巨大的压力来写的，也就是说我的作品是跟当时社会上所流行的作品大不一样的。但是，这并不意味着要把《讲话》全部否定，因为它有合理的成分。比如它讲普及跟提高的关系，讲民间艺术跟外来艺术的关系，讲生活跟艺术的关系，讲生活是艺术的唯一源泉，讲作家为广大的工农兵服务这样一个概念，我觉得这些东西我还是认可的。我抄它，是因为它里面有合理的成分，我突破它，是因为它已经不能满足我创作的心灵需要。

  诺贝尔文学奖是文学奖，不是政治奖，诺贝尔文学奖是站在全人类的角度上来评价一个作家的创作，是根据他文学的气质、文学的特质来决定是不是给他奖项，诺贝尔在历史上曾将奖杯颁发给过法国共产党员萨特、苏联共产党员肖洛霍夫等。可他们的作品依然是经典，依然是在被千百万人阅读。

  我在中国工作，我在共产党领导的中国写作，但是，我的作品是不能用党派来限制的，我的写作从80年代开始，就非常明确的是站在人格角度上。写人的情感、人的命运，早已突破了这种阶级和政治的界限，也就是说。我的小说是大于政治的。那么很多人认为我在共产党领导下的中国和共产党关系比较密切，就不应该获得诺贝尔奖，我觉得这也很难有说服力。

  作家是靠作品说话的，作家写作是在他良心的指引下，面对着人的命运，人的情感，然后做出判断。如果在座的朋友读过我的书，就会知道我对社会黑暗面的批判向来是非常凌厉的，也非常严肃的，我在80年代的写的像《天堂蒜薹之歌》《酒国》《十三步》《丰乳肥臀》这些作品都是站在人的立场上，对社会上我认为的一切不公正的现象进行了毫不留情的批判。如果仅仅认为我没有在什么样的声明上签名,就认为我是一个没有批判性的作家,是一个官方的作家,那这种批评是没有道理的。

在谈到作为一个作家,当自己的作品批判社会的黑暗面并存在争议,是否会像高行健一样离开这个国家时,莫言强调说:"我离开这个国家干吗,我连高密都不想离开,我就想待在高密这个地方,这个地方生我养我,我熟悉这个地方,这里朋友很多,这里的食物特别适合我,所以我不会离开。而且我也认为,一个人他有各种各样选择的自由,选择离开中国到国外去生活去写作,我觉得也很好。有的人选择留在他的故土写作,这也很好。你不要认为谁出去,谁就是不爱国,谁没有出去谁就爱国,这都是非常片面的认识。谁愿意走就走,谁不愿意走也不要强迫人家。我们过去有一句话叫做'己所不欲,勿施于人',这句话是孔夫子的教训。'己所不欲,勿施于人'是对的,'己之所欲,强施于人'也对吗?你觉得这件事情非常好,你觉得羊肉特别好吃,你让一个不吃羊肉的人吃羊肉对吗?也就是说每个人都有自己选择的自由,他自己认为适合他的就好。"

对于如何看待当前中日关于钓鱼岛争端的问题,莫言认为:

首先我觉得争端是客观存在的,如果没有争端的话那干嘛会闹得这么大。而且我想要完全解决争端似乎也没有什么更好的方法。打一仗,中国胜了日本败了,争端就解决了吗?日本败了他就会承认中国的合法主权么,反过来也是一样。所以战争也解决不了争端问题,那么我想最好的办法还是按照上个世纪70年代中日建交的时候,老一代的中日两国领导人采取的比较高明的措施:搁置争端,先谈友谊。你把他放在一个地方也影响不了两国人的睡眠和吃饭,甚至这个地方可以让鱼类生活得更好一点。

我去过韩国和朝鲜的三八线,这个三八线是无人区,两国谁也不能过去,这个地方就成为动物的天堂,全是鸟,全是野猪,树木非常的繁茂。所以搁置争端有时候这个功能是很好的,海洋上的争端暂时搁置一下有时候也是鱼类的福音。现在人类捕鱼捕的这么疯狂,有一个争端的地方谁都别进,让鱼过去,鱼类会感谢人们,感谢你们。

莫言获奖的第二天,国内各家媒体纷纷把这一消息作为头版。从首都北京到南方特区深圳,从羊城广州到莫言的山东老家,《京华时报》、《深圳晚报》、《南方都市报》、《山东商报》、《青年报》、《半岛都市报》,几乎所有的报刊都把莫言获奖放在头条醒目位置予以报道:

——"千言万语,尽在莫言"!
——"诺言成真"!
——"真是莫言"!
——"言中了"!

在众多的报刊版面中,《东方早报》的封面设计广受好评。

影响力巨大的人民网第一时间发表评论对莫言表示祝贺——具有 5000 年文明史和文学史的中国文化终于在诺贝尔文学奖的名册上留下了名字。不管你对诺奖如何认识和评价,说它曾经不公,说它是一个符号,说它戴着有色眼镜,说它攀附市场,甚至说它有丑化中国之嫌等等,这些都并不重要。重要的是,中国文学有了零的突破!汉语言文字的作品终于为世界所接受,这就是一种进步。

也许一些比莫言成就更高的人,由于各种各样的政治、历史、文化原因而未能登上诺奖的奖台,这无疑是一个憾事。获奖并不能证明莫言是中国最伟大的作家,但它是一个里程碑式的事件,从此以后中国将有更多的获奖者,这是一种必然,因为中国经济社会文化的发展再也不容世界忽视!只要作家敢于直视内心,不辜负这个时代,只要创作环境不断改善,有责任的作家必将推出更多精彩的作品。

在《莫言的力量》一文中,姜明说:"尽管我们已经对他获奖做好了充分的预案。但确切地得知他获奖,我还是大吃一惊,没有想到,中国文坛期待那么久的一个重大事件,就这样猝不及防地来到了。"他在文中写道:

不是说中国作家获奖,就证明中国文学在世界文坛上有了显著地位。就比如以往中国作家没有获过奖,并不证明中国文学在世界文坛上没有地位一样。莫言的获奖有极大的偶然性,但是中国作家获奖,则

第一章 不眠之夜

是历史的必然。诺贝尔文学奖开评百年来，中国的文学大家层出不穷，在不同的历史背景下，给国人以精神启迪和文化审美，也有多位中国作家被诺奖提名。但中西方文化的差异，以及一年全球一位作家的限额，让中国作家一次次与诺奖失之交臂。评论家李敬泽说，"作为一个有文化抱负的民族，我们必须致力于推动我们文化的传播，但是这是一个耐心的、水滴石穿的过程。"我们不是为了获得诺贝尔文学奖才进行文学创作，当我们真正静下心来，以一种纯粹的、安静的、非世俗的心态进行文学创作和文化建设，那么获奖，哪怕是国外最有影响的文学奖，也都是时间早晚而已的事情了。

当代中国文坛，有实力获得诺贝尔文学奖的作家，不止莫言一个人。但莫言获奖，我以为是实至名归。20多年来，莫言一直在以自己的视角和立场讲述中国故事，也一直在思考人与人性、历史环境与个体生命、美与丑、善与恶等终极哲学问题。他固执地将自己的价值取向融入进一篇篇好看的故事里去，所以他的小说有着广泛的读者，更为众多影视剧导演所看重，被改编成一部部影视剧，受到更广大的受众的喜欢。《蛙》是一部关于计划生育题材的长篇小说，莫言居然驾轻就熟，举重若轻，我想，没有对祖国对人民深沉的爱，没有对民间生活的真挚关切，很难打动人心。但莫言做到了。正是因为数十年如一日对人的关切，莫言超越了国界，走向了世界，他成为一个全人类的作家。

今夜值得欢庆。在向莫言致敬的同时，也向所有正在默默无闻书写时代精神和天地良心的文学艺术家致敬！

莫言获奖当晚八点多，麦家发微博表示，"当一个人斩获这么大的奖时，荣誉已不再属于他个人，而是他代表的语言、民族和国家！祝贺莫言，祝贺中国！"在回答记者采访时麦家说："在我看来，莫言是当代中国文坛中最有才华、最有贡献的作家。上世纪80年代，文学界有一个火热的爆发期，莫言发表了大量的优秀中、短篇小说，为这股'文学热'贡献了非常大的力量，堪称主角人物。当年他的作品，出来一篇，我们追着读一篇，算是他的忠实读者。莫言获奖对中国文学是幸事，至少可激发更多人关注文学，哪怕是短暂的。中国文学已快被娱乐逼死了。"

阿来在得知莫言获奖的消息后，为莫言"连喝三杯"。他表达了自己的希望，"不管能否实现，但我真的期待，莫言得奖，能改善国人对国内当代文学的看法，真正意识到我们的文学价值和分量。"

"巴蜀鬼才"魏明伦与莫言相识已久，且相互仰慕。在得知莫言获奖消息后，他非常激动："作为朋友，我衷心为他祝贺。其实10月7号那天我们还通了电话，我请他和陈忠实为我的文学馆写匾，他也欣然答应了。"2010年魏明伦从艺60周年纪念，莫言曾专门为他写了一幅六尺的诗词。其中有"莫言举世无谈者，一见如故两幽魂"之句。魏明伦说，"这个幽魂，就是说我们俩都是鬼才！"⑥

蒋方舟在获悉莫言得奖的第一时间就发出了恭祝的微博，她觉得这对于世界了解中国文学非常有帮助。在国外，蒋方舟发现书店中介绍中国现当代文学的图书少之又少，而其他外国作家，如日本的村上春树，作品却可以卖得很好。甚至在挪威这样的小国家，村上春树的书都可以卖到十几万册，中国作家的作品却很难畅销。挪威全国只有两个翻译中文的作家，其中一个已经去世，另外一个年纪也比较大了。蒋方舟认为，"无论销量还是影响力，中国文学在世界现当代文学中都非常边缘。莫言老师获奖，起码能促进国外对中国文学的翻译与引进。以前去德国，几乎看不到中国作家的作品，但当莫言老师得奖之后，德国的词典很快就收入了莫言的相关词条，其中还有对中国文学的介绍。"

山东师范大学文学院院长、文学评论家周均平指出，莫言获奖的意义还在于，它了却了中国文坛的一桩夙愿。"当代文学一直被现代文学压着，二三十年代的文学影响太大，比如巴金、矛盾等，但莫言的作品背景完全是建国以后的，他也是建国以后培养起来的作家。"

山西作家曹乃谦在得知莫言获奖的消息后，对记者表示，"我当然很高兴，这是中国文学的一座里程碑，从此世界文坛有了中国的一席之地，我相信中国那么多作家，肯定还会有人获此殊荣。莫言获奖空前，但是不会绝后。"马悦然十分欣赏的另一位山西作家李锐，也在第一时间对莫言获此殊荣发出"当之无愧"的称赞。

百年的等待，终于迎来了这一刻的狂欢和喜悦，也使这位中国作家成为举世瞩目的焦点，他本人则"狂喜并惶恐"着。对于是否会前往瑞典领奖，莫言表示会等待诺贝尔奖组委会的进一步通知和安排。按照诺贝尔奖评委会有关规定，所有获奖者将在12月10日前往瑞典首都斯德哥尔摩参加诺贝尔奖颁奖典礼，纪念1896年去世的瑞典化学家阿尔弗雷德·诺贝尔。

莫言获得的巨额奖金究竟怎么用？媒体对此也十分关心。莫言在接受记者专访时笑着说:"我准备在北京买套房子,大房子,后来有人提醒我说也买不了多大的房子,5万多一平方米,750万也就是120多平方米。"

10月12日,中国外交部发言人洪磊在例行记者会上对莫言获得2012年诺贝尔文学奖表示祝贺。他说,莫言的文学造诣有目共睹。中华民族具有悠久的历史和灿烂的文化,这是全人类的共同财富。我们希望世界各国朋友能够更多了解中国文化、感受中国优秀文学的魅力。⑦

莫言获诺奖在海外也引起了一片"叫好"之声。10月12日,新华社综合各驻外分社记者的消息报道说,中国作家莫言折桂诺贝尔文学奖的消息如石子投水,激起一波波来自海外媒体和民众的回声。

——欧洲媒体集体"鼓掌":德国《焦点》杂志网络版称莫言是中国当代最成功的作家之一,笔下描绘了普通人的命运。法新社称赞莫言以现实主义风格刻画了中国重大历史变迁,表现了对生养他的中国东部乡土的眷恋。伦敦大学亚非学院中文教授贺麦晓说,莫言属于"文化大革命"后开始用新的眼光关注中国社会、尤其是农村社会的一代作家。他的作品没有描写社会主义超级英雄,而是充满了具有真正弱点的真实人物,与此同时他把中国农村描写成一个"发生奇妙事情的神奇地方"。

——圈里圈外的称赞和祝贺:85岁的德国知名作家瓦尔泽说:"莫言的创作极其丰富多彩,内容特别好",他将中国的抗日战争等历史如此确切地呈现,令人印象深刻。"在我看来,他是我们所在时代最重要的作家之一,堪比(美国著名作家)福克纳。"德国书评家舍克对莫言获奖表示祝贺;称"文学的苍穹又出现了一颗新星……这是一个将陪伴我们的作家"。汉学家史景迁早在2008年就在《纽约时报》发表书评,认为《生死疲劳》这部作品"几乎涵盖了这个国家的整个革命时期",可以说是那个时代的纪实小说。⑧

——出版界同行交口称赞:莫言作品中已有18部被译成法文。拥有西班牙文版莫言作品全球发行权的西班牙凯拉斯出版社创始人安赫尔·费尔南德斯说:"莫言的文学作品令我们想起两位熟悉的作家,我们仿佛是在同时阅读卡夫卡和加西亚·马尔克斯的作品。"美国《纽约时报》也指出,莫言在长篇和短篇小说中描绘了中国纷乱而复杂的农村生活,常常采用丰富的想象——动物叙事者、地下世界、神话故事元素——让人联想起南美魔幻现实主义的手法。俄罗斯外国文学图书馆馆长叶卡捷琳娜·格尼耶娃11日也表示:"诺贝尔奖评委会对莫言的评价相当客观,将梦幻般的现实主义、超现实主义与民间传统相结合,这绝非易事。"⑨

美国《华尔街日报》在莫言获奖后发表评论说:"中国作家获得诺贝尔文学奖,是中国软实力水平提升的标志,也是中国在文化领域影响力增加的表现。"《华尔街日报》并不是唯一持此观点的国外媒体,"中国软实力提升"已经成为各国媒体热议的焦点。德国《世界报》直言,莫言获诺贝尔文学奖是"中国全球软实力战略的一次胜利"。瑞士《提契诺州报》发表评论表示,"中国作为一个大国,在渴望经济增长的同时,也仍然重视国家形象,而莫言的这次获奖,无疑证明了中国软实力水平与其全球第二的经济实力成功地相互符合。""诺贝尔奖让世界终于将目光投向了繁荣的中国文学。"英国《每日电讯报》如此评论道。美国有线电视新闻网(CNN)称,在今年的诺贝尔文学奖结果揭晓之后,中国人的民族自豪感在互联网上喷涌而出。

中国文学打破欧洲垄断,令外媒有些意外。《今日美国》回顾说,过去五届诺贝尔文学奖,有四届被欧洲作家包揽。以前美国媒体总是抱怨"诺贝尔文学奖被欧洲作家垄断",这一次中国人莫言获得诺贝尔文学奖,无疑打破了这一局面。美国《纽约客》的文章称,经济专家们一直认为,中国是个很有前途的国家,其经济急速发展,投资遍及世界各地。可是,中国大陆的文学,对于西方读者来说还是默默无闻、遥不可及。而此次莫言获得诺贝尔文学奖或许标志着这种状态的改观。

《纽约时报》的书评说,莫言是一位世界级作家。同时也是中国当代严肃文学作家中屈指可数的畅销书作家,拥有大量的忠实读者。诺贝尔文学奖授予他,是对他的文学成就的又一次肯定。该文进一步指出,莫言获得2012年诺贝尔文学奖,可以促进、加深世界其他国家读者对中国文学的了解和理解,这才是诺贝尔文学奖背后更深远的意义。

莫言获得诺贝尔文学奖后,一片祝贺声中难免有一些杂音。西班牙《国家报》就表达了这样一种猜测:"授予中国作家诺贝尔文学奖,是因为中国正在势不可挡地成长发展。"这张报纸的猜测代表了一部分外媒的观点,认为诺贝尔文学奖授予一名中国作家,与诺贝尔奖渴望在中国获得关注无法分开。但这一观点遭到了瑞典皇家学院常任秘书彼得·英格伦的否认,他指出,"这是一个文学奖项,我们只考虑作家在文学上的价值。除此之外,我们不会考虑其他因素,而胜利者故乡对这一奖项的反应不会在我们的计算之内。"⑩

还有一些"持不同政见者"在海外发表一些过度政治化的评论,认为"中国需要的是对更加自由的文学写作的支持,而不是相反。""莫言的官方身份

与作家的独立人格常常形成剧烈的冲突"等等。对此,留美作家刘再复发表了自己的看法,他说:

  高行健获奖之后,我在香港各大学作了多次讲演,讲后听众几乎都提出一个问题:高行健之后最有希望得奖的是谁?我坦率地回答:可能是莫言和李锐。理由是不仅他们体现了中国当代文学的创作实绩和最高水准,而且早已进入瑞典学院院士们的视野,代表作都已译成英文,部分还翻译成瑞典文。当代中国作家虽然也有其他杰出者,如贾平凹、阎连科、余华、韩少功、苏童、王安忆、残雪等,其水平也可获奖,可是,都没有莫言与李锐幸运,他们的作品都未能及时地译为院士们看得懂的文字。

  瑞典学院把今年的诺贝尔文学奖授予莫言,是一个非常正确、非常英明、非常有见识的选择。和十二年前把诺奖授予高行健一样,瑞典学院此次又为世界文学批评史写下极为精彩的一页。之所以精彩,是因为它真正超越政治、超越市场,只把文学水平与文学质量作为唯一的评价标准,也就是说,他们的评选,不设政治法庭,不设道德法庭,只作审美判断。诺贝尔文学奖创立一百一十年来,始终守持真文学视野,眼睛只盯着真作家、真诗人、真文学,所以赢得了全人类的敬重。⑪

  文学就是文学。正如中国作协主席铁凝在第五届鲁迅文学奖颁奖典礼上所说的:没有哪个作家是为了获奖而写作。"我以为获奖与否不是最重要的,重要的是我们有共同的身份——作家,共同珍爱文学,共同的使命担当。……写作的过程是不断反省自己的过程,也是考量自己的内心与生活、人生与时代有多大距离的过程。"获得鲁奖是如此,获得茅奖是如此,获得诺奖也应如此。每个作家都应该扪心自问,自己的写作能不能对得起这个伟大而艰难的时代?

  ①吕梁远:《莫言获诺贝尔文学奖的四大理由》,精英博客 2012 年 10 月 11 日。
  ②新华社济南 10 月 11 日电(记者王海鹰)。
  ③2012 年 10 月 12 日新华网报道。
  ④新华社济南 10 月 11 日电。
  ⑤《莫言:说我是乡土文学作家我不大服气》,2012 年 10 月 12 日凤凰网文化讯。
  ⑥《华西都市报》2012 年 10 月 12 日。

⑦中新社太原10月12日电(记者胡健)。

⑧新华网2012年10月12日综合饶博、胡小兵、郭洋、梁霓霓、陈锐报道。

⑨参考消息网2012年10月12日。

⑩尹晓琳、蒋伊晋等:《外媒称莫言获诺奖打破欧洲垄断局面》,《法制晚报》2012年10月12日。

⑪刘再复:《走向生命,不要走向概念——莫言得奖有感》,新浪博客2012年10月13日。

五、斯德哥尔摩：欢乐的冬夜

2012年12月，北欧大地已是天寒地冻，白茫茫的一片。

斯德哥尔摩的冬夜，漫长、清冷而又美丽宁静。古老的教堂传来悠远的钟声，家家户户窗前挂出的迎接圣诞的彩灯，像无数的繁星在闪烁。从窗帘后透出的橘黄色灯光，像一盏盏生命的烛火，让人在寒夜中感到温暖。

斯德哥尔摩激流河边（油画）

从12月5日开始，斯德哥尔摩迎来了一年一度的诺贝尔周。获得2012年诺贝尔奖的各位获奖者将从世界各地齐集这座古老美丽的城市，参加举世瞩目的诺贝尔奖颁奖典礼，并举行各种演讲和交流活动。今年的诺贝尔周，由于中国第一位诺贝尔文学奖获得者莫言的到来，增添了些东方文化的色彩，也使当地的华人社会多了些热切的期盼。

12月5日，中国首都北京。莫言和他的太太杜勤兰、女儿管笑笑，还有多位莫言的翻译，包括英语翻译、俄语翻译和西班牙语翻译，以及高密文化官员邵春生、上海文艺出版社编辑曹元勇、复旦大学教授陈思和及夫人、出版人陈黎明等一行10人，沐浴着冬日和煦的阳光踏上了赴斯德哥尔摩参加诺贝尔奖颁奖典礼的行程。登机前，莫言在北京机场用"阳光灿烂，心情很好"八个字向记者表述了自己愉悦的心情。

对于莫言等各位诺贝尔奖得主的接待工作，瑞典方面准备得很周到。莫言抵达斯德哥尔摩时，除了诺贝尔组委会将派人接机外，瑞典外交部也会指派一名大使馆专员，前去接机。并在莫言逗留瑞典期间全程陪同。没想到好事多磨，老天爷下了一场大雪，以致斯德哥尔摩机场瘫痪，不能正常开放。由于航班晚点，莫言直到6日中午才抵达斯德哥尔摩，当地热情的华人没能按原计划的时间在机场接到莫言，心情未免有些紧张和忐忑，生怕莫言有半点闪失。幸好，暴风雪没有影响到12月6日举行的新闻发布会，也没有影响莫言的心情。他甚至和记者开起了瑞典汉学家马悦然的玩笑，说马悦然还欠他一根烟。莫言事后在诺贝尔晚宴上讲，能到瑞典领取这个奖就像是一个童话。确实，在这个靠近北极圈的童话般的国度里，有什么事是不可能发生的呢？

12月是瑞典白昼最短的时候，但冬日厚厚的白雪在天空的星光和绚丽的北极光下，把城市和村落映照成童话般的幻境。12月7日上午，莫言来到具有百年历史的瑞典 Hersby 高级中学，同在这里学习汉语的学生们交流。他和学生们唱起了电影《红高粱》的插曲，并现场展示了自己的书法技艺，还手把手地教学生们写毛笔字。

当天晚上，莫言来到瑞典学院出席专门为诺贝尔文学奖获奖者举办的演讲会。演讲大厅里灯光辉煌，院士们呈半圆形围坐在第一排，莫言来到院士们中间，大家纷纷起立鼓掌向他表示欢迎。他的身边，就站着中国读者十分熟悉的马悦然院士。

多年之前，在同样一个日子，同样一个地方，日本作家川端康成曾经穿着和服，用日语演讲了《美丽的日本和我》，他从道元、一休等禅师谈起，谈"枯山水"和插花，谈禅宗的精神；后来，大江健三郎也曾经在这里，穿着西服，用带着浓重日本口音的英语，演讲了《暧昧的日本和我》，他从在四国成长时的森林体验谈起，谈瑞典人熟知的《尼尔斯骑鹅旅行记》，谈儿时的他对世界的好奇。如今，大江健三郎大力赞许的莫言也要在这里用中文演讲，他会讲些什么呢？人们也普遍感到好奇。

莫言早年曾浸淫于西方文学，后来"大踏步撤退"，回归章回小说、红色经典及包括茂腔在内的民间艺术。莫言的土壤是广袤的中国,他所处的是承前启后的新时代,他将说些什么,是让人关注的悬念。

在诺贝尔文学奖评选委员会前主席埃斯普马克简短致辞后,莫言走上了演讲台。在近40分钟的演讲中,莫言以"讲故事的人"为题,追忆了自己的母亲,回顾了文学创作之路,并与听众分享了三个意味深长的"故事"。

他说,"我获奖后,很多人分享了我的光荣,但有一个此刻我最想念的人——我的母亲,却无法分享了"。莫言在表达了自己对母亲的思念之情后,谈到了母亲对自己一生的影响。他动情地说:

我母亲生于1922年,卒于1994年。我是我母亲最小的孩子。我对大地的诉说,就是对母亲的诉说。

我记忆中最早的一件事,是提着家里唯一的一把热水壶去公共食堂打开水。因为饥饿无力,失手将热水瓶打碎,我吓得要命,钻进草垛,一天没敢出来。傍晚的时候我听到母亲呼唤我的乳名,我从草垛里钻出来,以为会受到打骂,但母亲没有打我也没有骂我,只是抚摸着我的头,口中发出长长的叹息。

我记忆中最痛苦的一件事,就是跟着母亲去集体的地里拣麦穗,看守麦田的人来了,拣麦穗的人纷纷逃跑,我母亲是小脚,跑不快,被捉住,那个身材高大的看守人扇了她一个耳光,她摇晃着身体跌倒在地,看守人没收了我们拣到的麦穗,吹着口哨扬长而去。我母亲嘴角流血,坐在地上,脸上那种绝望的神情我终生难忘。多年之后,当那个看守麦田的人成为一个白发苍苍的老人,在集市上与我相逢,我冲上去想找他报仇,母亲拉住了我,平静地对我说:"儿子,那个打我的人,与这个老人,并不是一个人。"

我记得最深刻的一件事是一个中秋节的中午,我们家难得的包了一顿饺子,每人只有一碗。正当我们吃饺子时,一个乞讨的老人来到了我们家门口,我端起半碗红薯干打发他,他却愤愤不平地说:"我是一个老人,你们吃饺子,却让我吃红薯干。你们的心是怎么长的?"我气急败坏地说:"我们一年也吃不了几次饺子,一人一小碗,连半饱都吃不了!给你红薯干就不错了,你要就要,不要就滚!"母亲训斥了我,然后端起她那半碗饺子,倒进了老人碗里。

我最后悔的一件事,就是跟着母亲去卖白菜,有意无意地多算了一位买白菜的老人一毛钱。算完钱我就去了学校。当我放学回家时,看到很少流泪的母亲泪流满面。母亲并没有骂我,只是轻轻地说:"儿子,你让娘丢了脸。"

从这几件与母亲相关的小事中,莫言表达了自己的忏悔之情,也表达了对母亲善良本性的敬意。小时候,母亲就曾告诫他:"只要你心存善良,多做好事,即便是丑也能变美。"莫言回顾了自己的文学之路,他说:

> 就像中国的先贤老子所说的那样:"福兮祸之所伏,祸兮福之所倚",我童年辍学,饱受饥饿、孤独、无书可读之苦,但我因此也像我们的前辈作家沈从文那样,及早地开始阅读社会人生这本大书。前面所提到的到集市上去听说书人说书,仅仅是这本大书中的一页。
>
> 那时我是一个绝对的有神论者,我相信万物都有灵性,我见到一棵大树会肃然起敬。我看到一只鸟会感到它随时会变化成人,我遇到一个陌生人,也会怀疑他是一个动物变化而成。每当夜晚我从生产队的记工房回家时,无边的恐惧便包围了我,为了壮胆,我一边奔跑一边大声歌唱。那时我正处在变声期,嗓音嘶哑,声调难听,我的歌唱,是对我的乡亲们的一种折磨。
>
> 我在故乡生活了二十一年,期间离家最远的是乘火车去了一次青岛,但也就是这次青岛之行,使我产生了想离开故乡到外边去看世界的强烈愿望。
>
> 1976年2月,我应征入伍,背着我母亲卖掉结婚时的首饰帮我购买的四本《中国通史简编》,走出了高密东北乡这个既让我爱又让我恨的地方,开始了我人生的重要时期。我必须承认,如果没有30多年来中国社会的巨大发展与进步,如果没有改革开放,也不会有我这样一个作家。
>
> 在军营的枯燥生活中,我迎来了80年代的思想解放和文学热潮,我从一个用耳朵聆听故事,用嘴巴讲述故事的孩子,开始尝试用笔来讲述故事。起初的道路并不平坦,我那时并没有意识到我二十多年的农村生活经验是文学的富矿,那时我以为文学就是写好人好事,就是写英雄模范,所以,尽管也发表了几篇作品,但文学价值很低。
>
> 1984年秋,我考入解放军艺术学院文学系。在我的恩师、著名作家徐怀中的启发指导下,我写出了《秋水》、《枯河》、《透明的红萝卜》、

《红高粱》等一批中短篇小说。在《秋水》这篇小说里,第一次出现了"高密东北乡"这个字眼,从此,就如同一个四处游荡的农民有了一片土地,我这样一个文学的流浪汉,终于有了一个可以安身立命的场所。

我必须承认,在创建我的文学领地"高密东北乡"的过程中,美国的威廉·福克纳和哥伦比亚的加西亚·马尔克斯给了我重要启发。我对他们的阅读并不认真,但他们开天辟地的豪迈精神激励了我,使我明白了一个作家必须要有一块属于自己的地方。一个人在日常生活中应该谦卑退让,但在文学创作中,必须颐指气使,独断专行。

我该干的事情其实很简单,那就是用自己的方式,讲自己的故事。我的方式,就是我所熟知的集市说书人的方式,就是我的爷爷奶奶、村里的老人们讲故事的方式。我认为《透明的红萝卜》是我的作品中最有象征性、最意味深长的一部。那个浑身漆黑、具有超人的忍受痛苦的能力和超人的感受能力的孩子,是我全部小说的灵魂,尽管在后来的小说里,我写了很多的人物,但没有一个人物,比他更贴近我的灵魂。

自己的故事总是有限的,讲完了自己的故事,就必须讲他人的故事。于是,我的亲人们的故事,我的村人们的故事,以及我从老人们口中听到过的祖先们的故事,就像听到集合令的士兵一样,从我的记忆深处涌出来。他们用期盼的目光看着我,等待着我去写他们。当然,我对他们,都进行了文学化的处理,使他们超越了他们自身,成为文学中的人物。

作家的创作过程各有特色,我每本书的构思与灵感触发也都不尽相同。但无论是起源于梦境还是发端于现实,最后都必须和个人的经验相结合,才有可能变成一部具有鲜明个性的,用无数生动细节塑造出了典型人物的、语言丰富多彩、结构匠心独运的文学作品。小说家是社会中人,他自然有自己的立场和观点,但小说家在写作时,必须站在人的立场上,把所有的人都当作人来写。只有这样,文学才能发端事件但超越事件,关心政治但大于政治。

可能是因为我经历过长期的艰难生活,使我对人性有较为深刻的了解。我知道真正的勇敢是什么,也明白真正的悲悯是什么。我知道,每个人心中都有一片难用是非善恶准确定性的朦胧地带,而这片地带,正是文学家施展才华的广阔天地。只要是准确地、生动地描写了这个充满矛盾的朦胧地带的作品,也就必然地超越了政治并具备了优秀文学的品质。

我觉得佛教的许多基本思想,是真正的宇宙意识,人世中许多纷争,在佛家的眼里,是毫无意义的。这样一种至高眼界下的人世,显得十分可悲。当然,我写的还是人的命运与人的情感,人的局限与人的宽容,以及人为追求幸福、坚持自己的信念所做出的努力与牺牲。

莫言指出,"对一个作家来说,最好的说话方式是写作。我该说的话都写进了我的作品里。用嘴说出的话随风而散,用笔写出的话永不磨灭"。最后,他给大家讲述了三个富有哲理的故事:

上世纪60年代,我上小学三年级的时候,学校里组织我们去参观一个苦难展览,我们在老师的引领下放声大哭。为了能让老师看到我的表现,我舍不得擦去脸上的泪水。我看到有几位同学悄悄地将唾沫抹到脸上冒充泪水。我还看到在一片真哭假哭的同学之间,有一位同学,脸上没有一滴泪,嘴巴里没有一点声音,也没有用手掩面。他睁着大眼看着我们,眼睛里流露出惊讶或者是困惑的神情。事后,我向老师报告了这位同学的行为。为此,学校给了这位同学一个警告处分。多年之后,当我因自己的告密向老师忏悔时,老师说,那天来找他说这件事的,有十几个同学。这位同学十几年前就已去世,每当想起他,我就深感歉疚。这件事让我悟到一个道理,那就是:当众人都哭时,应该允许有的人不哭。当哭成为一种表演时,更应该允许有的人不哭。

我再讲一个故事:三十多年前,我还在部队工作。有一天晚上,我在办公室看书,有一位老长官推门进来,看了一眼我对面的位置,自言自语道:"噢,没有人?"我随即站起来,高声说:"难道我不是人吗?"那位老长官被我顶得面红耳赤,尴尬而退。为此事,我洋洋得意了许久,以为自己是个英勇的斗士,但事过多年后,我却为此深感内疚。

请允许我讲最后一个故事,这是许多年前我爷爷讲给我听过的:有八个外出打工的泥瓦匠,为避一场暴风雨,躲进了一座破庙。外边的雷声一阵紧似一阵,一个个的火球,在庙门外滚来滚去,空中似乎还有吱吱的龙叫声。众人都胆战心惊,面如土色。有一个人说:"我们八个人中,必定一个人干过伤天害理的坏事,谁干过坏事,就自己走出庙接受惩罚吧,免得让好人受到牵连。"自然没有人愿意出去。又有人提议道:"既然大家都不想出去,那我们就将自己的草帽往外抛吧,谁的草帽被刮出庙门,就说明谁干了坏事,那就请他出去接受惩罚。"于是大家就将自己的草帽往庙门外抛,七个人的草帽被刮回了庙内,只有一个人的草帽被卷了出去。大家就催这个人出去受罚,他自然不愿出去,众人便将他抬起来扔出了庙门。故事的结局我估计大家都猜到了——那个人刚被扔出庙门,那座破庙轰然坍塌。

莫言总结说,"我是一个讲故事的人。因为讲故事我获得了诺贝尔文学奖。我获奖后发生了很多精彩的故事,这些故事,让我坚信真理和正义是存在的"。最后他表示,"今后的岁月里,我将继续讲我的故事"。

在斯德哥尔摩寒冷的冬夜里,莫言的故事温暖了在场所有听众的心。

12月8日中午,莫言来到曾经是诺贝尔故居的百乐门宾馆,出席瑞典华人商会的欢迎宴会。欢迎海报上写着"蛙丰酒红"四个大字,分别代表了莫言的4部著作——《蛙》、《丰乳肥臀》、《酒国》、《红高粱家族》。瑞典华人音乐家双焱说,从10月11日莫言获奖那一刻起,瑞典华人社会就充满了沸腾和激动的情绪,等待着迎接莫言12月的到来。还没有哪个人的到来能让这里的华人如此充满自豪和期待。

莫言在欢迎宴会上说:"地球上有许多鸟飞不到的地方,却很难找到华人去不到的地方。远到南极、北极、非洲的部落、南太平洋上的小岛,都能找到华人的足迹,都能看到华人用自己聪明才智创造的辉煌业绩。千百年来,

莫言为作品签名

中华民族的优秀子女背井离乡、跨海越洋,到远离故土的地方开启新的生活,创造自己的未来,创造新的文化。他们不仅仅为祖(籍)国带来了荣誉,也为当地社会做出了杰出贡献。"

莫言表示:"当瑞典的哥德堡号航行到中国去的时候,我想瑞典这个地方应该已经有华人在和当地的人民一起创造劳动。华人华侨到外地去工作、生活,不仅是一种经济行为,也是一种文化行为。随着科学技术的快速发展,地球变得越来越小。在地球任何一个地方,都很可能听到我们的乡音。在未来的地球上,文化、经济的交流会越来越多、越来越频繁。"

莫言坦言自己是个乐观主义者。他说:"再过千百年,地球上国界会越来越模糊,族群之间的规避会越来越微弱。将来人类会慢慢地创造出更加宽容、和谐的文化,真正把地球变成村。我期待着将来人们能够毫无隔膜地交流。"

哥本哈根市议员王海迪特地从丹麦过来参加庆祝会,这位北欧唯一的华人议员在会上作了深情的演讲。她说,自己从小随父母去台湾,似乎无法理解生于潍坊(莫言的故乡高密属于潍坊)的母亲对故乡的梦回萦绕,莫言的小说让她弥补了这份对故土的情感体验,也让她深切地体会了母亲的那份眷念。

当晚,莫言携带穿着晚礼服长裙的妻子杜勤兰和其他诺贝尔奖得主以及瑞典王室成员一起,兴致勃勃地出席并观看了在斯德哥尔摩音乐厅举办的诺贝尔专场音乐会。每年诺贝尔奖组委会都会举办一场古典音乐会,以优美的乐声彰显每位获奖者的研究成就,向获奖者祝贺。

音乐厅位于市中心胡格勒广场东面,除了被涂成蓝色的外墙显得略有不同之外,音乐厅依然古朴简洁,十根通天巨柱从地面直通楼檐,音乐厅前有俄耳甫斯的雕像,手中拿着他擅长的乐器竖琴,该雕像是瑞典著名的雕塑大师米勒斯的作品。

这是一场别开生面的大型音乐会。著名指挥家艾森巴赫率领皇家爱乐管弦乐团,为莫言等诺贝尔奖得主作了精彩演奏。在现场,艾森巴赫指挥了乐团演出贝多芬《艾格蒙》序曲、马勒第1号交响曲《巨人》等名曲,来自中国台湾的小提琴家陈锐也应邀表演了音乐作品。

10月9日下午,身着黑色西服、深色衬衫,系着宝蓝色领带的莫言来到著名的斯德哥尔摩大学参加读者见面会,与学生进行了面对面的交流。1200多个座位的玛格纳礼堂座无虚席,除了斯德哥尔摩大学的学生外,有很多当地的中国留学生前来聆听。斯德哥尔摩大学副校长卡尔·布雷莫在欢迎辞中表示，斯大对于中国文化和社会都有着悠久的研究传统，莫言这次获得诺贝尔文学奖后，相信会有越来越多的瑞典人对汉语感兴趣。

斯德哥尔摩大学中文系主任兼孔子学院院长、汉学家罗德弼主持了这次活动，并给予莫言的作品以很高的评价。他认为，莫言早就认识到一个作家需要有一块自己的地方，所以很早就想到要尽快逃离福克纳和马尔克斯的影响，因为他们像火炉，而莫言自己是冰块，距离大师太近，自己容易被蒸发。在这样的理念下，莫言造就了独一无二的中国声音。

莫言演讲时，斯德哥尔摩大学的玛格纳礼堂座无虚席

在见面会上，莫言手持一本旧版的《上海文学》，用略带山东口音的中文朗读了自己的小说《狼》以及《生死疲劳》的片段。莫言声情并茂的轻松朗读不时引来观众的笑声。

接着，瑞典演员约翰·拉巴乌斯用瑞典语朗读了同样的作品，他夸张的表情、高超的朗诵技巧和手舞足蹈的表演，令人忍俊不禁，并引发了观众的阵阵喝彩。现场笑声一片，气氛十分活跃。

在随后与读者的互动中，莫言告诉读者，所有的作家最终探讨的是人性。如果作家在人性方面没自己的发现，他的作家称号是值得怀疑的。他说："人性很复杂，一代一代作家探讨，至今没有探讨清楚，所以还要继续探讨下去。"莫言认为，"高明的小说家，会把自己的思想高明地藏在故事里，会把主要的故事放在人物上，让人物表达自己的思想。所有的小说充满矛盾、充满悖论,以后将继续努力写出更多这样的充满矛盾的小说"。

整个活动过程中,莫言状态十分轻松,幽默的回答多次引来笑声和掌声。

斯德哥尔摩大学建于1878年,是一座拥有130多年悠久历史的国立大学。在该校校史上,共有7位在该校从事教学与研究的学者得到过诺贝尔奖,这所大学还曾培养出多位政坛高官,瑞典现任首相弗雷德里克·赖因费尔特就毕业于这所大学。作为斯德哥尔摩大学每年的保留节目,诺贝尔奖得主在斯大的演讲已成为惯例,而莫言则是中国第一位享此殊荣的作家。

在斯德哥尔摩大学完成"规定动作"的演讲之后,莫言立即转场赶赴市中心的PARK电影院,向当地文学爱好者及影迷介绍电影《红高粱》幕后的故事。电影院内座无虚席,莫言走上舞台中央介绍电影幕后趣闻的时候,没有忘记借机"调侃"一把老搭档张艺谋。他说:"如果你们感到这部电影很好,那是因为我的小说写得好;如果你们认为这部电影有很多不满意的地方,那就是张艺谋拍得不好。"

与张艺谋一起合作拍摄《红高粱》的日子,莫言至今历历在目。他把成功的原因首先归为信任;其次则和当时的社会环境密切相关。上个世纪80年代,正是中国改革开放的初期,经过长期压抑的人们内心深处有很多东西需要释放,而《红高粱》电影的主题正是强烈要求个性解放。影片中,无论是男人还是女人,都是能够喝酒、敢说敢做敢爱的人,这种追求自由的精神满足了老百姓的需求。

莫言说:"《红高粱》这部电影在音乐的运用上、色彩的运用上,在当时有许多创新的地方。当然,现在看这部电影,肯定有许多不让人满意的地方。但是,如果让我再写一部《红高粱》,我写不出来,张艺谋也再拍不出这样一部《红高粱》。"

12月9日晚上,颁奖典礼的前夜,由瑞典华人联合会筹办的瑞典华人社团代表聚会,和莫言一起分享了一个温馨的北欧冬夜。没有签字,没有太多媒体的打扰,有的只是北欧冬夜特有的圣诞甜酒"格洛格"、姜饼、莫言和华人一起亲手包的饺子、悠扬的露西娅歌声和中国留学生朗读莫言作品的清脆声音。

12月10日,最重要的颁奖日子终于来临了。这一天是瑞典工业家诺贝尔的逝世纪念日,每年的诺贝尔奖颁奖典礼都安排在这一天举行。今年的颁奖仪式是1901年以来诺贝尔奖委员会举行的第108次颁奖仪式,全世界把目光都聚焦在斯德哥尔摩。

莫言（中）和华人一起包饺子

当地时间下午 4 时 30 分许，诺贝尔奖颁奖仪式在斯德哥尔摩音乐厅正式开始。瑞典皇家爱乐乐团首先奏起了瑞典王室乐曲《国王之歌》。随后，在莫扎特 D 大调的音乐中，莫言和其他 5 个奖项的 8 位获奖者一起，身着黑色燕尾服缓缓步入会场，并在穿着整齐的瑞典女大学生带领下，逐一登上领奖台就座。讲台上铺着深蓝色地毯，背后是诺贝尔的铜像，墙上装饰着很多鲜花。现场气氛庄严肃穆，所有来宾全都身着盛典西式或者民族礼服出席。除了瑞典国王之外，王后西尔维亚、王储维多利亚公主、丹尼尔王子等都随国王一起出席了颁奖典礼。

诺贝尔基金会主席马库斯·斯托尔克首先致辞，对各位获奖者不辞辛苦来瑞典参加颁奖仪式表示欢迎；同时他回顾了诺贝尔基金会的工作以及诺贝尔奖的历史，并表示今后将继续遵照诺贝尔的遗愿，鼓励科学和文学等领域的发展。

斯托尔克说：诺贝尔奖对于奖项的选择打开了一个关于自然和人性的广阔领域。"其中涉及了掌管我们物质世界的法律和力量，探究这个世界究竟如何由不同的元素和生活在不同组织中的不同生命来构筑。这涉及了人类如何描述其周遭的环境和内在的生命，他们如何克服冲突和差异。诺贝尔奖融合了科学、文学、和平，这让他独一无二。"

最后，马库斯谈到了诺贝尔奖的意义，他说："诺贝尔奖的历史就是一个蔓延不断的故事，每一年通过新的成就它也扩充了自己。诺贝尔基金的活

动也是着眼于未来的发展。通过强调前人成就的重要性,和当今重要且急迫的问题,我们为知识和不屈不挠的精神做出了贡献。沿着这条路,我们嘉奖对人类最伟大的贡献,而这正是阿尔弗雷特·诺贝尔的精神所在。"

随后,瑞典文学院成员、作家瓦斯特伯格致辞。他介绍了中国作家莫言的文学成就,并宣布授予莫言2012年诺贝尔文学奖。他说:"莫言是一个诗人。他通过一些讽刺主义的手法,把过去传统的诗文揭示出来,让茫茫人海中的个体得以升华。莫言能够相信历史,并且能够站在超脱于政治的层面之上,通过比较戏谑的方法和个体的愉悦揭示人性体验、人性存在的各个方面。"瓦斯特伯格高度评价莫言:

他以俏皮而难以掩饰的轻快口吻,揭示人类存在的极端阴暗面,几乎无意识地就找到了极具象征意义的形象。

莫言的想象力翔越了人类存在的全部,他对大自然有了不起的描绘……他描写英雄、恋人、拷打者和强盗——他尤其擅长描写坚强不屈的母亲形象。

莫言采用了源自神话与民间故事的夸张、模仿与派生手法。他的故事里带有神话与寓言的伪装,但到头来他却颠覆掉这一切。

高密东北乡收藏着许多中国民间故事与历史往昔,但只有极少真正意义上的旅程得以超越这些,描述出一个爱善与邪恶皆有超乎寻常之能量的地方。

接着,身着黑色燕尾服的莫言上台,迎来他人生中最为辉煌的荣耀——从瑞典国王卡尔十六世·古斯塔夫的手里接过了诺贝尔奖证书、奖章和奖金支票。莫言与国王握手后微笑表示感谢,并向各个方向鞠躬致意,观众席上响起了热烈的掌声。莫言领奖后,位于二楼的乐队开始演奏卡尔·尼尔森的阿拉丁组曲第四曲《中国舞曲》。音乐厅回荡着音符中的"中国元素"。

来自瑞典王室、诺贝尔奖评奖机构、各国驻瑞使团和社会各界人士共1500多人出席了颁奖典礼。莫言的妻子杜勤兰与女儿管笑笑多次出现在镜头中,他们也现场见证了莫言的这一光荣时刻。

2012年诺贝尔物理学奖、化学奖、生理学或医学奖以及经济学奖的获奖者也在颁奖仪式上获颁各自的奖项,荣获今年诺贝尔物理学奖的是法国科学家塞尔日·阿罗什和美国科学家戴维·瓦恩兰;化学奖得主为美国科

瑞典国王卡尔十六世·古斯塔夫向莫言颁发诺贝尔奖证书、奖章和奖金

学家罗伯特·莱夫科维茨和布莱恩·科比尔卡;生理学或医学奖被授予英国科学家约翰·格登和日本科学家山中伸弥;经济学奖由美国经济学家劳埃德·沙普利和阿尔文·罗思获得。

颁奖仪式即将结束时,乐团奏起了瑞典国歌《古老而自由的北国》:

你古老的、光荣的北国山乡,
自由欢乐的心在跳荡。
祝福你人间最美的地方,
向你的太阳、你的天空致敬,
愿山花烂漫的溪谷永放光芒。

颁奖仪式结束后,莫言和其他获奖者一起,与嘉宾们一一握手,接受祝贺。随后莫言和大家一起前往斯德哥尔摩市政厅,参加盛大的诺贝尔奖晚宴。晚宴于北京时间凌晨2点开始。莫言在晚宴上作了简短的致辞。他感谢自己的家人朋友以及各国的翻译家,并且言简意赅地说明了文学的作用。他说:"我是一个来自中国山东高密东北乡的农民的儿子,能够在庄严的殿堂里领取这一个巨大的奖项,很像是一个童话。但它毫无疑问是一个事实。文学和科学相比较,的确是没有什么用处。我想,但是文学最大的用处,也许就是它没有用处。"这是一次"世界上最大的晚餐会",总共使用了

7000件瓷器、10000件银器和5400个酒杯。

　　同一天,诺贝尔和平奖的颁奖仪式在挪威奥斯陆举行。今年的和平奖颁给了世界上最大的地区一体化组织——欧盟。

　　12月12日晚,莫言来到斯德哥尔摩皇家话剧院,出席读书会。根据传统,每年皇家话剧院都会请诺贝尔文学奖得主来大剧院与观众交流。当晚的读书见面会嘉宾包括莫言作品的瑞典语翻译陈安娜和瑞典电台前驻华记者汉娜·桑伯格。嘉宾们在台上与莫言交流文学心得,间歇还有7名剧院演员用瑞典语朗诵莫言的作品。这是莫言来瑞典领奖的最后一场公开活动。

　　12月13日是瑞典的露西娅节,这是瑞典人最钟爱的传统节日之一。露西娅是传说中的光明女神,在瑞典最黑暗、最寒冷的时刻降临,为人们带来温暖,振奋人们的精神。在这一天,瑞典的各个学校、企业、机构都会庆祝节日。安详的冬天里,到处都能听到天籁般的露西娅歌声。莫言一行就在这歌声里满载着祝福离开瑞典,启程回国。

　　斯德哥尔摩的冬夜,美丽而温暖,宁静而快乐。华人们依依不舍,期望莫言早日再次访问,和大家共同探讨中国文化。他们说,和莫言一起见证诺贝尔奖颁奖时刻是大家一生的荣幸。这一时刻,莫言是世界的,自豪是我们的。这一天,在他们的耳畔,在整个斯德哥尔摩,始终回响着的,就是露西娅的歌声:

　　　　夜是巨大的,也是悄悄的
　　　　潜入每一个静静的房间
　　　　发出羽翼般声响
　　　　看,在我们门口站立的
　　　　穿着白衣,发上有点燃的蜡烛
　　　　桑塔露西娅,桑塔露西娅
　　　　黑暗很快就要离开,从地上的山谷
　　　　她对我们说出这温柔的话语
　　　　日子就要重新开始,从那粉色的天空
　　　　桑塔露西娅,桑塔露西娅……

第二章　齐鲁大地的儿子

山东高密市坐落在广袤富饶的胶莱平原上，其版图面积1605平方公里，人口86万。这里历史悠久，文化灿烂，自秦时置县，距今已有2200多年的历史，是春秋名相晏婴、汉代经学大师郑玄、清代东阁大学士刘墉的故乡。以扑灰年画、泥塑、剪纸为代表的民间艺术"三绝"久负盛名，誉满天下。高密茂腔和扑灰年画还被列为首批国家级非物质文化遗产保护项目。

1955年，中国作家莫言就出生在这片饱含着文化积淀，也浸透着先辈泪血的土地上。这片土地生他、养他，为他提供了丰厚的文学土壤，使他得以生根、开花、结果。

莫言 和他的故乡

一、"苦难"的年代

这是一个充满激情也包含着"苦难"的年代。新生的共和国刚刚成立,就经历了抗美援朝战争和土改、"镇反"、"三反五反"等一系列政治运动;在苏联专家帮助下制定的国民经济"第一个五年计划"也才刚刚开始实施。此时,无论是国家干部还是普通老百姓,都仍然"节衣缩食",过着相当艰苦、简朴的生活。而在广大农村,农民的日子则要更加艰难、贫苦些。

1955年2月17日(农历乙未正月二十五),莫言出生在高密东北乡(河崖镇)平安庄的一个普通农民家庭里。莫言后来这样描述自己出生的情景:

  1955年春天,我出生在高密东北乡一个偏僻落后的小村里。我出生的房子又矮又破,四处漏风,上面漏雨,墙壁和房笆被多年的炊烟熏得漆黑。根据村里古老的习俗,产妇分娩时,身下要垫上从大街上扫来的浮土,新生儿一出母腹,就落在这土上。从大街上扫来尘土垫在产妇的身体下,这种习俗似乎暗示着人的生命从土中而来,因土而生。同时,也昭告着这样的事实:人也是一种卑贱如土的生灵。惟其卑贱,才有野草般顽强、旺盛的生命力。

莫言似乎有些生不逢时。当他开始长身体需要大量食物营养时,就遇到了60年代的粮食大匮乏,乡村的孩子缺衣少食,甚至变成了"啮齿动物"。在散文《吃相凶恶》里,莫言写道:

  一九六〇年春天,在人类历史上恐怕也是一个黑暗的春天。能吃的东西似乎都吃光了,草根、树皮、房檐上的草。村子里几乎天天死人。都是饿死的。起初死了人亲人还呜呜哇哇地哭着到村头土地庙里去注销户口,后来就哭不动了。抬到野外去,挖个坑埋掉了事。很多红眼睛的狗在旁边等待着,人一走,就扒开坑吃尸。据说马四从他死去的老婆腿上割肉烧着吃,没有确证,因为很快马四也死了。粮食,粮食都到哪里去了呢?粮食都被谁吃了呢?

两个石磨静静躺在莫言家老宅院子里,似乎在诉说岁月的流逝

  1961年春天,莫言不到6周岁,就被父母送到村办小学上一年级。他是班里年纪最小的学生,刚上学时感觉非常痛苦和恐惧,一下课就往家里跑。这种情况到第二年才有所好转,因为他的学习成绩慢慢好了起来,老师也开始表扬他。有一回,他脚上生了个疮,不能上学,便独自留在家里。当时正是雨季,他推开家里的后窗向外看,只见河水像奔腾的群马一样汹涌而来。洪水泛滥在他心中留下了深深的记忆,后来他将这种记忆写进了《秋水》里。

  莫言的童年整体上是压抑的。首先是备尝"饥饿"的味道。当时他和同龄孩子们的思想都非常单纯,每天想的就是如何才能弄到食物,大冷天还光着屁股像小狗一样四处游荡。一个个胳膊和腿细得像柴火棍一样,肚皮却大得像一个大水罐子。许多今天看来根本不能入口的东西,在当时却成了他们的美味。

  莫言回忆说,自己刚懂事就赶上了三年自然灾害的困难时期,记忆中最深的就是饥饿,没有饭吃。当时大人吃野菜团子,有一种全是刺的很扎嘴,他咽不下去。奶奶就"赏赐"给莫言和姐姐每人一小片红薯干。那时才五、

莫言 和他的故乡

六岁的莫言,老觉得分给姐姐的那一片大。抢到手后觉得自己手里的小,于是又抢回来。如此抢了两次,把姐姐都气哭了。莫言写道:

> 我们吃树上的叶子,树上的叶子吃光后,我们就吃树的皮,树皮吃光后,我们就啃树干。那时候我们村的树是地球上最倒霉的树,它们被我们啃得遍体鳞伤。那时候我们都练出了一口锋利的牙齿,世界上大概没有我们咬不动的东西。"

莫言神乎其神地说,他的一个儿时伙伴后来当了电工,别的电工用钳子才能完成的任务,他用牙齿就可以完成了。

其次是不遭大人待见。儿时的莫言不仅丑、懒、馋,而且很调皮,两岁时就因为到处乱跑,不小心摔进茅坑,喝了很多脏水,幸好被大哥及时捞起,才捡回了一条命。少年时政治运动一个接一个,家中长辈行事说话都小心翼翼,对孩子说得最多的也是"别在外面惹麻烦"。然而,莫言却偏偏爱惹麻烦。他回忆说:

> 我从小就是一个非常爱说话的孩子。在我们农村叫做"炮孩子"。后来我写了小说《四十一炮》,里面就有一个"炮孩子",其中也有我个人的经历。也因为我喜欢说话,喜欢说真话,给我们家带来了很多的麻烦。

爱淘气的小莫言,自然也不讨老师喜欢。在散文《我的梦想》中,莫言回忆起他的班主任,那是一个姓张的高个子老师:

> 他教我们语文,是我们的班主任。他的脸上有很多粉刺,眼睛很大,脖子很长,很凶。他一瞪眼,我就想小便。有一次他在课堂上训我,我不知不觉中竟尿在教室里。他很生气,骂道:"你这熊孩子,怎么能随地小便呢?"我哭着说:"老师,我不是故意的……"
>
> 我在村里小学读三年级的时候,因为生活的自理能力很差,加之上学时年龄较小,母亲给我缝的还是开裆裤。为此,常遭到同学的嘲笑。张老师到我家去做家访,建议母亲给我缝上裤裆。我母亲不太情愿地接受了他的建议。缝上裤裆后,因为经常把腰带结成死疙瘩,

出了不少笑话。后来，大哥把一条牙环坏了的洋腰带送我，结果出丑更多。有一次，六一儿童节在全校大会上背诵课文时掉了裤子，引得众人大哗……

十二岁那年，莫言因为拔了生产队的一个红萝卜，被罚跪在毛主席像前请罪，回家后被父亲用蘸了盐水的绳子抽打。疼爱他的爷爷说："不就是拔了个萝卜吗！用得着这样打？"但"富裕中农"出身的家庭成分，终究让父母不得不格外小心谨慎，否则就可能惹祸上门。

1966年，莫言上小学五年级时，"文革"刚刚兴起，他就因为"乱说乱动瞎造反"，得罪了当权者，被迫辍学回家务农，当起了放牛娃。从12岁到19岁，整整七年的漫长岁月，莫言度过了极为压抑的青少年时代。先是放了两年牛羊，接着下地割麦，后来去参加挖河修桥的劳动。这位寻找不到自己位置的公社小社员，在贫苦的乡村生活中艰难地前行着。

小时候的生存环境虽然十分恶劣，但是并非一切都不堪回首。莫言的家乡处在三县交界的地区，交通闭塞，地广人稀。村子外的胶河边是一望无际的洼地，野草繁茂，各种不知名的野花很多。莫言回忆说：

当别人家的孩子在学校里读书时，我就在田野里与牛为伴。我对牛的了解甚至胜过了我对人的了解。我知道牛的喜怒哀乐，懂得牛的表情，知道它们心里想什么。在那样一片在一个孩子眼里几乎是无边无际的原野里，只有我和几头牛在一起。牛安详地吃草，根本不理我。我仰面朝天躺在草地上，看着天上的白云缓慢地移动，好像它们是一些懒洋洋的大汉。

我想跟白云说话，白云不理我。天上有许多鸟儿，有云雀，有百灵，还有一些我认识它们但叫不出它们的名字。它们叫得实在是太动人了。我经常被鸟儿的叫声感动得热泪盈眶。我想与鸟儿们交流，但是它们也很忙，它们也不理睬我。我躺在草地上，心中充满了悲伤的感情。在这样的环境里，我首先学会了想入非非。这是一种半梦半醒的状态。许多美妙的念头纷至沓来。我躺在草地上理解了什么叫爱情，也理解什么叫善良。然后我学会了自言自语。那时候我真是才华横溢，出口成章，滔滔不绝，而且合辙压韵。

这种和自然界交流的方式，充分地开拓了莫言的视野，并使他的各种感官得到了充分训练。后来他在与日本著名作家大山健一郎交谈时回忆说：

童年的生活尽管十分艰苦，很贫困，但是乐趣很多。比如我每天在桥梁工地上，仍旧是感到欢天喜地的。工地上那么多大人，有男女青年，在休息的时候有人唱戏，有人摔跤，所以尽管我饿得要命，但还是打闹着快活着。"文革"期间政治上十分黑暗，人与人之间的关系非常紧张，阶级斗争搞得特别离谱，可以说是人人自危，有时候一句话说得不好，就可能招来祸患。大人们心里都很沉重。但是孩子们还是生机勃勃，拿着铁皮卷的喇叭，沿街高喊政治口号，把喉咙都喊哑了。

十四五岁时，别人家的孩子在中学里读书，莫言则开始到田间地头劳动挣工分。他记得第一次割麦子，由于手艺生疏，心慌脚乱，割得慢不说，麦茬子留得还特别长，麦穗更是落得到处都是。原本对他就没有好感的生产队会计借机嘲讽他，说这哪像是在劳动，简直就是在搞破坏。四叔只好不让他割麦，让他跟在割麦的大人后边捡麦穗。小莫言为此感到十分委屈。晚上回家，他便向爷爷诉苦。第二天，爷爷不动声色地来到田头露了几手，他割麦割得既快，动作又潇洒，看不到手和麦子怎么接触，麦茬子就贴着地面了，并且后面一个麦穗都不掉，队里的年轻人看了一个个吐着舌头，服服帖帖，对莫言也不敢小看了。

那时候，社员们在田里劳动，通常是干一个小时歇一袋烟工夫。歇着时大人们就神侃，天南海北，古今中外，每个人都能说得神乎其神。莫言邻居的单家有个儿子，在山东师范大学中文系读过书，后来成了右派，被遣送回高密老家当了农民。他也是一个讲故事的能手，他告诉莫言，济南有一个作家，因为写作很有钱，生活非常"腐败"，一天三顿都能吃大白菜肥肉馅的饺子。在那样一个贫穷年代，这样的故事对莫言不知有多大的吸引力，他们家当时可是一年也吃不上一顿饺子。

后来，莫言在多篇散文和演讲中，都提到过"一天能吃上三顿饺子"的故事，他说自己最初对文学和当作家的梦想，就是为了一天能吃三顿香喷喷的饺子，就是想娶石匠的漂亮女儿当老婆……

莫言小时候就有点写作的天赋。还在读小学三年级时，他就开始显露出写作上的才华。他还记得，自己第一篇引起老师注意的作文，是写"五一"

体育运动会的。不少同学都写各个比赛项目的流水账,莫言则重点写了篮球比赛,包括怎么运球、怎么传球、怎么投篮等等,老师看了直夸他的作文写得好,还把它当成范文在班上读。这件事一下子激起了莫言写作文的热情,有的作文甚至被拿到临近的农业中学去,让中学生们"学习"。

也是从小学三年级开始,莫言读起了小说。大哥留在家里的《林海雪原》、《钢铁是怎样炼成的》等红色小说,使他受到了最初的文学启蒙。到五年级时他还偷偷地学着写"小作品"。有一次他在看了前苏联电影《列宁在1918》之后,竟别出心裁地将它改编成高密的地方戏茂腔——《列宁传》,其中有几句唱词曾在同学中广为流传:

莫言小学时的作文本

　　列宁同志很着急,城里粮食有问题。
　　马上去找瓦西里,赶快下乡搞粮食。

为了读书,莫言可是付出了不少代价。有一次,他发现同村的石匠家里有套绘图本的《封神演义》,石匠的漂亮女儿却要他到家里帮忙推磨才给他书看,并且要求"推十圈看一页,再推十圈看一页。"为了读书,莫言也只好认了。还有一次,莫言借了别人的《青春之歌》,对方要求第二天就归还。他于是抱着书就钻进草垛看,家里养的羊也不管不顾,宁愿晚上挨揍,也要把书看完。

莫言对母亲当年的开明非常感激。他回忆说,只要是自己在学习方面需要钱,母亲都会尽可能满足他。有次他想买一套《中国通史简编》,价格是四块五。那在当时是不小的一笔钱。母亲问他买了之后能不能保证念,莫言自然回答说会念。颇为犯愁的母亲,还是从手巾包里拿出了五块钱给他。莫言后来也确实认真读了那套书。

尽管爱读书,但毕竟生活在穷乡僻壤,莫言接触书的范围还是很有限的。后来他在与一位台湾作家交谈时曾说:"你用眼睛看书的时候,我在用

莫言 和他的故乡

莫言家老宅的大门

耳朵'阅读'。'阅读'什么？听老人讲各种故事，鬼怪妖狐、历史传奇、土匪好汉，哪个地方曾经有过战斗，哪个地方曾经出现过奇怪的人物，哪个地方发生过灾难等等。"后来这些素材都被莫言剪裁、加工之后写进了小说里。

莫言认为，如果不是后来搞文学，自己年少时十几年的农村生活经验，就没什么用处。但放在文学创作中，就非常宝贵。"我想这也是构成我的小说和其他人小说风格不一样的重要原因。如果我读着经典名著长大，可能就是另外一个作家了。"莫言自我评价说：

> 我的想象力还是不错的，为什么不错呢？因为我的想象力是饿出来的。
>
> 我小学五年级就被学校赶出来了，就一个人牵着两头牛放牧。那时候我就能从牛的眼睛里边看到自己的倒影。有时候躺在草地上，看到天上的白云，听到鸟叫，听到周围青草生长的声音，和大地发出的气味。这种跟大地接触的机会，这种很长时间孤独地跟动物在一起的状态，都让我想入非非。
>
> 至于想象力，也有外来接受的地方。我们山东高密这个地方，离写出《聊斋志异》的蒲松龄的故乡也不远，隔了三百多里路。我听老人讲了很多很多关于鬼神的故事，人因为恐惧也会产生想象力。
>
> 上世纪六十年代，死人非常多。我们村子里最高纪录是一天死了

18个人。一出门就看到原野里有鬼火在闪烁,而且经常有各种各样火一样的球在天空中飘来飘去。我当医生的姑姑就告诉我,这是狐狸在恋爱。

人一旦进入这种环境,就会有一种恐惧,你就觉得你周围充满了一些神秘的生物,你在走路的时候经常听到脚后面有一个声音在跟随着你。人的想象力就这么出来了。

直到现在,我依然动用的还是我二十岁以前积累的生活资源。我二十岁以后的东西,基本上还没有正儿八经地去写。

我的小说语言也是比较庞杂的,这里面既有古典的书面型的语言,也有一些读西方翻译过来的小说这样的语言,更多的还是来自乡土,方言土语进入我的小说叙事。

我们山东话的许多方言土语,一旦写到书上,是非常典雅古朴的古语,反而能够被人理解。我们说一把刀锋利,不说锋利,而说"风快"。说一个姑娘漂亮,也不说漂亮,我们讲"奇俊"。说今天天气很热,我们不说很热,而说"怪热"。这些方言土语,写到小说里,完全可以看得懂,而且有非常强的感染力。

一个真正的文学家,就是应该千方百计地丰富本民族的语言。不能仅仅把方言土语用到小说人物的对话中,而要把方言土语用到叙述中。①

1973年,莫言通过在县棉花加工厂当会计的三叔的关系,总算在厂里当上了临时工,每年棉花采收季节可以干几个月。先是做司磅员,后来还兼任了厂夜校的语文老师。他开始考虑怎样一步步脱离农村,可是,在土里生、土里长的他,对土地的爱恋和憎恨似乎同样强烈。他虽然对家乡充满了逃离的渴望,但是真正离开这片土地后,他却发现自己根本无法割断对家乡的依恋。②

①《莫言谈创作:我是怎样成为一个作家的》,《钱江晚报》2012年10月12日,记者庄小蕾整理。
②本节内容参见叶开:《高粱地里,莫言这样走来》;《莫言评传》(饥饿年代、求知年代),河南文艺出版社2008年出版。

莫言 和他的故乡

二、军中岁月

　　1976年是新中国成立后国家命运发生重大转折的一年,也是莫言生命中转折性的一年。这一年2月,21周岁的莫言从高密棉花加工厂应征入伍,来到位于山东黄县的总参某部当兵。从18周岁起,他已连续4年报名参军,每次体检都合格,但每次都被"贫下中农子弟"或"有关系有背景"的人顶替了。在报名参军四年之后,他终于如愿以偿地成为一名穿着绿军装、带着红帽徽的解放军战士。

　　离开家乡那一天,新兵们都依依不舍,有个别人还哭哭啼啼地与亲人流泪告别。只有莫言如同飞出牢笼的鸟,心里乐呵着,坐上装运新兵的汽车,他如释重负地告别了家乡。部队驻地就在离家三百多华里的黄县,莫言似乎觉得还走得不够远,不到半天的行程就到达了部队的营地。后来他回忆说:

> 　　没有离开家乡以前,我不但没有觉得这个地方有多么宝贵,反倒觉得它是一个令人厌烦的地方,所以我千方百计地想要摆脱这个地方,哪怕离开一个月也行,离得越远越好。1976年我应征入伍后,就盼望能坐上火车,走得越远越好,到西藏啦,新疆啦,云南啦,远离我的小村庄。结果汽车只开了两个多小时,就说到了。下了车,看到跟我的家乡几乎一样的地形地貌,感到深深的失望。

　　莫言记得,新兵连设在黄县县城西北角一座叫丁家大院的豪宅里,那座豪宅在胶东半岛都赫赫有名。进大院时,首先看见的是一座高大的影壁,上面刻着"紫气东来"四个大字。数十个新兵站在影壁前听一个干部点名。"管谟业。""到。""跟着班长进去。""是。"他随着一个老兵走进一幢雕梁画栋的大房子里,把背包一放,军旅生涯就这样开始了。

虽说未能实现远去天涯海角、边疆哨所巡逻放哨的愿望,但"树挪死,人挪活",在家里吃也不饱穿也不暖,整天就嚼一种口感很差的杂交高粱。如今到了部队,他不仅每顿都能吃得饱饱的,而且吃的是用小麦磨成的精面粉!他因此觉得,当兵还是蛮靠谱的。没想到,新兵集训还没结束,村里寄来的一封告状信便差点断送了他的前程。莫言回忆说:

> 有一天新兵连的指导员把我叫到他的办公室,拿出一封信给我看,我一看完,全身冷汗都冒出来了,这是一封告状信,说这个人家庭出身不好,他们家还有海外关系,说我的一个堂叔在台湾国民党军队里,说我是混入革命队伍里的一个坏人等等。我当时差点给指导员跪下了,说你千万别让我回去,如果让我回去,我就完蛋了。他说我把你叫来就是告诉你有这么一件事,就是让你珍惜这个机会,你要加倍努力,好好干。因为他自己也是中农出身,当年也有人写过告状信,所以他没有为难我。我当时眼泪也流下来了,汗也出来了,向他保证我一定要干出个样子来。

莫言与战友的合影

和莫言同一批入伍的新兵有30多人,新兵集训结束后,大家便各奔前程。莫言被派去站岗,他的另外两个老乡则被分配去当炊事兵。

在部队里,莫言表现十分积极,风里雨里站岗毫无怨言,脏活累活都抢着干,与战友们相处也十分融洽。与此同时,他又感到有些失望,因为部队驻地就在农村,周边的环境又比较差;加之他所在部队属于保密单位,军营里唱主角的都是那些有学历的技术人才,像莫言这样既没学历又没技术的战士,要想出人头地,实在是难上加难。虽然在部队里能够吃饱肚子,但如

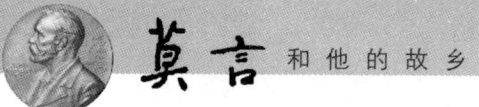

果没能提拔当干部,干几年退伍后还得回到那个他一直想逃离的地方。他实在不想再过那种在土地里刨食的日子,也不想再看到、听到村民们的白眼和讥讽。因此,在给大哥的信里,他除了表达成功入伍的激动外,也流露出了失落之情。他在回忆中写道:

> 新兵训练结束以后,我被分到一个单位,这个单位人很少,只有十几个人。营房就在老百姓的玉米地、牛圈旁边,跟我的村庄差不多的地方,每天就是站两班岗,白天一班,晚上一班。站岗时,我的脑子里胡思乱想,想过去对文学的爱好,想我自己写作的才能等等,于是就开始手痒起来,想写东西。这时候正好是1976年,毛泽东去世了,"四人帮"也粉碎了,文学也复苏了,当时一个短篇小说写得好的话,可以闻名全国。于是我决定开始写作。部队给我提供了时间,提供了吃饱穿暖的机会。我站岗时身体站得笔直,但脑子里考虑的全是小说的事。

恢复高考后,部队里曾想推荐他去参加高考,莫言也非常珍惜,跑到黄县中学去借书、听课,但最后却被告知,名额没有了。无奈,莫言打起了写作的主意。他想若是能在军旅刊物上发表几篇文章,说不定能获得提干的机会。但学文科出身的大哥却有些担心:"从来写文章都是个危险的差事,家里成分又不好,弄不好就会出问题,虽说这也是没有办法的办法"。

于是,莫言在部队里一边站岗,一边开始学习写作,以争取实现他的梦想。当兵前两年,他先后写了短篇小说《妈妈的故事》、《异化》以及话剧《离婚》等,但屡屡遭到退稿。莫言回忆说:

> 1978年,我在黄县站岗时,写了一篇《妈妈的故事》。写一个地主的女儿(妈妈)爱上了八路军的武工队长,离家出走,最后带着队伍杀回来,打死了自己当汉奸的爹,但"文革"中"妈妈"却因为家庭出身地主被斗争而死。这篇小说寄给《解放军文艺》,当我天天盼着稿费来了买手表时,稿子却被退了回来。后来又写了一个话剧《离婚》,写与"四人帮"斗争的事,又寄给《解放军文艺》。没想到稿子又被退了回来。但这次文艺社的编辑用钢笔给我写了退稿信,那潇洒的字体至今还在我的脑海里摇头摆尾。信的大意是:刊物版面有限,像这样的大型话剧,最好能寄给出版社或是剧院。信的落款处还盖上了一个鲜红的公章。我把

这封信给教导员看了,他拍着我的肩膀说:"行啊,小伙子,折腾得解放军文艺社都不敢发表了!"我至今也不知道他是讽刺我还是夸奖我。

莫言写作话剧《离婚》是受了宗福先的影响。1978年底,宗福先创作的话剧《于无声处》轰动了全国,莫言看了《于无声处》的剧本以及曹禺的《雷雨》等剧本之后,也雄心勃勃地想创作一个话剧,希望能一炮打响,从此名扬天下。没想到投稿至多家出版社都遭到退稿,他一气之下将稿子投入火炉中一焚了之,这部模仿痕迹很重的作品使他在话剧创作上的努力遭受极大打击。

那段时间,莫言不但写得很苦,而且毫无收获,投出去的稿子都如同石沉大海,没有声响。由于压力大,他开始大把大把地掉头发,并且被胃病和鼻炎折磨着。好在1978年,部队领导看他表现不错,吸收他入了党,离"提干"似乎近了一步。

当兵的两年匆匆而过。第三年,正好部队开办业余学校为战士补习文化知识,莫言便被领导委任为业余教员,教战友学文化。虽然他连中学都没有上过,却凭着自己顽强的毅力和勤奋的努力,自学了中学的语文和数学,甚至"现学现卖"地教起了初中三角函数。

莫言1979年和妻子杜芹兰结婚时的洞房

1979年,新的机会到来了。这年9月,莫言因在部队表现突出,从山东黄县调到驻河北保定的总参三部五局训练大队担任新兵班长兼保密员,部队驻地在满城县管头公社石门村。说是调动,其实是准备给他提干。可一位领导觉得莫言刚过来,直接提干不太合适,就说要考察一年。没想到一年考察结束,上级对战士提干在学历上有了新的要求。莫言无可奈何,只好继续耐心等待机会。多年的乡村生活让他变成了一个内敛的、善于压抑自己的人。

到保定两年后,郑州工程学院在莫言所在部队办了一个教学点,领导知道莫言当过老师,便让他给学员们授课。他也毫不客气,揽下活就开始研究教材,这次他不再教语文、数学,而是教起了政治,包括讲授政治经济学、哲学、科学社会主义三门课。一位领导在听完莫言的课后夸了他,并对他提出了更高的要求:"不要背书,要口语化"等等。

尽管当了教员,但莫言仍然感到烦恼和焦虑。他知道自己既无学历,提干又超龄,如果作品再不能发表,提干根本就没有什么希望。因此他非常刻苦,经常学习、写作到深夜,先后写了《灾难的余波》《老憨的心事》《闹戏班》等多个小说。虽然没能发表,他依然义无反顾地坚持写下去。

当时,他的作品大都选择向地市级刊物投稿,莫言说:"像保定市的《莲池》、保定地区的《花山》、沧州地区的《无名文学》等,这些地市级刊物成为我当时投稿的首选。"但每次他满怀信心把厚厚的稿纸装进信封,最后等来的却是一封又一封退稿信,有的在抬头填上莫言的名字,有的干脆连名字也不写。

直到1981年,莫言才开始"时来运转",他接连在保定《莲池》杂志上发表了几篇小说,对所在部队产生了一定影响。1982年,莫言被破格提为正排级干部。莫言在回忆提干的经历时说,当时的心情非常激动,"比得了诺贝尔奖还激动"。因为他觉得自己完全变成了另外一个人,当上军官就意味着不用再回农村,意味着自己的命运彻底改变了。

1983年5月,莫言调到延庆总参三部五局宣传科任宣传干事,负责理论教育工作。刚开始他还有些不太情愿,他想"我好不容易在保定认识了《莲池》编辑部的老师,去了北京我认识谁呀,我的小说谁给发表?"因此,他虽然人到了北京,但稿子依然往河北寄。为了取得大专学历文凭,他还参加了北京市党政干部基础学科的自学考试,总共10门课,学一门考一门。

部队一位领导好心地告诉莫言:你不能永远在"莲池"里扑腾,莲池虽好,但是太小,你应该学会去大海里游泳,在大风大浪里见世面,才能使自己更好地成长。莫言听了,也觉得挺有道理。他等待着,从小河游向大海……

三、处女作:《春夜雨霏霏》

1981年,在莫言的生命里程中,是十分难忘的一年。这一年秋天,他在保定市文联主办的《莲池》杂志上发表了自己的处女作——短篇小说《春夜雨霏霏》,从此踏上了文学之路。巧合的是,这一年冬天,他的女儿管笑笑也在老家高密出生,给他带来了"为人父"的天伦之乐。

1981年夏天,一封用保定市文联《莲池》编辑部专用信封寄来的信送到了莫言手中。莫言收到信后,真是欣喜若狂,因为《莲池》的编辑在信中告诉他,他投稿的小说被选中了,但还需要做些修改,希望他在方便的时候到编辑部来一趟,当面谈谈如何修改的问题。

莫言回忆说,当时他拿着那封信,又想哭又想笑,激动的心情难以名状。他把信翻来覆去地看,激动得几乎一夜没合眼。第二天一早,他向部队请了假,坐上长途汽车便奔往保定。当时交通很不方便,他在路上颠簸了约三个多小时,才到达保定市区。按着信封上的地址,找到了《莲池》编辑部。

《莲池》是保定市文联于1979年创办的文学双月刊,主要发表当地作家及业余作者的文学作品,以培养文学青年为己任。当时虽然社会上文学作品很热,但编辑部的工作条件却十分简陋,它跟莫言想象中神圣的文学殿堂相去甚远。莫言描述说:

> 那是一间破破烂烂的小房子,带着铁皮烟囱的那种最原始的煤炉子,里面摆着四张桌子,上面是堆积如山的稿件,稿件上落满了灰尘。
>
> 进门前我紧张得要命,双手不停地流汗。进了门就转着圈敬礼,然后把那封信拿出来。一个中年编辑看了信,说:"你等一下吧,老毛家远,还没到。"我就坐在一把木椅上等着,偷眼看着那几个编辑在埋头处理稿子,感到他们的工作庄严得要命。同时我还看到他们每个人面前都堆着大摞稿子,于是知道爱好文学的人很多。等了大概半个小时,一

个五十多岁的人哈着腰进了门。方才看过我的信的那个编辑说:"老毛,你的作者。"就这样,我见到了我永远不敢忘记的毛兆晃老师。

毛兆晃是《莲池》编辑部的一位老编辑,个子很高,人很瘦,穿一身空空荡荡的、油渍麻花的中山装,身上散发出一股浓浓的烟味。正是他发现了莫言的处女作,引领莫言走上了中国文坛。

见面的时候,毛兆晃笑着对莫言说:"我还以为你是个女战士呢,没想到是个小伙子。"他把莫言让到桌前,简单地问了一下莫言的创作情况,然后把莫言投的那篇稿子拿了出来。这是一篇书信体短篇小说,原题叫《雨夜情思》,写一个结婚不久的农村少妇在一个春雨霏霏的夜晚想念自己远在海岛上当兵的丈夫,并由此产生对新婚生活的种种回忆。毛兆晃认为小说基础不错,但人物形象比较单薄,他希望莫言回去之后好好改一改。说完稿子,毛兆晃问莫言喝不喝水,莫言说不喝,然后就走了。

莫言头一回走进心目中神圣的文学杂志编辑部,就像"大闺女上轿",心里不免紧张和激动。但凡事都有第一次,毛兆晃给予他的肯定,对他来说尤为珍贵,使他在文学创作生涯中迈出了第一步;有了这第一步,后面就好办了。

莫言回到部队后,感到稿子有些不好改,于是干脆新写一个。几天后,莫言拿着新写好的稿子送到编辑部给毛老师审阅。毛老师一目十行地看完后说:"还不如那篇初稿好呢!"他的话让莫言像泄了气的皮球,备受打击。但莫言没有气馁,他对毛老师表示,自己愿意改,也保证能够改好,然后坐上长途汽车回去了。

回到部队里,莫言考虑了很久,干脆把一前一后两个小说杂揉到一起。改好后,他又亲自送到了编辑部。这次毛老师没再说什么,叫莫言回去等消息。过了些时间,毛老师给莫言来了一封信,说这一次稿子改得不错,刊物决定采用了。

1981年9月,《莲池》以《春夜雨霏霏》为题发表了莫言的这篇小说,这也是莫言公开发表的第一篇小说,它终于圆了莫言的"作家梦"。

《莲池》1981年第5期封面

这篇书信体的小说一开头就写道:

哥哥,你听得到我的声音吗?——这从远方一个最爱你的人心里发出的浸透着眷眷之情的音波。近来,人们都在谈论着"心灵感应"的事,对此我惟愿其真惟恐其假。我想,爱人的心应该是时刻相连,息息相通的。记得听老人说,从前,有一个母亲怀念儿子,就咬咬自己的手指,远方的儿子便心中疼痛,知道老母正在思念他……现在,我也咬住了自己的手指,直咬得隐隐作痛。但愿这信号已经传导给你,使你也知道我正在思念你:让你在这神秘的雨夜里也像我一样静坐在窗口,听听你这个饶舌的妹妹向你叙说我突然想起来的那些过去的、现在的和将来的事。

哥哥,此刻,家乡上空正飘洒着霏霏的春雨。这雨从八点开始到现在已经下了两个多小时。村子已经进入梦乡,除了淅淅沥沥的雨声,再也没有别的音响。清爽的小风从窗棂间刮进来,间或有一两个细小的水珠飘落到我的脸上。

小说《春夜雨霏霏》插图

哥哥,你还记得我的脸吗?你曾经吻过的那张脸。人家都说我俊,说我的脸是晒不黑的玉兰花瓣;你说我不丑,说我的脸像玉兰花瓣一样晒不黑。别人这样说是奉承我,而你是爱我才这样说。其实,我的脸是很容易晒黑的,如果你现在见到我,一定会用双手捧住我的脸说:"哟!我的玉兰花瓣怎么变成玫瑰花瓣了。"你一定会这样说,一定的,因为你爱我……

信中流露出对妻子对丈夫的深深思念和对新婚往事的甜蜜回忆:

哥哥,从打和你好了之后,就盼着能早一天……可你却参了军,走的时候,我去送你。在村外的柳林边上。你对我说:"兰妹,等着我,三年之后我就回来。"我知道你奔的是正道儿,参军是大好的事儿,可是心里总是发酸,眼睛里的泪夹也夹不住,扑簌簌地往下流。你看看四下无人,就弯起指头替我刮脸上的泪。我真想就势扑进你的怀抱,但是又不敢……

你送我的那幅《小岛烟霞》,把我的心都陶醉了。那轻波荡漾的泛着玫瑰色光辉的大海,那水天相接处的几笔彩霞,那在小岛上空盘旋着的翅膀上涂上紫红的白鸥,那笼罩在五彩烟霞里的神秘小岛……我虽然没有去过小岛,但我十分熟识它,就像熟识你一样熟识它。我早就把镶在镜框里的《小岛烟霞》从娘家抢了回来(嫂子好不高兴,骂我"女大外向"。),端端正正地挂在我们洞房的墙上。我把咱俩的结婚照镶嵌在《小岛烟霞》中。邻居家读艺专的二妹子说,这样就影响了画面的和谐,我说:"你不懂。"她笑着点头道:"我懂了。我是从艺术的角度去欣赏,而你呢,是用爱情的心灵来点缀。这一点都不矛盾。"是的,的确是这样,我这样做,纯属出于爱你,爱一切和你有关联的东西。我多么想能紧紧地靠在你的肩上,和你一起溶在这小岛烟霞里……

读着你的信,我就像坐在你面前听你娓娓而谈一样。你那两只细长的眼睛聪慧地眨动着,你那线条分明的双唇轻轻翕动着。你说,海上刚刚刮过三天大风,停止了肆虐咆哮的大海显得分外宁静安谧,海面上缓缓地舒展着一个接一个的长浪,像轻风吹过五月的麦田……你说,海上卷起风暴时,无名小岛仿佛在瑟瑟地颤抖。海洋深处,像有成千上万匹烈马在奔腾,像有几万只铜号在吹响,像有几万门大炮在轰鸣;五六米高的浪头,像排炮一样从四面八方向小岛上倾泻,又像无数只要把这小岛撕碎揉烂的魔兽的巨爪在狠命地抓扯着……

今天是什么日子,你还记得吗?我的哥哥,你肯定忘了。你忘不了的,只有你的岛,只有你的海。让我告诉你吧,今天是三月初三,就是那个细雨霏霏的日子。在那个日子里,大地得到了甘霖的滋润,我得到了你火一样的热烈、水一样温柔的爱抚。从那一天起,咱俩就像西……样合在了一起。今天又是三月初三,天上又落下了……是……

晚上,当我拖着疲惫的身子走进我……来,我偷偷地哭过好几次。哥哥,我真盼望……只图个夫妻团圆,只要有你在我身边,再苦……,我知道这暂时不能够,海岛还需要你,连队还需要你,我不能拖你的后腿,为了怕你分心,家乡的旱情我一直对你隐瞒着不说,我一直对你说,很好,一切都很好……可是，我又没有办法不思念你，我常常痴呆呆地坐在炕头上，望着镶嵌在《小岛烟霞》中的结婚照，我的心飞向了小岛，飞到了你的身边。我每天晚上铺床时，总是按照我们结婚时那样式，并排儿放上两个枕头，你的在外，我的在里……我甜蜜地回忆着我们在一起的日子里的每一个细节，每天晚上，我都要复习这功课，每次都沉醉在无边无际的遐想中……

今天早晨，老天爷终于下雨了！我跳到院子里，仰起脸，张开口，让雨点儿尽情地抽打着，积聚在心头的烦恼让喜雨一下子冲跑了。雨愈下愈急，天空中像有无数根银丝在抽曳。天墨黑墨黑，我偷偷地脱了衣服，享受着这天雨的沐浴，一直冲洗得全身滑腻时，我才回了房。擦干了身子后，我半点儿睡意也没有了，风吹着雨儿在天空中织着密密不定的网，一种惆怅交织着孤单寂寞的心情，也像网一样罩住了我……

现在，大地正袒露着胸膛，吮吸着生命的源泉，而我，却一个人跪在这不停地送来清风与水点的窗棂前，羡慕着久盼甘霖而终于得到了甘霖的禾苗，这是一个微妙的、变幻莫测的时刻，这是一种复杂的、混合着欢乐与痛苦的情绪，一个与土地息息相关的边防军的年轻妻子在春雨潇潇之夜里油然而生的情绪。我打了一个寒噤。怕是要感冒了——今天夜里我有点收束不住自己，亢奋轻狂。我不想进被窝，也不愿拉件衣服来遮遮风寒。我双手抱着圆润平滑的肩头，将身子舒适地蜷曲起来，像一只娇痴懵懂的小猫。

信中最后写道：

天就要亮了，雨声也零落起来。雨点儿落在花树上、落在泥土上、落在门前倒扣的水桶上，噗噗簌簌的、滴滴答答的、丁丁冬冬的声响一齐传来，我倾听着，像倾听着海岛上潮汐的涨落，像倾听着你稳健有力的心跳，像倾听着缥缈中传来的音乐。

整封信的文字清新感人，字里行间洋溢着一位留守农村的年轻少妇对戍守海岛的军人丈夫的思念之情。虽然看得出有某些摹仿的痕迹，但对于一个部队业余作者来说，能写出这样的短篇小说，已属不易。小说发表后，莫言收到编辑部寄来的稿费，他买了一瓶刘伶醉、四只马家烧鸡，和战友们痛饮了一场。

　　许多年之后,谈起这篇小说刚刚发表时的感受,莫言说:

> 1979年秋天,我从渤海湾调到狼牙山下,在一个训练大队里担任政治教员,因为久久不能提干,前途渺茫,精神苦闷,便拿起笔来写小说。写出来就近往《莲池》寄。寄过去,退回来,再寄过去,又退回来。终于,有一天,收到了《莲池》的一封信。
>
> 对于一个多年来热心文学的青年人来说,对于一个写了无数稿件全部被退稿的业余作者来说,终于有一篇小说变成了铅字,堂堂皇皇地上了文学刊物,这种欣喜是难以名状的。

　　实际上,早在1973年,莫言十九岁那年,他在胶莱河挖泥时,就写过小说,名叫《胶莱河畔》,但只写了一章就由于各种原因放弃了。入伍两年后,从1978年开始他才又重续旧梦,如今总算有了一点小小的成果。这令他感到欣慰,也让他有了前进的目标。

　　在《漫长的文学梦》中,莫言曾对自己的早期作品作过评判,他说:

> 那时候年轻,初生牛犊不怕虎。而今回过头来一读,发现都是模仿之作。当然模仿得比较高明,不是一字一句抄的,而是模仿人家作品的氛围、语言、感受,那种节奏明眼人一看就知道背后的范本在哪里。

　　当时莫言为了找素材可谓挖空心思。他本来在山区服役,但是要写海岛的小说,没有生活怎么办?只好查《辞海》,把《辞海》有关大海、海浪、台风、海底植物以及各种鱼类的名字,几乎查了个遍,写出了一篇反映海岛战士生活的《岛上的风》。莫言笑称,现在看,那时"真能忽悠,写的像真事儿一样。"

　　也正是从1981年起,从在《莲池》发表处女作《春夜雨霏霏》起,莫言开始了自己一生的创作生涯。

　　1982年,他在《莲池》第二期发表了短篇小说《丑兵》,紧接着,又在当年第五期发表了短篇小说《为了孩子》。

　　1983年春,他在《莲池》第二期发表短篇小说《售棉大路》,并被《小说月报》转载;当年秋天,他又在《莲池》第五期发表了短篇小说《民间音乐》,没想到竟引起著名作家孙犁的注意,并在一篇文学评论中对这篇作品作了中肯的评价,称赞其有空灵之感。

《民间音乐》描写一个喜好乐器的盲人乐师,流浪到一个小镇上来,个性张扬的小酒店女老板花茉莉收留了他。小镇上传开了这对男女的流言蜚语。花茉莉喜欢上了盲人乐师,想和他结婚。但当盲人乐师发现女老板只是想利用他的音乐才华作为酒店的生财之道时,他感到十分悲哀与难过,最终他离开了小酒店和女老板,继续向远方跋涉。

被称为"荷花淀派"代表作家的孙犁,一直关注业余作者成长,经常阅读河北地区的文学刊物。当他看到莫言在杂志上发表的《民间音乐》,便"觉得写得不错"。在第二年四月撰写的文学评论《读小说札记》中,孙犁对这篇小说进行了点评,认为这篇作品"事情虽不很典型,但也反映了当前农村集镇的一些生活风貌,以及从事商业的人们的一些心理变化"。小说的写法"有些欧化,基本上还是现实主义的。主题有些艺术至上的味道,小说的气氛还是不同一般的,小瞎子的形象,有些飘飘欲仙的空灵之感"。

孙犁《读小说札记》报影

孙犁的《读小说札记》一文,最初发表在1984年5月18日《天津日报·文艺评论》版,后收入1986年2月由上海文艺出版社出版的孙犁文艺评论集——《老荒集》中。

可以说,正是孙犁在莫言创作起步初期写下的这段只有二百多字的评论,使孙犁成为最早关注莫言创作并最早评介他的作品的著名作家。也就是说,在上世纪80年代前期,当莫言还是一位默默无闻的、在文学道路上刚刚起步的业余作者时,一向注重扶持青年业余写作者的老作家孙犁,就把他的目光投向了莫言的作品,这无疑是难能可贵的。

莫言 和他的故乡

　　而到上世纪80年代后期，当莫言以创作出版"红高粱家族"声名鹊起，成为知名作家后，孙犁则再没有写过有关莫言创作的文字，这是他一贯的做法与准则。他在《谈吹鼓手》一文中，说到自己"充当吹鼓手"的体会时，总结了三条经验，其中第一条就是："对青年、初学写作者，鼓吹较多，对名家鼓吹较少。对青年、初学写作者，已经步上名家高台，也就不去鼓吹了。"对莫言的创作，他就是这样做的。而当已经成名的青年作家，在创作上遇到困扰时，孙犁仍会一如既往地给予鼓吹，以坚定其文学创作的信心，如对铁凝和贾平凹就是如此。

　　孙犁是河北省安平县人，著名文学流派"荷花淀派"的创立者。① 他的短篇小说《荷花淀》以及《白洋淀纪事》《白洋淀之曲》《采蒲台的苇》等一系列取材于白洋淀的经典作品，成为"荷花淀派"的代表作。其作品对刘绍棠、铁凝、从维熙等作家有较深的影响。

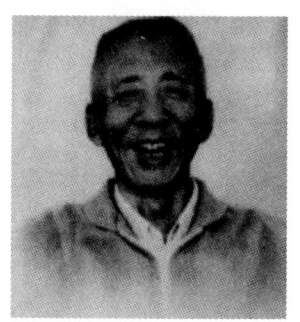

孙犁

　　据《莲池》编辑部的老编辑介绍，1981年，还是文学青年的莫言正是怀着对孙犁、李英儒等作家的崇敬，带着腼腆、谦逊、青涩来到编辑部的。当时，受孙犁的影响，莫言的小说显得有些诗化和散文化。毛兆晃等编辑读后，认为其作品风格与"荷花淀派"相似，比较清新淡雅，于是刊发了他的小说处女作《春夜雨霏霏》。此后两三年，莫言又接连在《莲池》上发表了《丑兵》等几篇小说，毛兆晃编辑还曾多次带着莫言去白洋淀体验生活，或参加各种文学作品研讨会。《莲池》成为莫言"文学创作"的游泳训练场，而孙犁对《民间音乐》的评论，则是莫言游向文学海洋的助推器。

　　莫言后来说，当他在文学上蹒跚学步时，孙犁先生为他所写的评论，让他终生难忘。从维熙在《孙犁的背影》一文中披露，莫言特别敬佩孙犁先生，莫言曾说："中国只有一个孙犁。他既是位大儒，又是一位大隐。按照孙犁的革命资历，他如果稍能入世一点，早就是个大文官了；不过，他后半生偏偏远离官场，恪守文人的清高与清贫。这是文坛上的一声绝响，让我们后来人高山仰止。"

　　孙犁和赵树理、周立波、柳青等一起被誉为描写农村生活的"四大名旦"，其小说被称为"诗体小说"，而他的为人和对年轻作家的栽培，更是有口皆碑。他曾对刘绍棠、从维熙、韩映山、房树民、铁凝、贾平凹及莫言等人给予扶植，使他们成长为享誉中国乃至世界文坛的著名作家。这一切，自然源于他锐利的眼光。

从维熙坦言，"如果说我的文学生命孕育于童年的乡土，那孙犁晶莹剔透的作品，是诱发我拿起笔来进行文学创作的催生剂。"成名后的莫言也写道："我拿着孙犁先生的文章和《民间音乐》敲开了解放军艺术学院的大门，从此走上了文学之路。"

保定这个地方确实挺神奇，除了孙犁，梁斌、徐光耀、李英儒、刘流、邢野、李克、袁静、孔厥、康濯、冯至、张庆田、刘真、柳溪等著名作家都出自保定……《平原烈火》、《小兵张嘎》、《红旗谱》、《平原游击队》、《烈火金刚》、《野火春风斗古城》、《敌后武工队》、《狼牙山五壮士》、《地道战》等脍炙人口的长篇小说（后来均被改编成电影），也都是保定"出产"的！

而莫言和铁凝最初也是从保定"扑腾"出来的作家，莫言曾在公开场合表示，自己与铁凝的处女作都是在保定的小刊物上发表的。正因此，莫言始终对河北心存感激，并视河北为自己文学的第二故乡。他说：

> 山东高密故乡是与我在河北生活了几年的保定地区、白洋淀地区结合在一起的，我的文学故乡应该是山东高密加上河北保定。
>
> 我的文学是在河北起步，我的命运也因河北而改变，每次提起河北，我心里都很激动，有一种感恩戴德的想法。随着年龄的增长，这种感恩的想法更加强烈。

2012年10月，在莫言获得诺贝尔文学奖之际，已改名为《荷花淀》的《莲池》杂志再次发表了莫言当年的处女作——《春夜雨霏霏》，与广大读者共同回顾那具有纪念意义的"第一次"。

①孙犁（1913.4.6—2002.7.11），中国现代著名小说家、散文家，原名孙树勋。1927年开始文学创作。1944年在延安发表《荷花淀》《芦花荡》等短篇小说，以其清新的艺术风格引起文艺界的注意。此外，还创作有长篇小说《风云初记》（三集），中篇小说《铁木前传》，文学评论集《文学短评》。1949年后在天津日报社工作。历任中国作家协会天津分会主席，天津市文联名誉主席。

四、军艺才子

北京西城,风景旖旎,人文荟萃。从首都体育馆通往魏公村的白石桥路上,云集着众多的文化教育机构。其中有一座闻名遐迩的高等艺术学府,它就是享誉军内外的解放军艺术学院。这座学府与著名的紫竹院公园和国家图书馆近在咫尺,文化底蕴及艺术氛围极为浓厚。莫言后来能够成为一名军中著名作家,直至获得诺贝尔文学奖,与这座学府给予他的培养、熏陶无疑是分不开的。

1984年秋天,解放军艺术学院(简称"军艺")恢复招生。著名作家、后任总政文化部部长的徐怀中领衔,创建了文学系。也正是在这一年,莫言跨进了军艺文学系,圆了他渴盼已久的大学梦。

莫言的大哥自从上世纪60年代初考入华东师范大学后,便受到乡亲们的格外尊敬,连莫言这个大学生的家人,也跟着沾光。有一次暑假,趁着大哥睡着了,他偷偷把大哥的校徽摘下来别在自己胸前,在小伙伴面前"风光"了一把。但也有人讽刺说:"是你哥考上大学,又不是你,神气什么!"莫言因此暗下决心,长大了一定要考上大学。可是,因为种种历史的原因,他的大学梦早已成为泡影。

莫言(左)和刘毅然

这回,得到"军艺"复办的消息,莫言自然十分兴奋。他当时是总参三部下属机构的副连级教员,在征得领导同意后,便带着几篇作品从延庆部队驻地匆匆赶到军艺报名。可一打听,人家报名工作已经结束了。况且报名者大多都是由各大军区推荐来的,而莫言却是自己跑来的。接待他的教学秘书刘毅然,对莫言带来的报名作品《民间音乐》颇为欣赏,初审之后便送给了时任文学系主任的徐怀中。徐怀中审读完也十分满意,给它打了考生作品中的最高成绩,并且说:"这个考生,即便文化考试不及格我们也要了。"

莫言曾在部队当过几年教员,文化考试的成绩自然也不差,最终他以优异的成绩考入了军艺文学系。没想到,莫言在收到"军艺"的录取通知书后,部队领导却舍不得让他走,说要提拔他当宣传科长。莫言认为,"科长可以有许多,但作家只会有一个"。于是,他做出了自己最重要的人生抉择——到军艺学习深造。

到了军艺,莫言才发现,自己虽然已年近三十,却还有不少同学的年龄比他大;自己虽然发表过几篇作品,在班上却是"垫底"的。因为同班35名同学分别来自三总部各军兵种和各大军区,大多是在军内外有一些影响的青年作家。如来自济南军区的山东老乡李存葆,1982年就已凭借《高山下的花环》获得全国优秀中篇小说奖;来自南京军区的报告文学作家钱刚,也凭借《唐山大地震》获得过全国报告文学奖;其他获得过军区或省级文学奖的同学就更多了。可以说,当时他们这个班集中了全军最优秀的创作人才,"军艺"首届文学系,实乃全军作家班。

能与这么多军队"创作精英"同窗共读,莫言自然十分高兴,同时也感到压力不小。他的同班同学、后来担任解放军艺术学院副院长的朱向前回忆说,开学时,全班同学先自我介绍。听到李存葆、钱钢、李荃等军队文学界大名鼎鼎的作家的名字,他们既感到十分自豪,又觉得有些惭愧。下课后,他和莫言这两个无名小卒,在去饭堂的路上自然靠拢在一起。朱向前问莫言:"你写过些什么?"莫言回答说:"嘿,不值一提,我就是来瞎混的。你呢?""我从福州军区来的,写过点小玩意。"朱向前答道。

莫言(左)和同学朱向前

在《"黄金时代"的文学记忆》一文中,朱向前回忆说:

开学伊始,著名老作家、总政原文化部老部长刘白羽先生就来给我们作动员。他在系主任徐怀中先生陪同下走上南阶梯教室讲台的情景,至今历历在目。白羽先生身材魁伟,脚穿布鞋,看上去足有一米八五,虽年近古稀,却鹤发童颜,面如朗月,腰板笔直,慈眉善目中透出一种威严,十足大将风度里又显出九分儒雅。他的动作、语速略显迟缓,但高瞻远瞩甚至有些居高临下的思考与谈吐,分明又显示出一种扎实的文化底蕴、深厚的文学修养、很高的美学眼光和领导者的风范,以及一种"居高声自远"的恢弘大气。他从邓小平在全国第四次作代会致辞中提出的"文艺的春天"讲到王蒙由衷地欢呼"文学的黄金时代",讲到军事文学的异军突起,既和"前17年"遥相呼应,但又差距甚大。他说,要深刻、持久、全面地表现这个伟大的时代和伟大的军队,目前军队的作家队伍、文学阵地和体制机制都还远不能适应形势需要。因此,我们下决心办军队的作家摇篮文学系,办自己的大型期刊《昆仑》,并分批组织作家深入南线战地采访……这是战役行动,更是战略决策;我们既要及时出击,集团冲锋,更要养精蓄锐、厚积薄发。

同学们都风华正茂,来自军队第一线,有着丰富的生活积累和创作经历,但由于"文革"的耽误,大家缺的就是读书机会与文化底蕴,"工欲善其事,必先利其器",磨刀不误砍柴工啊!这就是把各位请来的初衷,就是要让你们更快更好地加油、充电,听课、读书、反思、提高。未来更大的舞台在等待着你们,全军广大官兵在注视着你们,军事文学的未来属于你们。好好努力吧,同学们!①

朱向前感慨地写道:"应该说,此时此刻,我才真正认识到办军艺文学系的意义,她正是军队高层和刘白羽、徐怀中诸公深谋远虑的战略举措。自己无意中走进了时代的潮头、同时也就走进了历史。听着刘白羽先生的谆谆教诲,我一边不时跳出来提醒和感叹自己的幸运和幸福,一边又渐渐将这种暗自庆幸升华为一种庄严神圣的责任感和使命感:一定要珍惜这来之不易的学习机会,以优异的成绩回报前辈作家的厚望与厚爱!"

军艺文学系创建之初,只有系主任徐怀中,再

徐怀中

加一个干事和一个教学参谋,可以说是"白手起家"。而一张白纸,正好可以画最新最美的图画。没有师资,军艺便聘请中国社科院、首都高校和驻京作家中的名家教授来给学员们进行"天才式教育"。

朱向前回忆说,当时徐怀中五十有五,功成名就德高望重。但他经常只带一个参谋,上高爬低,登门造访,坦诚相邀。这种诚实谦逊、处事认真、亲切平和而又一丝不苟的为人,感动了所有的应聘者。吴组缃、丁玲、刘白羽、王蒙、李泽厚、刘再复、汪曾祺、谢冕、张洁、李陀等名师大家纷纷走上军艺文学系讲台,一时间,京西魏公村风云际会。徐怀中谦虚之下得意非常。他将这种教学方式称为"密集式的知识轰炸"和"高信息强输入",这种"就高不就低"的教育模式,在一种"残酷"和"松散"之中体现了徐怀中的匠心:改变学员的文学观念,让他们山高水低听凭发展,"各行其事",最终培养出有个性的、非标准化的"合格人才"。

徐怀中的教育理念是包容大度,宽裕自由,生活方面也力求解放。他不仅力邀担任专业舞蹈教师的夫人为学员教授交谊舞,而且鼓励学生买便装。以至于当时文学系的"个性主义"风行,每个宿舍被各种布帘分割,推门只见布帘不见人影,人称"地道战"。人人藏于自我空间之中,或经营文章,或伏案苦读,人人"乐耕乐织"。另一方面,徐怀中在鼓励开放率性的自我选择之中,也极力提倡学员之间的学术交流,他称之为"搓澡",即赤裸裸地坦诚相见,互相切磋。

他鼓励同学们"以文会友"。入学第三天,徐怀中召集大家座谈,以不同的文学观和见解的碰撞为契机让大家迅速熟悉。其时,身为副班长的朱向前,见大家冷场,便大胆冒出来,谈了四十分钟"小说写意"。后来这番"神来之侃"在徐怀中鼓励下整理成《小说"写意"枝谈》发表在《文学评论》上,成为他的文学批评处女作。李存葆的《山中,那十九座坟茔》和朱苏进的《凝眸》等一批作品,也是靠着这些规模或大或小的"搓澡"式讨论会,在军艺文学系学员互相挑刺、互相激励、互相较劲之间,不断地向中国文坛发起冲击的。

回忆起当时的求学生涯,莫言的同窗、军艺文学系原系主任黄献国说,我入学第一个遇见的就是莫言,我们俩都是提前一天来学校报到。在开学的第一次集会上,系主任徐怀中就向我们全体学员推荐莫言的报考作品,即他在《莲池》杂志上发表的短篇小说——《民间音乐》,并不无遗憾地表示:"可惜当年全国短篇评奖,我没看到《民间音乐》,否则一定为它投一票"。徐怀中慧眼识才,一眼就看好莫言。同学们看完小说,都问:"这个管谟业到底是谁啊"？有人开玩笑说："就是眼睛老睁不开的那个。"②

命运总是离不开机遇的，莫言遇到了徐怀中便是命运对他的青睐。

徐怀中是河北邯郸人，是一位在军队中颇有威望的作家，也是一个文学修养极高的长者。他在50年代发表的长篇小说《我们播种爱情》脍炙人口，80年代创作的《西线轶事》又获得了1980年全国优秀短篇小说奖和1983年第一届解放军文艺奖，成为当时军旅文学的代表作，影响深远。

文学系首届招生时，从各大军区优秀创作人才中精选。徐怀中从莫言提交的作品中看到了潜力，于是破格录取了他。莫言后来感慨地说："我能考入解放军艺术学院，这还得感谢河北，军艺文学系的主任徐怀中先生就是河北人，是他给了我参加考试的机会，并最终录取了我。徐怀中老师改变了我的命运。"

尽管莫言当时已经小有名气，尽管有系主任徐怀中的提携，但是军艺文学系首届学员确实人才济济，莫言几乎被淹没了，他因此感受到极大的压力，并憋着劲要拿出一部让大家公认的好作品。

当时军艺的学员宿舍是四个人一间，在这种环境下，莫言无法安静地写作，于是他就到文学系的梯形教室里写。每天晚上，同学们有的外出访亲探友，有的喝酒侃大山，有的看书，只有莫言躲在教室里，一写就写到凌晨2、3时。

军艺的学习让莫言实现了革命性的转变。过去，他遵循的是传统的文学观念，基本上都是主题先行，不可避免地烙上了公式化、模式化的缺陷。军艺文学系"八面来风"式的教学方法，使莫言头脑中固有的文学观念受到了文学、哲学、社会学、历史、地理，甚至还有气功等领域的轮番"轰炸"。当时正值文化思潮最澎湃最活跃的时候，他大量阅读了西方作家在上世纪60年代创作的文学作品，包括拉美魔幻现实主义和意识流的经典作品。莫言眼界大开，认识到过去写作的狭隘。文学观念的改变，导致莫言的文学创作发生了根本性的改变。

也是从这时起，莫言才真正知道了小说该怎么写，并决心写出点名堂来。他的创作欲望极强，曾在一个晚上一口气写了《大风》、《石磨》、《五个馍馍》三个短篇小说。在回忆当时的创作环境时莫言说：

80年代我正在解放军艺术学院学习，那时文学创作领域确实存在很多的禁区，我的很多同学写了历史上的事件，比如皖南事变、抗美援朝时志愿军的俘虏、国共战争中一些有人性的故事等等，都被批评，不允许发表,即便是发表了也可能会受到批判。当时这种现象确实存在。我曾经写过一部小说,描写对越反击战,叫《战友重逢》,也是在七八家刊物之间转来转去,最后有一家刊物说可以发表,但是要砍掉1/3,砍掉的都是我认为最有光华的部分,后来这部小说在90年代的时候发表了,说明到了90年代后,文学创作的外部环境更宽松了,禁区少了。进入新世纪,外部环境相比八九十年代而言,又进一步放宽了。当然说一个时期比较好,并不是说这个时期就一切都好。

当年曾到军艺上课的文学评论家刘再复在谈及莫言时说:

> 我跟莫言最初交往是80年代中期在解放军艺术学院。当时军艺文学系主任是写过《我们播种爱情》的徐怀中将军,他主持作家讲习班,请我去给学员们讲座。第一次上课的时候,学员们全体起立敬礼,把我吓了一跳。
>
> 学员里面,当时最著名的是写过《高山下的花环》的李存葆,他很有才华。他之外还有一些很有才华的作家,给我留下深刻印象的有莫言、刘毅然、雷铎等,他们思想活泼,写作能力很高。因为我努力讲课,艺术学院还送了我一面"拥军模范"的奖旗,由徐怀中和刘毅然送到我家。③

莫言的同窗黄献国说,莫言是个爱读闲书的人,他什么书都读,印象中最深刻的,就是他跑到科普出版社买科普画册,像雷电、昆虫等等,这些书他拿回来痴迷地看,看完以后就写《球状闪电》、《金发婴儿》。作家的灵气有可能一道"闪电"就把他点亮了。

如果说李存葆是成名以后上的军艺文学系,那么莫言则是正儿八经由军艺文学系培养出来的。军艺的学习对莫言的创作影响相当大,当时的任课老师如王蒙、丁玲、刘白羽、邓友梅等给莫言带来许多文学方面的启示,为他打下了坚实的文学基础,对他之后的文学创作功不可没。莫言曾说:"军艺使我的创作产生了一个巨大的转折。我明白了只有跟别人不同,才有可能冒出头来。"可以说,莫言是从"军艺"正式踏上文学道路的。

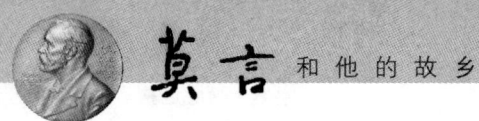

①朱向前:《"黄金时代"的文学记忆——我与军艺首届作家班》,《解放军艺术学院学报》2010年第4期。

②《昔日同窗黄献国谈莫言:他的小说能让世界读懂》,人民网2012年10月12日。

③《刘再复谈莫言》,《南方人物周刊》卫毅访谈录,2012年10月21日。

五、成名作:《透明的红萝卜》

1985年春天,机遇再次降临到了莫言头上。在徐怀中的帮助下,莫言创作的中篇小说——《透明的红萝卜》,以醒目位置发表在1985年第二期的《中国作家》上。中国作协还专门在北京华侨大厦召开了莫言作品研讨会,给莫言带来了全国性的声誉。可以说,正是这篇小说使莫言真正走上了中国文坛,并成为一个全国知名的青年作家。

《透明的红萝卜》是莫言于1984年底创作的。严格地说,这个中篇小说是被这个"全军作家班"的压力催生的。当时,来自济南军区的著名作家李存葆继《高山下的花环》之后,又在《昆仑》杂志发表了一部新作——《山中,那十九座坟茔》,随后在军艺文学系开了一个座谈会。在会上一片高调赞扬声中,惟独莫言唱了低调。他俏皮地说,在这部介于纪实与中篇小说的作品中,闻到了"一种连队小报油墨的芳香",这当然引来了众多的反驳声。

李存葆当时是军艺文学系35名学员中最有成就的代表,同时也是军队的先进人物代表。1984年9月30日,曾应邀出席人民大会堂的国庆35周年国宴;10月1日大阅兵之后,游行队伍通过天安门广场,代表文艺界的唯一彩车就是电影《高山下的花环》的造型;时任中共中央总书记胡耀邦还自费购买了两千册小说——《高山下的花环》赠送给老山前线将士。这些都给李存葆带来了莫大的荣誉。于是,来自首都各高校团委、文学社的讲座邀请,各剧种的编剧、导演前来洽谈小说的改编事宜;各大文学刊物的主编们登门索稿等等,纷至沓来、络绎不绝,既影响了李存葆的正常学业,也使他的室友朱向前和李荃成天笼罩在"花环"的阳光雨露中,却

莫言同窗、著名作家李存葆

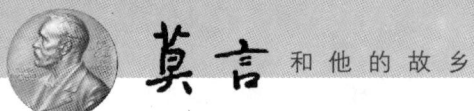

是哑巴吃黄连——有苦说不出。好在开学不久,徐怀中就根据李存葆的特殊情况,批准他请假到外面去写稿。结果第一学期末李存葆就赶出了一部十万字的大中篇——《山中,那十九座坟茔》,在当年度的全国中篇小说评奖中再次夺魁,使得刚刚创办的军艺文学系声威大振。

而莫言呢?当时只是在地区级刊物上发表过名不见经传的小说的业余作者。好在李存葆历来宽厚,他自嘲地说:"看来,我还真要从 ABC 开始学起了。"①

当时与莫言住同一宿舍的同学崔京生回忆说,"坟茔"要开研讨会,而对这部作品的看法,其实是前一天晚上自己与莫言一起讨论的结果,只因为那天瑞典电影展要放伯格曼的两部片子,自己舍不得放弃就去看电影了,不然,"开炮的可能就是我"。崔京生说,《透明的红萝卜》其实是在这样的背景下写出来的,因为"那时候莫言什么都没有",他要用一部作品来为自己打气。

1984年初冬的一个早晨,莫言在宿舍里做了一个梦,他梦见在一块开阔的胡萝卜地里,从一间草棚里走出来一个身穿红色衣服的、身材丰满的姑娘,手里拿着一把鱼叉,鱼叉上叉着一根胡萝卜,迎着初升的金色太阳,向他走来。莫言醒来之后,久久地为这个梦中的形象和意象所激动。起床号响起,他依然沉浸在这个辉煌的梦境里,上课时,他一边听课,一边把整个梦境用笔头"勾"了出来。

仅仅两周时间,莫言就写出了中篇小说《金色的红萝卜》。稿子出来后,他拿不定主意,甚至连算不算小说都说不上来。他把稿子拿给系里一位干事看,干事看完后很兴奋,说:"这不仅是一篇小说,还是一首长诗。"徐怀中看完后也十分喜欢,并拿给自己的夫人看,结果得到女性角度的评价:"小说里那个黑孩子让我很感动。"于是,系里便召集几个同学座谈了这篇小说。

《金色的红萝卜》描写的是某个秋天,被后娘欺负的黑孩应公社征召,与小石匠、菊子、小铁匠等一百多名社员到滞洪闸工地劳动,但他的心思完全被奇幻无比的乡村大自然所吸引,把活干得一塌糊涂,

遭到刘副主任和小铁匠的歧视。幸亏得到菊子、小石匠这对善良的恋人相助,黑孩才感觉到人间的温暖。小说重心显然不是为了叙述这凡俗的人生故事,而是要通过黑孩奇异的感官,把一幅苦难年代的中国乡村图画呈现在人们面前。

在小说里,莫言着重写了这个在运河工地里干活的十二岁"黑孩",因饥饿难耐,到河边的菜地里拔了一根红萝卜充饥,被看田人当场捕获并押送到工地,工地负责人专门为此召开了一次可怕的批斗大会。上百人围着一个十二岁的小孩子,高呼口号,必欲除之而后快。

这个"黑孩"是一个令人难忘的、被侮辱和被损害的形象。其中就有莫言少年时期的惨痛记忆。1967年,12岁的莫言由于饥饿,也曾偷拔过生产队的一根萝卜,并被押送到工地进行批斗。他在毛主席像前痛哭流涕,声明再也不敢了,回家后仍遭到父亲的痛打。

在塑造小黑孩的形象时,作家的笔墨集中于两个不和谐的方面:一方面是身世的不幸、命运的悲惨;另一方面是儿童的聪慧、机敏以及与其年龄不相称的自尊与要强。

小黑孩太可怜了。他过早地背上了生活的重负,和大人一样参加劳动挣工分,还要承受某些人的羞辱和痛打。但就是这个又脏又瘦、在生活的重压下挣扎着的小黑孩,却是那样机敏而又充满灵性——作品对此作了富于童话色彩的描写:他能听到头发落地的声音,能看到湖面上神奇的气体,能感受到星光的温暖,能像壁虎一样贴着高高的桥墩爬上爬下,能把一只红萝卜看得那样神奇。他又是那样懂事、自尊、善良。他认真地收藏起凝结着菊子爱心的花手帕;菊子给他送窝窝头来,他感动得哭了,但他用手遮住脸,不让人看到他的眼泪。

小说正是通过上述两个不和谐侧面的残酷对比,抒发对小黑孩不幸童年的悲悯。这种悲悯的背后,则是对特定历史时期社会生活的批判。小黑孩这个聪明、善良、本应坐在明亮的教室里读书的孩子之所以生活得这样悲惨,显然有家庭、社会、政治等多方面的原因。狠心的后娘使家庭变得冷酷无情,小铁匠让人感到人心的险恶,极"左"路线造成了上世纪六七十年代中国乡村的普遍贫困。

在这样一个特定环境中,那个晶莹透明的红萝卜就有了特殊的意义。一方面,它作为小黑孩奇特感觉的创造物,使小黑孩显得更加充满灵性,另一方面,它作为一个意蕴丰富的象征物,体现了小黑孩在不幸的生活中对纯

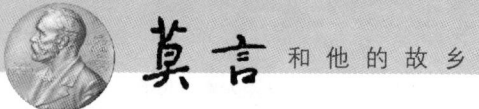

洁、幸福以及新世界的憧憬。②

小说描绘的是莫言的童年经验。莫言发挥了他所擅长的感觉的方式，将世界万物在一个孩子内心的映像，以感觉的笔触写了出来。《金色的红萝卜》在当时的文学语境里出现，改变了当时小说所承载的现实、历史和文化清算、批判的老面目，以内省和感觉的语言方式，将小说由"伤痕文学"、"反思文学"、"知青文学"等外部符号化写作，引领到更加注重内心和艺术品质的道路上。

《金色的红萝卜》写成后，徐怀中颇为赞赏，亲自将小说标题改为《透明的红萝卜》，并将它推荐给了时任《中国作家》主编的冯牧。冯牧在"二野"时就是徐怀中的上级，上世纪50年代在昆明军区任文化部长时，曾培养了包括白桦在内的一大批优秀作家。可以说，正是由于徐怀中与冯牧的支持，《透明的红萝卜》在当时才得以顺利发表，并迅速获得文学界一批有识之士的好评。而在此之前，军旅文学本是以《高山下的花环》、《山中，那十九座坟茔》这样的作品为基石的。莫言的出现，具有强烈的颠覆性。他的同窗评论说，《透明的红萝卜》中隐含的那种冷酷，在当时的军队创作中，如果不是徐怀中力挺，是根本无法被接纳更不用说被弘扬了。莫言也因此一直尊称徐怀中为"恩师"。

担任《透明的红萝卜》责任编辑的是《中国作家》的萧立军，这位说话办事都风风火火的高个儿东北人说："我后来才知道，这个中篇小说其实就源于莫言儿时随石匠打石头、铁匠打铁、偷萝卜、被侮辱的悲凉烙印。它当时在文坛形成的轰动效应，是来自它太强烈的表意能力：那个长长脖子上挑着一个大脑袋，从开头到结尾都不说句话，全身都像煤块一样泛出黑亮光泽的黑娃；以及被铁匠房的炉火映成青蓝色的铁砧上，被火光舔熟的那个金色的萝卜。那萝卜飞出去，就会划出一道漂亮的金色的弧线。在那个前卫作家刚开始意识到意象对于艺术之作用的年代里，它真构成了一种炫目甚至令人震惊的效果。在1985年，还没人能用文字，写出这样一种油画般的感觉。"

萧立军说，"到现在我仍认为，这是莫言写得最好的一部中篇小说，它好在揭示了表象与意象背后，这样一个孩子身上那种刻骨的孤独。他孑然独行，似乎压根儿就是与田野里蚂蚱、秋虫、栖居鸣唱的鸟与河滩里的鸭子相伴为生的。最后，他钻进了那片黄麻地，那里才是残酷的人类世界之外，他的避身之地。这种悲凉牵动了人心。这个小说其实是要通过这个孩子，写灵魂的娇嫩,这娇嫩的灵魂就如蝉蜕的幼蝉,最易被伤害。这是后来与莫言的聊天中,我才意识到的。而那个孩子,就是他自己。"③

莫言曾坦言:"我发现《透明的红萝卜》有一种朴素的、原始的东西——那时说完全不懂文学夸张了一点,可以说几乎不懂文学,在这样的一种状态下,我靠个人生活的累积和对艺术的直觉写出了这样的作品,所以它是朴素和浑然天成的。"

《透明的红萝卜》发表前,《中国作家》主编冯牧在华侨大厦主持召开了小说研讨会,汪曾祺、史铁生、李陀、雷达、曾镇南等作家、评论家参加了会议。大家对作品主题展开讨论,很多人觉得莫言的作品风格很新奇,对小说给予了充分的肯定。特别是汪曾琪,对作品说了不少赞扬的话。1985年3月,《中国作家》在发表这篇小说的同时发表了座谈纪要,一时轰动了文坛。《透明的红萝卜》也由此成为莫言的"成名作"。

崔京生回忆说,在当时的军艺,他和莫言及成都军区的施放合住的宿舍也许是最干净的。别的宿舍,往往都以帐幔分隔成一个个属于自己写作的空间,独有他们房间,光线可以一览无余。而他之所以佩服莫言,不仅因为莫言读书最快最多、贪婪至极,更因为他令人惊异的领悟能力。那时,在福克纳之前,莫言最喜欢的作家,是相对冷僻的德国的伦茨,伦茨的《灯船》、《面包与运动》、《德语课》及短篇小说《卖笑的人》,都对他1985年的创作腾飞起到了特别关键的作用。其中,《德语课》其实是伦茨对自己曾被召为纳粹海军的经历的灵魂忏悔,它帮莫言找到了一种视角,即通过一个孩子的视角,来看人性、兽性及其间的奴性,以及奴性与人性、兽性的微妙关系。这是一个深刻的主题,《透明的红萝卜》中的那个黑孩子,那个如蝉蜕幼蝉般娇嫩的灵魂,便是这个主题的呈现。

但崔京生认为,莫言洋洋洒洒的叙述方式,却并不来自伦茨,伦茨的叙述其实充满理性,莫言的叙述则完全是感性的。他的小说的结构元素往往是固定的:以一个孤独的、脆弱的孩子的视角,去描述残酷;这孩子的视角本身是一种病态,它来自过度的自卑与自尊,以这种病态去表现对美的向往,使作品更加具有悲剧的崇高。

在崔京生眼里,莫言的写作速度极快,他可以一支接一支地抽着烟,任由想象力恣肆在稿纸上一气呵成。莫言那时写作的最高速度是一天能写1万字,他借了一间教员宿舍,晚上在大家睡觉前夹着书本稿子出去,天亮再毫无倦意地回来。由此他成为军艺那种16开500字薄薄的绿格大稿纸的最大消耗者。军艺当时的稿纸分配是按数量的,他过多的消耗,只能从他的好朋友、影像课的教师刘毅然那里去要。刘毅然当时不仅能让战友们多看些最棒的欧洲电影,而且他温馨的家是莫言这帮朋友们不时吃顿红烧肉、快乐地喝顿大酒的闹腾之地。④

1985年,军艺正在大修大建,四处都是泥浆黄土,相当的接地气。莫言接着地气,在学习期间写出了不少精品之作,除了《透明的红萝卜》外,1986年发表的短篇小说《枯河》可以算得上是它的姐妹篇。两个小说都有莫言少年时期当童工亲身感受到的痛苦经验,但语言和写法不同。

《透明的红萝卜》和《枯河》,是莫言对于"饥饿"与"侮辱"这两个关键词的生动阐释。在《透明的红萝卜》中,莫言重点阐释了"饥饿"的主题,而在稍后创作的《枯河》里,莫言则重点阐释了"侮辱"的主题。小说的故事情节很简单:两个农村孩子小虎和小珍子在一块玩,小珍子让小虎上树,小虎不情愿的上去了,但是越上越高,最终压断了树枝,小虎从树上摔了下来,却砸晕了等在下面的小珍子。小珍子的爸爸是村支书,而小虎的父亲是农民。小虎回到家里,父亲、母亲、大姐、大哥联起手来对他"严刑拷打"。父亲打他时还先扒下他的衣裳,"免得把衣裳打坏了",并极富创意地用蘸了盐水的麻绳来鞭打他。连从来心疼和保护孩子的母亲,也抡起棉花秆劈头盖脸地打,打得"叶子都掉光了,只剩下光秃秃的秆子。"直到最后,小虎的爸爸竟失手把小虎打死了。

这无疑是一个乡村悲剧和家庭悲剧。然而,故事的背景发生在那样一个极"左"的时代,小虎家的成分是中农,他们家的命运完全掌握在掌权者手中,村支书的女儿死了,不但小虎的哥哥当兵的梦想化为了泡影,连小虎被打死也成了一种必然。

显然,这是一篇时代感很强的小说。小说发表于1985年春天,经历了十年浩劫和农村改革的中国正在觉醒。小说中孩子悲惨的命运令人扼腕,文章中透露出的悲凉、冷寂以及人性的冷漠更给人以深深的触动。简言之,莫言的《枯河》唤起了人们久违的思考。

作者在小说中表现出来的丰富想象力同样令人为之叹服:

女孩抱着他的衣服,仰着脸,看着白杨慢慢地倾斜,慢慢对着自己倒过来。恍惚中,她又看到光背赤脚的男孩把粗大的白杨树干坠得像弓一样弯曲着,白杨树好像随时都会把他弹射出去。女孩在树下一阵阵发颤。后来,她看到白杨树又倏忽挺直。在渐渐西斜的深秋的阳光里,白花花的杨树枝聚拢上指,瑟瑟地弹拨着浅蓝色的空气。冰一样澄澈的天空中,一绺绺的细密杨枝飞舞着;残存在树梢上的个把杨叶,似乎已经枯萎,但暗蓝的颜色依旧不褪;随着枝条的摆动,枯叶在簌簌作响。

朱向前评论说,很难想象,一个没有丰富想象力的作家能够写出如此精妙的文字。写人:女孩眼中白杨倾斜的感觉,男孩敏捷如猫的动作,何等传神。写物:大到"杨树枝聚拢上指,瑟瑟地弹拨着浅蓝色的空气",小到残存在树梢上枯萎的个把杨叶的色泽和音响,以及那"冰一样澄澈的天空",都是何等奇警。处处见出笔力的弹动,灵气的闪光。这就是想象的功用。有了它,可以给经历过的生活插上翅膀,让它飞腾;也可以给未经历过的生活灌注灵性,使它活蹦乱跳。⑤

从1985年开始,莫言还陆续创作了《白狗秋千架》、《红高粱》、《爆炸》等四五个中篇小说,他几乎每天都沉浸在忘我的写作中。

莫言回忆说:"李存葆大哥是个真正的大男人,有胸怀、有涵养,对比之下我真的很惭愧。存葆大哥看了我的《白狗秋千架》后,赞扬我说'莫言这小子是有点造化',让我很感动。"

国内文学界则到处在打听:谁是莫言?他是干什么的?当知道莫言是军艺文学系的学生时,许多杂志的编辑以及文学爱好者,便跑到军艺宿舍来找他约稿或探讨文学,他常常得躲起来。1986年,著名作家张洁应邀来军艺上课,她说她刚从法国回来,外国的作家问她最近中国文坛有什么大事?她说:出现了莫言。

1993年,《透明的红萝卜》法文版以《红色水晶》为名在法国出版。2012年,这篇作品被确定收入中国高中语文选修课的教材。⑥

①朱伟:《我认识的莫言》,《三联生活周刊》2012年第42期。

②董炳月:《评〈透明的红萝卜〉》,《当代中国文学名作鉴赏辞典》,辽宁人民出版社1992年版。

③朱伟:《我认识的莫言》,《三联生活周刊》2012年第42期。

④朱伟:《我认识的莫言》,《三联生活周刊》2012年第42期。

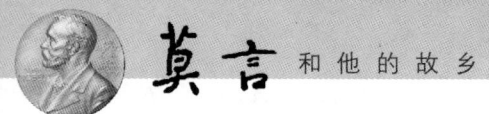

⑤朱向前:《天马行空——莫言小说艺术评点》,《小说评论》1986年第2期。

⑥2012年10月,《透明的红萝卜》被确定收入在高中语文选修课程中。负责中学语文教材编选的语文出版社中学语文教研组张夏放说,在选择莫言作品的时候,他们考虑到了作品的贴近性。由于《透明的红萝卜》是从一个孩子的角度去描写,在心理上和中学生更为贴近些,中学生理解的难度也会相对低一点。

第三章　高粱红了

1986年，莫言以他的中篇小说《红高粱》震动了整个文坛，并于1987年获得了第四届全国优秀中篇小说奖，莫言一时成了评论界的热门话题。在中篇小说《红高粱》的基础上，莫言进一步衍生创作出长篇小说《红高粱家族》，被誉为是一部"强悍的民风与凛然的民族正气的混声合唱"，对于中国当代文学的发展产生了深刻的影响。

随后，张艺谋根据莫言原作拍摄了电影《红高粱》，获得了巨大成功。《红高粱》被公认为是华语电影史上最伟大的电影之一，1988年获第三十八届西柏林国际电影节最佳故事片金熊奖，吸引了全世界的关注目光。

高粱红了，莫言红了！张艺谋和姜文、巩俐也红了！从中篇小说《红高粱》到长篇小说《红高粱家族》，再到电影《红高粱》获得多项国际大奖，"红高粱"冲击波在上世纪80年代的中国文艺界呈现出此起彼伏之状，令人振聋发聩，目不暇接。

一、首部获奖小说：《红高粱》

1986年3月,莫言在《人民文学》1986年第3期发表了中篇小说《红高粱》,在文坛上引起了极大的反响。

小说以第一人称出现,描写了抗日战争期间,"我"的祖辈在高密东北乡轰轰烈烈、英勇悲壮的人生故事。这是一个世人耳熟能详的故事,也是一个让人惊心动魄、辗转难眠的故事:

抗战初期,"我"奶奶——山东高密县美丽的乡村姑娘九儿,年仅19岁时就被贪财的父亲嫁给患有麻风病的烧酒作坊老板李大头。她心不甘情不愿地坐上了出嫁的花轿,当花轿经过途中一片高粱地时,遇上了劫路的土匪,危急时刻,"我"爷爷——轿夫余占鳌率众杀退了土匪、救了九儿,使九儿对他有了好感。三天后,在九儿回娘家省亲的路上,余占鳌突然从高粱地里钻出来,抢走了九儿。他们在高粱地里野合、交媾。九儿怀着余占鳌的骨肉嫁给了李大头。李大头死后,九儿撑起了李家的烧酒作坊。不久,余占鳌和九儿结合,成了"我爷爷",并独创酿制好酒"十八红"的方法。后来,日本侵略者来了,在九儿和余占鳌的带领下,烧酒作坊的伙计们用自制的土枪土炮在高粱地里伏击日军的军车,联手谱写了一曲悲壮的抗日战歌。

这篇作品依据的是发生在莫言家乡的一段真实史实:抗战初期,国民党抗日游击队曹克明部四百余人在高密孙家口伏击了一支日军,并击毙日军板垣师团中岗弥高中将等30多人。此次战斗被称为"孙家口伏击战",受到国民政府的通令嘉奖。后来,驻胶县日军对抗日武装进行报复,制造了"公婆庙惨案",不仅烧毁了全村几乎所有房屋,而且杀害了136名村民。这件另类的民间抗日事迹,被莫言用小说形式酣畅淋漓地写了出来,彻底颠覆了此前"官办抗战历史"的记忆,对上世纪80年代出现的"新历史叙事"模式具有筚路蓝缕之功。

莫言创作这部小说的动因很单纯:1985年,总政在军艺召开了一次关于军事题材作品的座谈会。会上,有些老作家不无忧虑地说:"苏联卫国战争只打了四年,可描写卫国战争的优秀作品一批又一批。中国共产党有二十八年的战争历史,我们这些亲身经历过战争的人有很多素材,但我们已经没有精力把它们写出来了,因为我们最宝贵的年华在'文革'中耽搁了,而你们年轻的这一代有精力却没有亲身的体验,怎么办?"参加座谈会的莫言初生牛犊不怕虎,他站起来发言说:

年轻一代虽然没有经历过战争,但我们可以通过别的方式来弥补这个缺陷。没有听过放枪放炮但我听过放鞭炮;没有见过杀人但我见过杀猪甚至亲手杀过鸡;没有亲手跟日本鬼子拼过刺刀但我在电影上见过。小说家的创作并不是要复制历史,那是历史学家的任务。小说家写战争——人类历史进程中这一愚昧现象——他所要表现的是战争对人的灵魂的扭曲以及人性在战争中的变异。从这个意义上说,即便没有经历过战争的人,也可以写好战争。

他的发言虽然客观、中肯,但在场的老作家们听了却不以为然,甚至认为他口出狂言,没有经历过战争怎么能写得好战争呢?于是,莫言便开始把已经构思了一段时间的中篇小说《红高粱》付诸写作。不久,他就在全国最高级别的文学刊物——《人民文学》上发表了这部作品。当时,《人民文学》每期发行量达100多万册,其影响可想而知。果然,《红高粱》发表后,立即引起了震动。

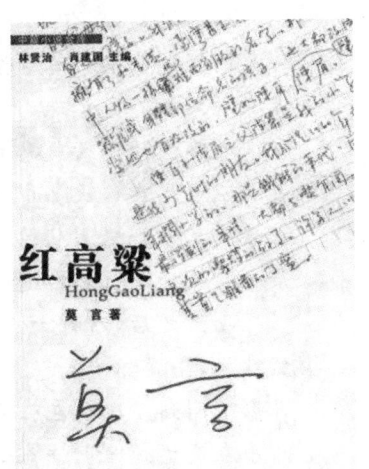

小说的叙述方式十分独特,以"我爷爷、我奶奶"的叙述方式,将第一人称和第三人称结合起来,在讲述民众抗击日本侵略者的同时,讲述了那个年代里严酷而又充满激情和浪漫的爱情故事。小说展现出的一系列富有民族韵味的独特意象:包括"颠轿"、"野合"、"敬酒神"等撼人心魄的情景,以及那方圆百亩随风摇曳、舒展活泼且情感热烈的青青高粱;那人迹罕至、充满神奇色彩的十八里坡;那血红的太阳、血红的天空与血红的高粱……所有这一切,都给人们以强烈的艺术感染力。

小说一开始就把人们带到了抗日战争时期胶东半岛血雨腥风的岁月中,奶奶、父亲和干爹的鲜活形象跃然纸上:

一九三九年古历八月初九,我父亲这个土匪种十四岁多一点。他跟着后来名满天下的传奇英雄余占鳌司令的队伍去胶平公路伏击敌人的汽车队。奶奶披着夹袄,送他们到村头。余司令说:"立住吧。"奶奶就立住了。奶奶对我父亲说:"豆官,听你干爹的话。"父亲没吱声,他看着奶奶高大的身躯。嗅着从奶奶的夹袄里散出的热烘烘的香味,突然感到凉气逼人。他打了一个颤,肚子咕噜噜响一阵。余司令拍了一下父亲的头,说:"走,干儿。"

天地混沌,景物影影绰绰,队伍的杂沓脚步声已响出很远。父亲眼前挂着蓝白色的雾幔,挡住了他的视线,只闻队伍脚步声,不见队伍形和影。父亲紧紧扯住余司令的衣角,双腿快速挪动。奶奶像岸愈离愈远,雾像海水愈近愈汹涌,父亲抓住余司令,就像抓住一条船舷。

……

出村之后,队伍在一条狭窄的土路上行进,人的脚步声中夹着路边碎草的窸窣声响。雾奇浓,活泼多变。我父亲的脸上,无数密集的小水点凝成大颗粒的水珠,他的一撮头发,粘在头皮上。从路两边高粱地里飘来的幽淡的薄荷气息和成熟高粱苦涩微甘的气味,我父亲早已闻惯,不新不奇。在这次雾中行军里,我父亲闻到了那种新奇的、黄红相间的腥甜气息。那味道从薄荷和高粱的味道中隐隐约约地透过来,唤起父亲心灵深处一种非常遥远的记忆。

七天之后,八月十五日,中秋节。一轮明月冉冉升起,遍地高粱肃然默立,高粱穗子浸在月光里,像蘸过水银,汩汩生辉,我父亲在剪破的月影下闻到了比现在强烈无数倍的腥甜气息。那时候,余司令牵着他的手在高粱地里行走,三百多个乡亲叠股枕臂,陈尸狼藉,流出的鲜血灌溉了一大片高粱,把高粱下的黑土地浸泡成稀泥,使他们拔脚迟缓。余司令对我父亲说:"走吧,儿子!"一老一小,便迎着月光,向高粱深处走去。那股弥漫着田野的腥甜味浸透了我父亲的灵魂,在以后更加激烈更加残忍的岁月里,这股腥甜味一直伴随着他。

小说的语言生动,文字功力深厚,尤其是场面描写既细致又宏大:

第三章 高粱红了

父亲就这样奔向了耸立在故乡通红的高粱地里属于他的那块无字的青石墓碑。他的坟头上已经枯草瑟瑟,曾经有一个光屁股的男孩牵着一只雪白的山羊来到这里,山羊不紧不慢地啃着坟头上的草,男孩站在墓碑上,怒气冲冲地撒上一泡尿,然后放声高唱:高粱红了——日本来了——同胞们准备好——开枪开炮……

有人说这个放羊的男孩就是我,我不知道是不是我。我曾对高密东北乡极端热爱,曾经对高密东北乡极端仇恨,长大后努力学习马克思主义,我终于悟到:高密东北乡无疑是地球上最美丽最丑陋、最超脱最世俗、最圣洁最龌龊、最英雄好汉最王八蛋、最能喝酒最能爱的地方。生存在这块土地上的我的父老乡亲们,喜食高粱,每年都大量种植。八月深秋,无边无际的高粱红成汪洋的血海,高粱高密辉煌,高粱凄婉可人,高粱爱情激荡。秋风苍凉,阳光很旺,瓦蓝的天上游荡着一朵朵丰满的白云,高粱上滑动着一朵朵丰满白云的紫红色影子。一队队暗红色的人在高粱棵子里穿梭拉网,几十年如一日。他们杀人越货,精忠报国,他们演出过一幕幕英勇悲壮的舞剧,使我们这些活着的不肖子孙相形见绌,在进步的同时,我真切地感到种的退化。

莫言在小说中创造了自己的文学王国——"高密东北乡",这个被他称之为"地球上最美丽最丑陋、最超脱最世俗、最圣洁最龌龊、最英雄好汉最王八蛋、最能喝酒最能爱的地方",并为人们展现了"八月深秋,无边无际的高粱红成汪洋的血海,高粱高密辉煌,高粱凄婉可人,高粱爱情激荡"的苍凉景象。

当时,韩少功已率先在文坛上提出"寻根"的口号,并在《上海文学》发表了《归去来》,在《人民文学》发表了《爸爸爸》。贾平凹随即推出了他的商州系列作品,郑万隆在北京写他的老家关东,李杭育在杭州写他的葛川江系列。于是,莫言也开始把注意力从意象转移至传奇,并在借鉴福克纳"约克纳帕塔法郡"的基础上,塑造了自己的高密"东北乡"神话。

莫言虽然没有经历过抗战,孙家口伏击战的故事也是长大以后从长辈和乡亲那里听来的,但他却用自己丰富的想象力,以及那既粗犷又细腻,既豪情奔放又柔情似水的文笔,描绘了一场惊天地泣鬼神、英勇壮烈活灵活现的战斗,刻画了"我爷爷"和"我奶奶"他们敢作敢当的个性、不屈不挠的抗争和敢爱敢恨的情感,开创了战争题材的新纪元和爱情题材的新写法,奠定了莫言在当代文学史上的地位。

莫言在小说中显示出了驾驭语言的卓越才能。他运用大量充满想象力并且总是违背常规的比喻等修辞手法，在语言层面上形成了一种瑰丽神奇的特点。小说的艺术手法突破了以往的叙事方式和叙事框架，在描写抗日战争的同时渲染了原始生命力，纵情歌颂了像红高粱一样充满血性与反叛意识的民族精神。

小说本身具有极大的张力。一方面，它对抗日战争作了全新角度的阐释，运用新的历史观，开创了一种新的叙事模式。它关心的已经不再单纯是历史本身，而是特定历史环境中的人和人性问题。它对抗日战争历史进行了颠覆，草根阶级成为了抗日的主力。另一方面，它对"寻根"有了新的理解。它把红高粱作为一个整体象征，红高粱内蕴含着热烈、强悍、茁壮顽强的生命力，又象征着刚毅不屈、坚忍牺牲的复仇精神。高粱地里的野合、伏击，演出的是一幕幕的英雄活剧。因此，红高粱象征着伟大的民族血脉和灵魂。

《中国现代文学史》在评述新时期小说时给予《红高粱》以很高的评价：

《红高粱》写了一个并非新颖的又是极其简单的抗日故事："我"爷爷余占鳌在墨水河畔伏击日寇以及和"我"奶奶的爱情纠葛。这种被渲染过无数次的故事框架，何以能释放出如此灿烂动人的艺术光辉呢？

首先，它以敢生敢死，敢爱敢恨的生命意识作为基调，对整个农民真实的文化心理进行原生状态的描述，一方面浓墨重彩地渲染了一种火红的高粱般的民族性格，一方面则通过战争这一特殊的环境来开掘真正属于农民意识的正负两个层面。作者写了神秘的"红高粱"，写了那些充满了隐喻和象征性的人物的内心世界，写了那些主人公的灵魂面貌及思想行为，乃至情感实践的精神准则——他们的伟大与渺小，强悍与虚弱，自尊自信与自卑自贱，善良与残忍，坦率与狡猾，机智与愚昧，以及那种足以使民族强盛的气概与足以使民族停滞不前的落后的传统意识，均使读者感悟到一个以农民为主体的民族所不可避免的精神状态。

可以说，《红高粱》所要证明的是民族精神之魂的复杂内核，而在以往的以抗日生活作为描写对象的小说中，还没有出现过这样深刻独到的，既充满了血腥味，但又富有神秘感的优秀作品。

其次，《红高粱》中交织着悲剧与反讽的复合美感，即它写的是一出悲剧，但又不同于传统的悲剧美学原则，它不是在最悲恸之处引起人们的"悲悯"、"同情"、"崇高"的美感，从而达到教化之目的。而是采用"反

"讽"的技巧,给人以一种新鲜的美学感受。写到最惨烈之处,作者往往笔峰一转,以轻松甚至幽默调侃的笔调将读者从本来的悲剧审美轨迹中拉出来,进入一个更为广阔的想象世界,使之富有多义的审美意蕴。

莫言笔下的悲剧已经打破了传统的战争题材悲剧的审美观念,给人一种新鲜的、廓大的悲剧审美空间,尽管莫言是从福克纳那里借来的"反讽"的艺术技巧,但这有助于军事文学悲剧观念的演进和发展。

再次,在现实主义精神中容纳了大量的现代派表现技巧,造成小说创作的新格局,这是莫言《红高粱》艺术上的又一成功之处。整个《红高粱》充满了象征和隐喻,森林般的红高粱本身就是中华民族精神内核的象征,而每一个人物和画面均充满着深刻的寓意。有人认为这是一种"神话模式",是借鉴了马克斯的魔幻技巧,不管怎样,象征、隐喻、暗示、借代等手法的运用,增强了作品的表现力。正如莫言所言:没有象征和寓意的小说是清汤寡水。空灵美、朦胧美都难离象征而存在。

魔幻的现实主义的原则是"变现实为幻想而又不失其真"。莫言的作品中充满着幻象,这种幻象充满着浪漫色彩和诗的意境,这种美学效果的产生,端赖于作家运用童话、寓言的手法,把幻象与现实糅合在一起,精确地表现出人物内心世界以及作者的主观世界奇特的心理过程,这也构成了莫言小说"忧郁的主调"之下,"一方面是凄楚、苍凉、沉滞、压抑,另一方面则是欢乐、激情、狂喜、抗争"的独特的叙事风格。①

1987年,《红高粱》荣获第4届全国中篇小说奖,后来陆续被译成近二十种文字在全世界发行,成为莫言最早享誉国际的成名作。

① 朱栋霖等主编:《中国现代文学史》下册,第二十九章第七节,徐怀中、莫言,高等教育出版社1999年版。

二、首部长篇小说：《红高粱家族》

1986—1987年，莫言在中篇小说《红高粱》的基础上，进一步创作了长篇小说《红高粱家族》(解放军文艺出版社1987年4月出版)。这部27.4万字的"新历史小说"，由《红高粱》、《高粱酒》、《狗道》、《高粱殡》、《奇死》五个中篇构成。①其中，《红高粱》和《高粱酒》写的是发生在山东高密的乡村美女、我奶奶戴凤莲，与被称为"杀人魔王兼花痴"的我爷爷余占鳌与命运不断抗争的传奇故事。而《狗道》、《高粱殡》、《奇死》除了写我爷爷、我奶奶外，还写了我父亲、二奶奶、黑眼以及胶高大队、冷支队等的故事。

这是莫言漫长文学生涯中发表的第一部长篇小说，也是他向中国当代文学奉献的一部影响巨大的作品。

与以往抗战题材的小说不同的是，《红高粱家族》表现的不单纯是一方正义与一方邪恶的斗争，而是正义中夹杂着邪恶的复杂人生；它所塑造的主要人物也不再是近乎完美和正义的爱国英雄，而是兼有正义与邪恶、并不那么完美的人物形象。他们是一群真实的、有着鲜活的生命与独特个性、活跃在高粱地里的"英雄"。

主人公余占鳌是一个正义而又野蛮的热血男儿：他杀死了与自己守寡多年的母亲发生关系的和尚，母亲不堪羞辱也上吊死了；他为了女人杀人放火，霸占了后来成为他妻子的戴凤莲；他为了报仇雪耻，苦练枪法，将曾经非礼过他妻子的土匪花脖子一网打尽；他为了还一个村姑的清白，不惜将酒后施奸的亲叔叔枪毙；他为了小妾恋儿不惜和妻子闹翻并分居；他为了民族大义，毅然举旗抗日战至最终全军覆没……

莫言在评价这位草莽英雄时说："他一辈子都没弄清人与政治、人与社会、人与战争的关系，虽然他在战争的巨轮上飞速旋转着，虽然他的人性的光芒总是冲破冰冷的铁甲放射出来。但事实上，他的人生即使能在某一瞬间放射出璀璨的光芒，这光芒也是寒冷的、弯曲的，掺杂着某种深刻的兽性因素。"

女主人公戴凤莲则是一个富有传奇色彩的女子:她一生"大行不拘细谨,大礼不辞小让",心比天高,命如纸薄,敢于反抗,敢于斗争。她也是一个有着花一样容貌、火一样性格的女子,因为憎恨父母将其嫁给麻风病人,而坚决将其父拒之门外。为了爱情,她毅然与名义上是杀夫仇人、实际上为救命恩人的余占鳌结合;为了拯救自己和余占鳌,她急中生智拜县长为干爹,逃过一劫;为了维护家庭,她赶走了小妾恋儿;为了报复和刺激余占鳌,她不惜和黑眼厮混;为了支持抗日,她让唯一的儿子前去战场,自己也香消玉殒高粱地。在那样一个封建保守、女性意识受到压制的年代,她确实称得上是一个敢作敢为、敢爱敢恨的奇女子。

在作者笔下,戴凤莲是一个充满了生命张力、非"贤妻良母"型的中国妇女形象。她更多接受的是大自然的熏陶,而不管什么封建礼教的束缚;她是一个充满着情欲和野性的女人,"只要她愿意,什么事都敢干";她的活法悖逆了传统的道德,然而,她的生命意识却给人以新的美感。正是这个形象的塑造,使人们看到民族生存意识和生命力的高扬。她除了具有善良、勤劳的中国妇女特质外,在她的灵魂中还有一种朴素的自由和解放的渴求,一种归于自然的人类本性的需求。

在戴凤莲倔强的生命旅程中,她和余占鳌在高粱地里火焰般的野合,并没有给人污秽的感觉,她的纵欲充满着对封建礼教的亵渎,而这种亵渎正是一个在道德规范压力下生长多年的中国民族生命意识的自觉反抗。正如她在弥留之际的默祷:"天,什么叫贞节?什么叫正道?什么是善良?什么是邪恶?你一直没有告诉我,我只有按着我自己的想法去办,我爱幸福,我爱力量,我爱美,我的身体是我的,我为自己做主,我不怕罪,不怕罚,我不怕进你的十八层地狱。我该做的都做了,该干的都干了,我什么都不怕。但我不想死,我要活,我要多看几眼这个世界,我的天哪……"这种反叛精神重新诠释了我们民族对于生命意识的理解,渗透了"红高粱"般炽烈的生命张力。

作为一部以抗战为背景、描写战争题材

的长篇小说，《红高粱家族》给人们带来了别开生面、耳目一新的感觉。

首先是情节框架新。这部小说的情节主要由两条故事线索交织而成：

前一条是抗日的故事线索，主要写民间抗日武装伏击日本汽车队的起因和过程。从戴凤莲家的长工罗汉大爷被日本人残酷剥皮而死开始，到余占鳌愤而拉起土匪队伍在胶平公路边伏击日本汽车队，发动一场由土匪和村民共同参加的民间战斗。整个过程体现出一种民间自发的为生存而奋起反抗的斗争精神，它虽然在一定程度上弱化了历史上抗日战争所具有的政治色彩，却更为真实地展现了一个民族为了土地和生命而不惜牺牲一切的英勇气概。

后一条是爱情的故事线索，主要由余占鳌与戴凤莲在抗战前的爱情故事串联起来。余占鳌在戴凤莲出嫁时虽是一名轿夫，一路上却一直试图与新娘子调情，并率众杀了一个想劫花轿的土匪，随后他在戴凤莲"回门"时埋伏在路边，把她劫进高粱地里野合，两个人由此开始了激情迷荡的欢爱。紧接着余占鳌杀死了戴凤莲的麻风病丈夫，并顺理成章地成为了戴凤莲的情夫。在这条故事线索中，始终被突显出来的是一种生机勃勃的民间激情，一种以狂野不羁的野性生命力为其根本的性爱。它虽然逾越了政治意识形态的限制，却更为真实地表达了民间世界的男欢女爱与情感自由。

其次是人物形象新。小说在人物形象塑造上，摒弃了传统意识形态二元对立的正反人物概念，如"我爷爷"余占鳌就身兼土匪头子和抗日英雄的双重身份，在他的性格中既有粗野、狂暴的一面，又有富于正义感和充满生命激情的一面。在以前的红色小说中虽然也出现过类似的草莽英雄，但必定要在他身边再树立一个负载政治道德标准的正统英雄人物，以此传达意识形态所包含的思想内容。而在《红高粱家族》中，余占鳌是唯一被突出的主要英雄，他的草莽缺点和英雄气概未经任何政治标准加以评判或校正，而是以其性格的真实还原出民间的本色。

这些特点也同样体现在对"我奶奶"戴凤莲和罗汉大爷等人物的刻画中。"我奶奶"具有的那种温热、丰腴、泼辣、果断的女性美，罗汉大爷具有的那种忠诚、坚忍、不屈不挠的农民秉性，以及"我父亲"小豆官莽撞冲动的脾气，都有一种民间的放纵和生气充盈其中。正是建立在民间崇尚生命力与自由状态的价值取向上，作者描写"我爷爷"的杀人越货、"我爷爷"和"我奶奶"的野地欢爱，以及其他人物种种粗野不驯的个性与行为，才能创造出那样一种强劲与质朴的自然美。

再次是叙事模式新。《红高粱家族》与以往革命历史战争小说的不同在于,它把全部笔墨都用来描写由土匪司令余占鳌组织的民间武装,以及发生在高密东北乡这个乡野世界中的各种野性故事。在《红高粱家族》里,历史的主体在不经意中实现了位置的互换,江小脚率领的抗日正规部队"胶高大队"不再是历史的中心,而红高粱地里一半是土匪、一半是英雄的酒徒余占鳌却成了真正的主角,以往关于抗战题材的主题就这样被瓦解了;宏伟的"国家历史"被民间化的历史场景、"野史化"的家族叙事所取代,现代中国历史原有的权威叙事规则就这样被"颠覆"了。

这部小说在写作上的新颖之处,还包括莫言曾较深地受到美国作家福克纳和拉美作家马尔克斯的影响,从他们那里大胆借鉴了意识流小说的时空表现手法和魔幻现实主义小说的情节结构方式。他在《红高粱》中几乎完全打破了传统的时空顺序与情节逻辑,把整个故事铺排得非常自由散漫;而这种看似任意的叙述又是统领在作家的主体意识之下,与作品中那种生机勃勃的自由精神暗相契合。

《红高粱家族》的出现,在当代文学史上具有审美转型的深刻意义。作者用"虚构叙事"取代"亲历在场",用"酒色财气"颠覆"英雄崇拜",并以强烈的艺术理性精神,宣告了革命英雄传奇神话的历史终结。

2000年,《红高粱家族》被亚洲周刊选为20世纪中文小说100强。2001年,《红高粱家族》获得了"冯牧文学奖"。《授奖辞》指出:

> 创作于80年代中期的"红高粱家族"系列小说,以自由不羁的想象,汪洋恣肆的语言,奇异新颖的感觉,创造出了一个辉煌瑰丽的莫言小说世界。他用灵性激活历史,重写战争,张扬生命伟力,弘扬民族精神,直接影响了一批同他一样没有战争经历的青年军旅小说家写出了自己'心中的战争',使当代战争小说面貌为之一新。

在《红高粱家族》一书题记中,莫言表示:"谨以此书召唤那些游荡在我的故乡无边无际的高粱地里的英魂和冤魂。"令人可喜的是,他在告慰英魂的同时,也以自己丰富饱满的想象力和令人叹服的人物形象,征服了读者和海内外文学界。《红高粱家族》出版后,先后被译成近20种文字在全世界发行。这部全力张扬中华民族旺盛生命力的长篇小说,堪称中国当代文学史上划时代的史诗精品。

莫言 和他的故乡

2012年10月,在莫言获得诺贝尔文学奖之际,著名作家、茅盾文学奖获得者麦家重温了莫言的《红高粱家族》,并发表了读后感:

那些年,我们中的很多人的记忆都被一部叫做《红高粱》的小说和电影给笼罩了。性与暴力,是很多人关于那部电影和小说的集体记忆。但对我,对每一个经历过那个时代的人,都会知道这个词语对于当年的文学写作是一种什么样的意义。

一部作品的阅读史就是一部漂流史,每一个变化的评判背后,都隐藏着一个时代的影子,是一个时代的文学在这一阶段的困惑、探索与痛苦。1986年,我们刚开始接触拉美文学,家族叙事和魔幻主义成为我们心中文学创新的样板;"人的解放",成为我们这代人新的价值观……莫言的《红高粱》在这些方面满足了一个时代的阅读期待:原来历史还可以这样写!他以家族回忆的方式替代了民族、国家这些宏大的词汇,被称之为"新历史主义"的开山以及代表之作。

莫言在回忆《红高粱》的创作动因时曾说,他想写战争中的人和人性,把战争当成"人类灵魂的实验室",其心中的典范是前苏联电影《第四十一》。这种人道主义的战争叙述,本来亦足以构成反叛的因素,只是在当时,在更为新鲜时髦的话语面前,批评界对此集体沉默,这足以看出那个时代人们追新求异的急切。

一个作家的写作史,某种程度上也是与批评家不断妥协和较劲的历史。但不管怎样,批评与写作这种合谋与互动总比两不相干要好,而在这样的情况下竟然能写出如此优秀的作品,这不得不归结于莫言天赋的才华。我是说,莫言不可思议地找到了自己个性化的表达方式,他的既肉感又灵性、既粗粝又细腻、既炽热又苍凉、既蛮野又优美的"狂欢化"文体,开创了一个时代的文学疆域和记忆。

对我而言,重温这些经典作品以及它们的批评史,亦是在梳理我们这个时代的文学发展脉络,是追问我们从何处来,以及我们还可以去向何处。②

① 《红高粱家族》第一版由7个相互关联、但内部结构松散的中篇构成,后来

在定稿中,后面两个中篇《野种》和《野人》不见了,因为它们在叙述时间上已经延伸到了解放后,而前5篇的叙述时间主要集中在抗日战争时期。因此,莫言将《野种》和《野人》从《红高粱家族》剔除出去,作为单独的中篇小说来处理。

②麦家:《重读莫言〈红高粱家族〉:一次冰凉的相遇》,《成都商报》2012年10月15日。

三、《红高粱》：从小说到电影

　　1987 年，根据莫言同名中篇小说改编、由张艺谋执导、姜文和巩俐主演的电影《红高粱》，获得了第 38 届西柏林国际电影节"金熊奖"。这是中国电影第一次走出国门、在国际上获奖，一时轰动中外。

　　《红高粱》由小说改编为电影直至在国际上获奖，经历了一个曲折的过程。莫言与张艺谋的结合、张艺谋与姜文、巩俐的结合，也经历了近乎戏剧性的变化，不但在他们各自的艺术生涯中留下了深深的烙印，而且在中国电影史上写下了精彩的一页。事实证明，这几位当时尚不很出名的编剧、导演、演员的"搭档"，堪称中国文学界与电影界的"最佳组合"。在他们后来分别成为国际知名的作家、导演和影星之后，《红高粱》也成了他们的经典"绝唱"。

电影《红高粱》的海报

　　选择小说《红高粱》作为电影拍摄，颇有一些偶然性。其时，张艺谋因拍摄电影《黄土地》获得了电影金鸡奖的最佳摄影奖，时任西安电影制片厂厂长的著名导演吴天明爱才心切，便把他从广西电影厂借调到西影厂。不久，张艺谋的妻子肖华也调到西影图书馆工作，她知道张艺谋正在悄悄寻找合适的题材拍电影，便格外留意。一天，门房送来一堆新杂志，其中就有登载着《红高粱》的新一期《人民文学》，肖华一看是莫言写的，便兴致勃勃地读了起来。她知道，张艺谋很喜欢莫言的小说，如《透明的红萝卜》等，年初还特意嘱咐她多关注莫言的作品。读完小说，肖华觉得相当不错，便推荐给了张艺谋。

张艺谋一边读一边赞扬这部作品:"好东西,好东西!"《红高粱》中那句"一亩高粱九担半,十个杂种九混蛋"的大俗话,尤其使张艺谋感到来劲,并使他产生了拍一部"杂种"电影的想法。很快他就拿定主意,自己当导演的处女作就拍《红高粱》。

在通过朋友跟莫言打招呼后,张艺谋决定直接找莫言谈谈。那时张艺谋虽然在摄影方面已小有成就,但作为导演却是新手,经济上也不宽裕,到莫言家还是挤公交车去的。

莫言当时尚在军艺读书,住在部队大院的一座筒子楼里。张艺谋一拐一拐地走进大院,却忘记了莫言的房间号,只好站在楼下喊。不一会儿,远处一个房间的门开了,莫言探出头来问道:"谁找我?"张艺谋说:"是我,我是张艺谋。"莫言一看张艺谋那模样,顿时笑了起来,说:"你长得真像我们村子里的人。"张艺谋说明来意后,莫言便一

拍摄《红高粱》时的莫言和张艺谋

边替他沏茶,一边和他谈起了改编《红高粱》的事。虽然张艺谋给出的改编费只有 800 元,没想到莫言竟十分爽快地答应了下来,同时提出自己对写剧本并不在行,希望找个专业编剧配合。

莫言后来回忆说:

那是 1986 年,我当时还在解放军艺术学院上学。那年暑假,我正在赶写一部中篇小说,一天中午,有人在楼道里喊我:"莫言!莫言!"我出来一看,一个穿着破汗衫、剃着光头、脸黑得像煤炭的人,手里提着一只凉鞋,是用废轮胎胶布缝成的凉鞋,也就是特别简陋的那种,他的一只凉鞋的带子在公共汽车上被踩断了。他说他是张艺谋,他看好《红高粱》,想当导演。我对张艺谋做摄影师拍摄的电影很感兴趣,他作为演员、摄影已经很有名了。我们谈了统共不到 10 分钟。

改编我的作品爱怎么改怎么改,我对张艺谋没有任何要求。我说我不是鲁迅,也不是茅盾,改编他们的作品要忠于原著,改编莫言的作品爱怎么改怎么改。你要"我爷爷"、"我奶奶"在高粱地里实验原子弹

也与我无关。非但无关,我还要欢呼你的好勇气。拍好了是你张艺谋的光荣,拍砸了也不是我的耻辱。

当时国家有规定,小说的电影改编费是800元钱。我一开头不想参加改编,但张艺谋希望我参加编剧,因为牵扯到一些民俗啊之类的东西。编剧是三个人,一个是陈剑雨,一个是朱伟,还有就是我。稿子是当时任福建电影制片厂厂长的陈剑雨执笔的,分上下集。

1987年,我在高密,张艺谋把他的定稿拿给我看,定稿跟我们原来的剧本完全不是一码事了。张艺谋实际上作了大量的精简。我当时看了觉得很惊讶。这点儿东西,几十个场景、几十个细节就能拍成电影?后来,我明白了,电影不需要太多的东西。比如"颠轿"一场戏,剧本里几句话,在电影里,就"颠"了5分钟。

《红高粱》开拍之前,有三件事张艺谋费了不少心机:一是说服当时的西安电影制片厂厂长吴天明为影片投资;二是寻找适合扮演女主角"九儿"的演员;三是请莫言和当地政府帮助,在莫言老家高密种了百十亩高粱。

第一件事,张艺谋办得比较顺当。西影厂长吴天明把他从广西厂借调过来,就是希望他能为西影厂出几部好片子。因此,他不仅首肯张艺谋去筹备拍摄《红高粱》,而且尽可能在人员、资金和时间安排等方面给张艺谋以支持。后来当张艺谋到山东、东北、内蒙古等地转了一圈之后,发现到处找不到莫言小说中描写的那种高粱地,连莫言的老家高密也已不再种高粱。要拍那种又高又密的高粱地的外景,只能自己种上高粱等到秋天再拍。根据当时制片厂的工作程序,在连剧本都还没有的情况下是拿不到经费的,于是吴天明设法找到厂里的几个车间主任凑了4万块钱,让张艺谋赶紧去山东种高粱。

第二件事,寻找"女主角",张艺谋则颇费了些周折。《红高粱》的男主角"余占鳌"早早就定了下来,由当时名气已经相当大的姜文扮演。姜文身上的那股精气神与"我爷爷"的感觉浑然一体,无论是糙劲、血气和粗犷的感觉都非常吻合。可是女主角"九儿"却一直没有合适的人选。

1987年春天,当张艺谋和剧组正在满世界寻找女主角时,巩俐还是中央戏剧学院表演系二年级的学生,年方22岁。这年5月,《红高粱》剧组的其他演员人选都已确定,"九儿"的人选却仍然没有着落,剧组开始有些着急了。剧组副导演杨凤良带领一班人马来到藏龙卧虎的中央戏剧学院明察暗访,物色了几个人选,但都不太满意。就在他们准备返回剧组时,北影导演李文化的女儿、当时正在中戏导演系读书的李彤向杨凤良推荐了巩俐,说她演这个角色肯定合适。但巩俐那时正在广州拍摄自己的处女作——58分钟的电视剧《暑假里的故事》(片酬200元)。于是,导演组决定再见见别人,史可因此也进入了剧组的视线。

巩俐回校后,张艺谋和杨凤良在李彤房间和她见了面。双方谈了不到10分钟,杨凤良就把莫言的小说给了她。后来又分别给巩俐和史可拍了造型和两段小品,结果发现巩俐是最合适的。张艺谋回西安后没几天,西影厂的聘书就发到了巩俐手中。

后来,张艺谋在谈到他与巩俐第一次见面的情景时说:

> 她给我的第一印象是清秀、聪明、瘦弱,眼睛也很有表达力。当时她穿着一件宽大的衣服试镜,与我想象中的《红高粱》的漂亮女主角对不上号。后来,经过进一步接触,我发现她特有味道,她的性格正是人物需要的。外表很纯,不张扬、不夸张,但内心活动及性格却可以很好地表达出来。

就这样,这位"特有味道"的女大学生成为了电影《红高粱》的女主角,并由此改变了她的人生。

第三件事,种高粱,张艺谋办得有些费劲。1987年筹拍《红高粱》时,张艺谋为了拍大片的红高粱做外景,和莫言一起回到他老家高密,按每亩300元的价格,硬是一家一家地把农民发动起来,在胶河边种上了大片的高粱。春天种下去,出了苗,由于不下雨,就是长不起来。到了7月,高粱原本应该抽穗了,可张艺谋再去时,却发现叶子全是蔫蔫的,与他想象中的火红的高粱完全两样。

老乡告诉他,由于干旱缺雨,高粱严重发育不良,仅靠大家挑水抗旱,根本无法使这么大面积的高粱长势良好。张艺谋急得像热锅里的蚂蚁,他心想,这可是吴天明冒着风险给自己批的钱,万一今年这高粱不出效果,片子怎么办?情急之下,他只好找莫言想办法。后来通过莫言的帮忙找到县委。县委立即送来了化肥,还准备了抽水机。张艺谋于是组织人施肥,安排抽水灌溉,老天似乎也被他感动了,及时下了一场透雨。他在高密呆了几天,看见高粱都在拼命往上蹿,长势非常之好,这才放了心。后来张艺谋回忆说:

那些日子，我天天在地里转，给高粱除草浇水。高粱这东西天性喜水，一场雨下过了，你就在地里听，四周围全是乱七八糟的动静，根根高粱都跟生孩子似的，嘴里哼哼着，浑身的骨节全发脆响，眼瞅着一节一节往上蹿，满眼睛都是活脱脱的生灵。我当初看莫言的小说，就跟在这高粱地里的感觉一样，生生死死狂放出浑身热气和活力，随心所欲地透出做人的自在和欢乐。

《红高粱》剧照：高粱地里装土炮

莫言则在回忆中写道：

1987年6、7月间，张艺谋给我发来一封电报，希望我能回高密帮他们找找县里的领导，获取帮助，说是高粱长势不行。说实话，当初他们把外景地选在高密，我就持反对态度。

一是，高密东北乡现在已经变化很大，我所描写的高粱地是我爷爷他们年轻时存在过的，我根本没见过。那如火如荼的红高粱是我的神话、我的梦境。他们非要去高密东北乡拍红高粱，拍什么？

第二，我在小说中早就写过：高密东北乡是最英雄好汉最王八蛋的地方。这些年，随着商品经济势不可挡地侵入农村经济生活，原先那种淳朴敦厚、讲义气、讲豪气的祖先风度都如用旧了的铜钱，去了辉煌的古铜色，添了斑斑点点的绿锈。

高粱当然可以种,但一切都要钱,你们有多少钱?张艺谋坚持要在高密拍,他先在1987年春天派了一个副导演杨凤良到高密,跟老百姓签了合同,种了两块高粱。

我接到张艺谋的电报就回去了,到了孙家口一看,我真想哭。高粱全都半死不活,高的不足一米,低的只有几拃。叶子都打着卷,叶子茎上密布着一层蚜虫,连蚜虫都晒化了。天太旱了!第二天,我见到了张艺谋,他说他们找到了县委负责同志,批了5吨化肥。县里领导还把种了高粱的乡领导召到县委开了会,要他们把管理高粱的事当成"政治任务"。我被县委领导的开明之举感动了。

但对选巩俐作女主角,莫言坦言当初颇为担心,甚至怀疑张艺谋是否看走了眼,他说:

快开拍的时候,我想把剧组的全体成员请到我家里去。当时不叫《红高粱》剧组,叫《九九青杀口》剧组,当我把消息告诉家里人时,他们都很兴奋。我父亲则不声不响地扛着锄头下了地。父亲一直劝我谨慎,不要张狂,否则必遭祸患,我也尽量这样做。一大早,我母亲、我婶婶忙着擀饼,我媳妇忙着上集采购。大约十点钟,一辆涂着若干大字的面包车停在我家打麦场上,从车上下来了导演张艺谋、副导演杨凤良、"我爷爷"姜文、"我奶奶"巩俐、摄影师顾长卫等。

说实话,我一开始对巩俐的印象一般。她当时在高密县招待所的大院里挑着木桶来回转圈,身上穿着不伦不类的服装,脸上凝着忧虑重重的表情。我感觉离我心目中的"奶奶"形象相差太大。在我心目中,"奶奶"是一株鲜艳夺目、水分充足的带刺玫瑰,而那时的巩俐更像不谙世事的女学生,我怀疑张艺谋看走了眼,担心这部戏将砸在她手里。事实证明,我的判断错了。这个电影拍出来后,我看样片,确实感到一种震撼,它完全给人一种崭新的视觉形象。应该说,在视觉上、色彩运用上,营造出这么强烈氛围的,《红高粱》是新中国电影第一部。

张艺谋在构思电影《红高粱》时,曾数度与莫言座谈,他告诉莫言,他是受到德国哲学家尼采《悲剧的诞生》一书的影响,尤其是受到书中所描述的那种"酒神(狄奥尼索斯)精神"的感染,才立意要拍这部电影,以便宣泄类似

莫言 和他的故乡

的心情。

这是一部张扬个性、赞美生命的中国新时期电影。影片由莫言、陈剑雨、朱伟编剧，张艺谋导演，顾长卫摄影，赵季平配乐。姜文和巩俐分别饰演剧中的男主角"我爷爷"和女主角"我奶奶"九儿，滕汝骏、钱明、刘继则分别饰演罗汉爷爷、我奶奶她爹和我爹。可以说，这个剧组是当时国内一流的电影创作班子和演员团队。

影片以"我"的幕后旁白做引导，导引"我爷爷"和"我奶奶"出场：

在黄土漫天飞扬的土路上走着七八个光膀子、四肢发达的小伙子，用大红轿子抬着浑身大红衣裤的"我奶奶"九儿边走边唱。扯着破锣嗓子唱的是《颠轿歌》："妹妹你大胆的往前走哇，往前走，莫回啊头！通天的大路，九千九百、九千九百九啊！往前走，莫回啊头！"路上新郎家出了问题，没到婚礼地点，九儿走出轿子就被"我爷爷"看中了，在回娘家途中她被"我爷爷"劫持到翠绿、茂密的高粱地里，强行野合。

之后，九儿回到十八里坡酒作坊，"我爷爷"寻上门来滋事，从此强占了九儿和酒作坊。"我爷爷"无法无天、恶劣无赖。酒作坊以酿酒为主，卖酒为辅，"我爷爷"找来一批伙计按自己的方式酿酒，先唱敬酒歌，再摔碗，开始蒸红高粱。入夜，深蓝的天宇占去上三分之二画面，下三分之一画面是十八里坡的黑色剪影，天空浮着斗大的半轮皎月。如此画面令人惊叹原始之美。日子就在这样的劳作中流逝，"我爸爸"也出生了。伙计兼管家叫"罗汉"，在这儿干了多年，和九儿有了私情，一直没离开。大家粗犷邋遢的生活、劳作习气，令人惊讶：酒坊里模样肮脏、靠墙倚睡的伙计捉着棉衣内的虱子，"我爷爷"一泡尿撒到四缸酒中竟使之成了上好佳酿，他们或穿鞋或光脚踩在粮食上走来走去，光着膀子干活挥汗如雨，表现的是上世纪 30 年代陕北高原的农村生活。

后来，日本鬼子闯进了这块土地，残暴侵犯老百姓的生命财产，连会点武功的"罗汉"都在一次反抗中被俘，被日本鬼子倒吊在架子上剥了人皮。场面血腥恐怖，和之前的小屠夫剥牛皮一样。此事激起了"我爷爷"的愤慨，他和伙计们合计，为"罗汉"以及乡亲们报仇。他巧设计谋，用自家酿的红高粱酒"炸弹"炸了日本鬼子的军用卡车。在震天动地的爆炸声中，只见血肉横飞、泥土飞扬，汽车燃起了熊熊大火。夕阳西下，高粱地一片血红之色，日光灼灼映照着一大一小两个塑像般的人形，那是"我爷爷"和"我爸爸"。

影片以新式叙事手法为框架，试图拍摄一部打破传统主旋律模式的新式文艺剧情片。影片并未照搬小说的意识流结构,而是将故事改为直线叙述,导演、摄影精心复现了小说构造的色彩世界,使画面非常具有视觉冲击力,以热情似火、阳光般眩目的红色震惊了影坛。

影片刚制作好便迎来了第38届柏林国际电影节,于是便被送往德国柏林参展,最后空前地拿下了柏林电影节的最高奖——金熊奖。成为中国第一部走出国门并荣获国际A级电影节大奖的影片。后来,影片在国内公映,受到了广泛的好评,产生了巨大的影响力。在当时一张电影票只要几毛钱的情况下,该片票价居然炒到5~10元。

张艺谋曾说过,他在电影《红高粱》上的成功要感谢莫言为他提供了一部好小说。而莫言也认为,遇到张艺谋这样的导演我很幸运。他说,"电影的影响确实比小说大得多,小说写完后,除了文学圈也没有什么人知道。但当1988年春节过后,我回北京,深夜走在马路上还能听到很多人在高唱'妹妹你大胆地往前走',电影确实是了不得。"从一定意义上可以说,张艺谋和莫言互相成就了对方。

影片不同于以往任何一部抗战影片,它在表现民众抗日斗争的同时,全力地表达了对原始生命力的崇拜。一位影评家对此作了细致入微的分析:

> 首先是对性的神力的崇拜。在"颠轿"一场戏中,从表层来看,它是偌多抬轿的粗野壮汉对花轿中一位红装红盖头新娘的戏谑式恶作剧;但从深层来看,它既是几条赤膊壮汉面对新娘九儿的魅力所萌动的性的潜在欢悦与渴望的自发宣泄,又是对九儿面临不合理不人道的两性结合却又爱莫能助的悲凉、怨愤之情的自发发作。而唯一能使这一载歌载舞的"颠轿"从疯狂的顶点戛然而止的神力,不是别的,正是轿中九儿的几声哽咽的啜泣声。
>
> 编导在这一情绪与节奏的转变点中,把这群粗野壮汉内心合乎人伦天性的美好性灵洞悉与烛照出来,是影片开始首先打动人心的点睛之笔。这一节奏休止造成的情绪落差,确定了九儿在野汉们心中实际占据的真正神圣的地位,是影片对性的神力崇拜的一个明证。
>
> 而在这群抬轿壮汉中,又唯有"我爷爷"余占鳌,以其更加强烈的受性的神力驱使的生命意志力,敢于把自己内心的骚动与渴望一一付诸外在的实际行动——比之于其他壮汉,余占鳌确实高出一等,是名副其实的独占鳌头——凭着九儿曾给他的一个美目顾盼,以至于接踵而来

的杀夫、劫妻乃至高粱地里的交欢野合,都成了一桩桩不再是施暴施恶而是全部顺理成章的一揽子"仁"事美差了。这里的"仁",不能以狭隘的法的定律为准绳,而必须从更加宽泛的自然与原始的生命定律——种的良性繁衍与发展、种的优胜劣汰中去寻找;而这里的"美",自然是进行了艺术的选择与渲染的电影美。

《红高粱》剧照(余占鳌和九儿)

当银幕上展现九儿痴迷地后倾倒地的诗一样朦胧的近景,余占鳌跪在那方倒伏高粱空地上的呈红色"大"字状展开的九儿身前的俯瞰大远景(这里干脆是一个宗教式性崇拜、生殖崇拜的肃穆仪式了!)以及逆光中红高粱影影绰绰在丽日和风中摇曳的动态空镜,可说是把影片对原始生命力的崇拜在此情此景以及情景交融的铺绘中推到了艺术美的制高点——不过反观影片,张艺谋实在应当在此处把文章的浓度做得更足一点,以使这一"天作之合,地成之美"的红高粱地交欢场面,华彩乐章般地达到更其神圣化的境地!

其次是对死的神力的崇拜。在《红高粱》中,张艺谋要展示给世人的人生图景是:这些十八里坡人,他们男欢女爱,活得自由自在,活得痛痛快快;而为族仇国耻,他们也一定奋起抗争,报仇雪耻,哪怕是为此而死——而死,也是要死得自由自在,死得痛痛快快!生死爱恨之两极,相反相成而一致。确实,这些人说死就死,那个李大头、那个冒充"秃三炮"的路劫者等等,似乎是死得那么容易、那么轻松又那么无声无息。

这里自然不是指这些消极意义的死。而那些有积极意义的死、那些为反抗外族入侵而就义之死——无论罗汉大叔还是九儿乃至"秃三炮"之死于日本侵略者的屠刀与炮火之下，都成为壮烈牺牲之死、震慑人心之死！

为此，张艺谋在影片中不惜让人接受血淋淋的感官刺激，并让牛的被屠宰与人的被屠宰做了强化对比。影片的结局使嗜血成性的日本侵略者明白：牛是在沉默中被屠宰而成牺牲，人则在爆发的反抗中成就自己的牺牲，并将与屠宰者同归于尽。这一表现，也最终成为了对死的神力的证明。

第三是对酒的神力的崇拜。被美其名曰"十八里红"的高粱美酒，其品格在被重复唱过两次的《祭酒歌》中得到了最高的褒奖："喝了咱的酒，滋阴壮阳口不臭……喝了咱的酒，见了皇帝不磕头……"。而余占鳌正是在一醉方休的酒的神力中，把自己同九儿在高粱地里的私情一吐为快。在十八里坡人中自古至今传为美谈的——红高粱酒的神力，就是十八里坡人的狂放不羁的神力；红高粱酒的品格，就是十八里坡人的自由自在的品格。

"一四七，三六九"，九儿——这个十八里坡的唯一女性，不正是在她入主十八里坡酒坊为掌柜的那一刻，向酒坊众伙计们第一次宣布了自己的小名就是"九儿"（酒儿）吗？酒与人，其神力与品格之所以一致，就因为两者都诞生于红高粱地。十八里坡人以酒为氛围，十八里坡人以酒为依托；酒在十八里坡的人群中，成了十八里坡人调节与强化人际感情关系的催化剂。说穿了，影片对酒的神力的崇拜，就是对十八里坡人的神力的崇拜。

《红高粱》以对性、对死、对酒的神力的崇拜，表现了对人的本性中最基质的精神源泉——原始的生命欲望、意志即生命本质力量的崇拜；它在影片中得到了摧枯拉朽、恣肆汪洋的充分展现，使影片不同凡响地"游乎逍遥放荡纵任变化之境"。这是当今中国影片的一次破天荒的尝试与探索，影片也因此得以在国际影坛赢得共鸣与一致的喝彩！[①]

拍摄《红高粱》时，还是大二女生的巩俐正处在对未来充满激情和幻想的年龄，她自然渴望有一个机会能让自己充分施展才华。拍电影时，人们像过节一样，跟着跑，跟着看，当看到巩俐骑着毛驴在高粱地里钻进钻出，累得昏过去时，人们感叹："原来拍部电影真不容易！"而当人们看到这张灵气十足的脸，从一群强壮有力的爷们身后探出头来，就像一点鲜红从漫天黄土中

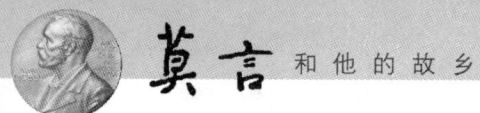

凸现出来，不禁惊为天人。尽管巩俐龇着傻得可爱的虎牙，学着斯琴高娃的虎妞，却还原了那个热情泼辣、个性解放的"九儿"。她的表演，有种介于野性和不开化之间的味道，是一种鲜活的诱惑。在整部《红高粱》中，巩俐就像一个"酒引子"，她先让张艺谋醉了，之后，张艺谋又让观众醉了。

从此，巩俐在张艺谋的电影中不断被重复塑造成同一个女人——她美丽、坚韧，能够承受生活的磨难，与此同时却总是处于性匮乏的状态，需要一个强大的男性来激活。"九儿"是个开始，接下来的菊豆、颂莲，直到他俩的最后一部电影《摇啊摇，摇到外婆桥》中的小金宝，无一例外。回头再看这部充满了"酒"与"九"等符号的《红高粱》，更像一部充满了阳性崇拜的影片，而"九儿"作为一个女性处于一群男性之中，好像太极图中少阳鱼中间那一点太阴，达成了一种象征性的平衡。②

在上世纪80年代，文化界各个领域都充满着一股凌厉的创新锐气，小说界的莫言、电影界的张艺谋，都是三十多岁的年纪，各方面趋向成熟，有阅历、有经验也有激情。他们用自己的心血和智慧，为中国电影夺得了第一个世界冠军级大奖——柏林国际电影节的金熊奖，《红高粱》由此成为了中国电影史上的一座高峰！

① 范达明：《〈红高粱〉：原始生命力的崇拜》，《银幕天地》1988年第6期。
② 《巩俐：〈红高粱〉改变她一生的命运》，《北京晚报》2002年2月4日。

四、中国：高粱红了

"妹妹你大胆地往前走—哇！往前走—莫回啊头——"

1988年春天，在中国的大街小巷里，男青年们走着走着，就会吼这么一嗓子。这首歌正是刚刚上映的电影《红高粱》的主题曲之一《妹妹曲》。

作为中国新时期电影创作的精彩华章，《红高粱》犹如一声霹雳，惊醒了西方人对中国电影所持的蔑视与迷幻，成为中国电影走向世界的新开端。

《红高粱》是一个具有神话意味的传说。整部影片在一种神秘的色彩中歌颂了人性与蓬勃旺盛的生命力。因此，赞美生命是该片的主题，即"通过人物个性的塑造来赞美生命，赞美生命的那种喷涌不尽的勃勃生机，赞美生命的自由、舒展。"① 正因为这种对生命的礼赞以及影片那精湛的电影语言的运用，使得《红高粱》获得了国际荣誉，这也是中国电影迄今为止在国际上获得的最高荣誉。

作为华语电影史上公认的最优秀电影之一，《红高粱》在1988年一经公映后，便在国内外电影节、电影奖中获得了许多荣誉，这些荣誉包括：

  1988年第八届中国电影金鸡奖最佳故事片奖、最佳摄影奖、最佳音乐奖、最佳录音奖；
  1988年第十一届《大众电影》百花奖最佳故事片奖；
  1988年第三十八届西柏林国际电影节最佳故事片金熊奖；
  1988年第五届津巴布韦国际电影节最佳影片奖，最佳导演奖，故事片真实新颖奖；
  1988年第三十五届悉尼国际电影节电影评论奖；
  1988年摩洛哥第一届马拉什国际电影电视节导演大阿特拉斯金奖；
  1989年第十六届布鲁塞尔国际电影节广播电台听众评委会最佳

莫言 和他的故乡

影片奖；

1989年法国第五届蒙彼利埃国际电影节银熊猫奖；

1989年第八届香港电影金像奖、十大华语片之一；

1990年民主德国电影家协会年度奖提名奖；

1990年古巴年度发行电影评奖十部最佳故事片之一。

这是当代中国电影的骄傲，也是华语影视圈的骄傲。从大陆到港台，从东南亚到欧美，全球华人乃至国际影视界纷纷对这部电影给予了极高的评价，并由此对中国电影给予了更多的关注。

电影《红高粱》不仅成就了导演张艺谋和男女主角姜文、巩俐；同时，也使小说《红高粱》及作者莫言名扬四海。

——这是摄影师兼导演张艺谋初次执导影片。② 他不仅凭借此片在国内和国际影坛站稳了脚跟，而且从此开始了他长达18年的"电影神话"。

1987年，这位刚从电影《黄土地》和《老井》中走出来的摄影师想当导演，他第一眼就看中了莫言的小说《红高粱》。这部小说不仅使他找到了拍摄电影的材料，同时对他拍摄电影的观念与手法也有重要的启发。可以说，电影《红高粱》既是张艺谋的导演处女作，更是他艺术道路上的一个关键性路标。

张艺谋对莫言原著的领会，虽说相当简单，但电影有它独特的语言，张艺谋也有他自己的理解：任凭弱水三千，我只取"生命躁动"这一瓢。它是《红高粱》的精华，所有那些震撼人视觉与心灵的色彩、故事或民俗，不过都是这几个字的外在表现。

张艺谋后来总结说："《红高粱》无论是在精神气质还是在电影形态上，都没想学谁，就是想创造一种地地道道的民族气质和民族风格。'颠轿'和'祭酒神'全是山东早年的习俗。影片拍摄之初，我就对摄制组同志讲，咱这部戏有三个主角：天生一个奇女子，天生一个伟丈夫，加上一块高粱地——没人种也没人收，生命力旺盛，是活得自自在在的天地间一精灵。面对恶势力对于生命的践踏，生命以最原始、最本质的方式进行反抗，哪怕看起来无济于事。"

张艺谋初次执导《红高粱》，就以浓烈的色彩、豪放的风格，颂扬中华民族激扬昂奋的民族精神，融叙事与抒情、写实与写意于一炉的艺术特色，以及电影语言的独特魅力，得到了电影界内外的众多好评。于是，人们再也无法忘记十八里坡那片繁茂幽深的高粱地,无法忘记黄土高坡上一段悠久遥远的华夏历史。

事实证明,张艺谋的转型成功了,由此也证实莫言的原著的确是一部力量强大的作品。而张艺谋对于当代文学资源的利用,同样具备了一个导演或制片人的准确判断力。此后,张艺谋以一年一部影片的速度,推出了《大红灯笼高高挂》、《活着》等反响巨大的影片。2002年,他以影片《英雄》转型为中国最成功的商业片导演;2008年,他担纲导演了北京奥运会开幕式,在国内外获得了极高的赞誉。

——这是演员巩俐出道后演出的第一部电影作品。这位原本默默无闻的中央戏剧学院二年级学生,第一次与张艺谋合作,就在《红高粱》中用自己的实力和精湛的演技,在一夜之间红遍了世界,巩俐的演艺之路也从此如日中天。③

《红高粱》女主角巩俐

在电影《红高粱》里,巩俐饰演的"我奶奶"九儿的野性狂放,为了自由敢爱敢恨、大爱大恨、齐生共死的个性,几乎成了当代人眼中新女性的代表。由于盲婚嫁到酒坊,却爱上由姜文饰演的轿夫"我爷爷",两人在高粱地里的一场大胆激情戏份,至今仍为不少影迷津津乐道。

对当初选择巩俐作女主角,张艺谋后来说过一句话:"我的电影里一定要有女人。我挑选演员时首先看重的是长相,尤其是女演员,第一是形象,第二才是能力。我比较欣赏中国式或古典式的形象,不是那种艳丽或俗称长得比较洋气的。像这种民族化的电影,当然不能选择那种长得洋气的。"

巩俐是幸运的,一出道就碰上了张艺谋,就得到了这样一个"点石成金"的机遇。巩俐也以自己出色的表演回报了张艺谋。在张艺谋眼里,巩俐扮演的"九儿"是那样的性感:"九儿的性感正如传说里的中国女儿红一样,神秘异常,醇香馥郁,一经开封,顷刻间弥漫了整个国际影坛。"

巩俐的出色表演,深深打动了张艺谋,使得第一次做导演的张艺谋,在执导《红高粱》的同时,也顺带着导演了自己的另一场爱情故事。

张艺谋与巩俐

演出《红高粱》获得成功之后,第二年巩俐又在张艺谋执导的影片《代号"美洲豹"》中饰演了护士,并获得第十二届电影百花奖最佳女配角奖。1992年,她在张艺谋执导的《秋菊打官司》中扮演秋菊,片中演员的演技和赋予角色的生活实感深深打动了观众,它不仅使巩俐荣膺"金鸡"、"百花"双料影后,而且使她在第49届威尼斯国际电影节上获得最佳女演员奖,这是大陆女演员首次荣获国际大奖。

后来,她还获得加拿大蒙特利尔世界电影节特别奖和法国骑士荣誉勋章,成为第51届戛纳电影节特邀嘉宾、第50届柏林国际电影节评委会主席、奥斯卡委员会会员,并被 *People* 收录为世界上最美丽的50个女人之一。

——这是小说家莫言改编为电影的第一部作品。尽管当年小说《红高粱》改编为电影剧本只有800元的改编费,而且是由三位编剧(莫言、陈剑雨、朱伟)共同分享,但毋庸置疑的是,这部电影给莫言带来了旷日长久的影响:他的作品被迅速译成多国文字,屡屡在国外获奖。直到2005年,莫言还靠这部成名作,从意大利领了个诺尼诺国际文学奖。

《纽约客》杂志称,很多西方人是通过张艺谋红极一时的《红高粱》结识莫言的。"《红高粱》的电影美学带动了人们对莫言作品的探知欲。"印度报纸《标准经济》也表达了同样的观点,认为莫言小说在电影改编领域的成绩,

左起：巩俐、莫言、姜文、张艺谋在《红高粱》拍摄期间合影

成为他拿下诺贝尔文学奖的基石。美国国家公共电台认为，极为细腻的电影化笔触让莫言的作品有更多的可能性为人所知晓。

可以说，乘着电影《红高粱》的东风，莫言获得了墙内墙外的双赢。"张艺谋和莫言，应该能称为中国两个'文化巨人'，张艺谋的电影走向世界，莫言的小说也走向世界。他们两位的联手是天作之合。"莫言的同窗黄献国如是说。

在影评家眼里，《红高粱》不啻是一段独属于这块土地的悲歌，同时又是一曲野性的赞歌：

高粱红了！十八里坡上，满是高粱，象征着勃勃生机，也象征着中华民族的威武不屈。在夕阳的斜照下，大战后的十八里坡伴着一抹血色残阳。正是这抹残阳预示着，生命的崛起、爆发的抗击仍将继续。

奶奶和爷爷是整部影片的灵魂人物，是与高粱一样充满生机、敢于反抗的代表。她是个不屈服的女人，在出嫁的轿子中，她偷偷藏了把剪刀，为的是不让麻风病人沾她的身子；在结婚的第一天晚上，她就拿起剪刀向病怏怏的丈夫丢去。她也是个希望追求属于自己幸福的女人，在轿子里她偷偷地看轿夫，爷爷威武的身躯吸引了她的目光。这其实是一种性的暗示，它符合大自然最原始的优胜劣汰法则，也为高粱地里的野合提供了铺垫。但最重要的，是奶奶的深明大义。当看到罗汉大哥的凄惨情形后,她带着孩子与伙计们祭拜他,激励爷爷与伙计们为他报仇。这不仅仅是个人恩怨,更是对日本侵略的一种反抗。她的大义凛然给人留下深刻的印象。

爷爷是个充满责任感的人,劫匪强劫奶奶时,他是第一个冲过去解救她的,是作为轿夫保护新娘应尽的责任。从那时起,奶奶不仅被他的身躯、外表吸引,也深深地被他的内心所打动。他是一个勇猛的人,知道心爱的女人被土匪抢走,他勇闯虎穴,巧妙地接近土匪头子,再突然给他个措手不及。为了他的女人,他似乎可以把性命置之度外而不顾及后果,最终连土匪头子也被他的汉子性格所震撼。真正让奶奶深陷情网、敢于冲破封建礼教的,是爷爷独有的野性。从土匪那里回来后,他大闹酿酒厂,先是撒尿,再是将蒸炉里的高粱用力地全挑出来,这都展现了他男性的阳刚及繁衍所必备的健壮。最终,奶奶被他征服,当他再去抱她时,她没有反抗,也不顾伙计的看法,一心随了他。这一次,是超越欲望的灵魂上的结合。当大战日本人后,看到奶奶的离世,爷爷一动不动,他映照在红色的夕阳下,从他的眼中,能读出悲凉与仇恨,但更多的是对奶奶深沉的爱。

影片中令人印象最深刻的戏,确实是那场爷爷奶奶在高粱地里第一次野合的戏。奶奶看清蒙面人是爷爷,就不动了,她似乎从爷爷镇定的眼神中看到了什么,或者说她在此时就已经屈服了。她在那时,就已经鼓足勇气将年轻的身体给予爷爷,无论有没有结果,她都希望将自己奉献给喜爱的男人,即使这种野合为世俗所不容。爷爷焦急地把高粱扯去,铺在地上。这象征着最原始的繁殖即将开始。接着奶奶痴迷地后倾倒地,同时还流下了多种感情交织而成的泪水。这已不是简单的交欢场面,而是导演通过委婉的衬托,将人性中至真至纯的一面,用华彩乐章达到神圣化的境地!它表达了作者对根植每个人心中的野性的呼唤。

陕北的民歌、歌谣,始终贯穿在影片中,成了不可缺少的情节推进器。当伙计们第一次在奶奶面前酿酒时,唱起了《酒神曲》,曲调高昂,充满激情,有一种张扬,显现了高粱酒的醇烈。而当第二次唱起这支曲时,是在祭奠罗汉大哥的时候,此时的歌曲就变得凄哀悲凉,又透出一种反抗、执着,表明男人们将要为他报仇而放手一搏。爷爷也有两次唱"妹妹你大胆地往前走……"第一次是在交合之后,还带有一丝男人征服女人后所含有的胜利的喜悦,以及一种肆无忌惮的表情。而第二次是在奶奶被打死后,爷爷面无表情的歌唱,仿佛是在送爱妻魂归西天,它是一种情到深处的肝肠寸断。

　　在血色残阳下,整片高粱地都成了血红色,那是日食所代表的悲哀,那是被鲜血映红的高粱,那是爷爷、爹痛失爱妻、母亲的伤痛,是作者对高粱地上人民最崇高的礼赞。高粱被践踏了,但还有许多高粱在疯长着,那是华夏民族旺盛的生命力,生生不息的文明,是爷爷身上带有的狂野。爷爷的狂野是原始的、野兽般的狂放,不仅是男人生命中最真最核心的特点,也是中华儿女能抵抗侵略、奋起反抗的基础。作者通过这部影片,呼唤人类天然的本性,刺激人们对勃勃生机的追求。

　　血红的高粱,血红的土壤,血红的酒,血红的人,血红的太阳。这是电影《红高粱》最后定格的一幕。④

　　电影《红高粱》拍摄十五年后,2002年2月10日,日本著名作家大江健三郎访问北京,他与莫言、张艺谋在一起饶有兴味地谈论起了《红高粱》。大江健三郎问张艺谋:"你是出于什么动机拍摄莫言的小说呢?"

左起:莫言、大江健三郎与张艺谋

　　张艺谋回答说:"当时我还是摄影师,我想改做导演,一直在找戏,一个偶然的机会朋友推荐我看了这本小说,看完之后我就被深深地吸引了。我印象最深的是小说里对画面、对色彩的描述。电影里面能体现的色彩小说里都写出来了,那是一种非常写意的感觉。同时因为我也是北方人,与莫言一样有着特别典型的北方人性格,所以喜欢写得很豪迈、很壮阔的故事。人和人之间的行为都非常有力量,故事也非常有力量,这特别吸引我。……到现在为止，很多的中国观众还认为《红高粱》是我最好的作品，这应该归于小说的水平高，虽然我们改了很多故事情节，但电影中的神韵以及生命力释放出来的感觉，完全是小说提供的。说起来也很奇怪，从拍完《红高粱》至今，我的电影再没有表现过那样张扬的生命力。我想要重复也重复不了。"

莫言也谈到了《红高粱》由小说改编为电影的情景。他肯定地说："一部长篇几十万字，改成电影或话剧，时间长度是有限的，不可能把所有的人物、情节全部利用起来，只能选取他认为最重要的部分把它发扬光大，进行特别的强调。《红高粱》电影应该说做到了这一点，把我小说中最有力量的部分提取了出来。仿佛从一大堆花瓣里提取了一瓶香水。"

实际上，在《红高粱》之后，莫言和张艺谋还有过一次鲜为人知的合作，但未能获得成功。莫言回忆说，"拍完《红高粱》后，张艺谋的文学顾问找到我，说张艺谋希望给他写一个农村题材作品，里面要有很多宏伟壮观的大场面。"莫言想起自己以前曾在棉花加工厂做过3年临时工，那时，棉花采收的场面就很壮观，一个县那么多棉花都集中到厂里，像一座座棉花山。在几个月的加工棉花过程中，发生了很多故事。莫言回忆说：

> 我跟张艺谋谈起这个构思，他说太好了，让我赶快写。因为先入为主，我一定要把巩俐变成第一女主角，所以小说里的人物都按照巩俐来写，包括体态、样貌，甚至连小虎牙都写进去了。写对话时，我想到了台词；写场景时，我想到了画面；塑造人物时，我想到了演员。所以在写这个小说的过程中，我脑海里不断闪现电影镜头。后来张艺谋说，你写得太差了，干吗老为我想？后来这部电影没拍成。这件事给了我很大的教训，写小说就是写小说，不要把电影装进脑袋里，不要讨好导演，不要一味迎合影视剧。而是让编导从小说的字里行间吸收一些有用的东西。

一部《红高粱》，张扬了狂放的生命意志和自由的人生精神，也红了四位国际巨星——张艺谋、姜文、巩俐和莫言。

在这片火红的高粱地里，姜文扮演的"我爷爷"和巩俐扮演的"我奶奶"活得热火朝天；张艺谋导演的"颠轿"、"野合"、"醉婚"、"祭酒神"、"杀鬼子"等几个重场戏绘声绘色、淋漓尽致；莫言创作的传奇性的爱情故事折射出了深蕴于民族精神之中的骚动不宁、奋争不已的魂魄。

《红高粱》成为"文革"后第一部在美国院线上映的中国电影，被法国最权威的影评刊物《电影手册》评为年度世界十佳影片第一位,2005年更是被金像奖票选为华语电影百年百大华语片第一位,为中国电影赢得了有史以来最高的国际荣誉。

高粱红了,中国红了!

①张艺谋:《〈红高粱〉导演阐述》,转引自"现在读书网"《美文》十年作品精选。

②张艺谋:1951年11月14日出生于陕西西安,1968年下乡插队,后当过工人。1978年考入北京电影学院摄影系,1982年毕业。毕业后分配在广西电影制片厂工作,作为摄影师参加过《一个和八个》(1983)、《黄土地》(1984)和《大阅兵》(1986)的拍摄。在这几部被称为"中国第五代导演的开山之作"的影片里,张艺谋表现出构图造型方面的独创性和不同凡响的摄影才能。尤其是《黄土地》在国内外产生了重要的影响,1985年获第五届中国电影金鸡奖最佳摄影奖,法国第七届南特三大洲国际电影节最佳摄影奖。1988年,张艺谋因主演《老井》获第八届中国电影金鸡奖最佳男主角奖、第十一届电影百花奖最佳男演员奖。

③巩俐,祖籍山东济南,生于辽宁沈阳。1985年考入中央戏剧学院表演系,毕业后留校任话剧研究所演员。先后主演《红高粱》、《菊豆》、《大红灯笼高高挂》、《秋菊打官司》、《活着》、《摇啊摇,摇到外婆桥》以及《霸王别姬》、《画魂》和《风月》等。她创造了中国影人闯荡世界影坛的奇迹,被称为中国电影女明星的国际代言人。曾先后担任第九、第十届全国政协委员。

④《野性的赞歌》,转引自豆瓣网2010年11月27日电影评析。

第四章　故乡泥土的芬芳

在上世纪八九十年代的中国文坛中,莫言像一位辛勤的农夫,不知疲倦地写作,他耕耘过的田野,散发出泥土的芬芳和红萝卜、青草的香气。曾在故乡的田野上度过童年和青少年时代的莫言,在对儿时生活的回忆中写道:

我小时候在田野里放牛,骑在牛背上,一阵寂寞袭来,突然听到头顶上的鸟儿哨得很好听,哨得很凄凉。不由地抬头看天,天像海一样蓝,蓝得很悲惨。我那颗小孩子的心便变得很细腻、很委婉,有一点像针尖,还有一点像蚕丝。我感到一种说不清楚的情绪在心中涌动,时而如一群鱼摇摇摆摆地游过来了,时而又什么都没有,空空荡荡。所以好听的声音并不一定能给人带来欢乐。所以音乐实际上是要唤起人心中的情,柔情、痴情,或是激情,音乐就是能让人心之湖波澜荡漾的声音。除了鸟的叫声,还有黄牛的叫声,老牛哞哞唤小牛,小牛哞哞找老牛,牛叫声让我心中又宽又厚地发酸。还有风的声音,春雨的声音,三月蛙鸣夜半的声音,都如刀子刻木般留在我的记忆里。

1977年初,我在黄县当兵,跟着教导员骑车从团部回我们单位。时已黄昏,遍地都是残雪泥泞。无声无息,只有自行车轮胎碾轧积雪的声音。突然,团部的大喇叭里放起了《洪湖赤卫队》的著名唱段:洪湖水呀浪呀么浪打浪,洪湖岸边是呀么是家乡……我们停下了车子,侧耳倾听。

故乡丰腴的土地,故乡童年的生活,以及后来在军艺的学习,给了莫言丰富的文学素养。正是在这些文学素养的滋润下,他挥洒自如地发表了一篇篇文学佳作,取得了丰硕的创作成果。

一、一分耕耘一分收获

如果说1984—1986年在军艺读书的岁月是莫言的第一个创作高峰期,那么1986年从军艺毕业参加工作到1995年的十年间,莫言则迎来了自己创作的第二个高峰期。

莫言(中)与战友在延安采风

在军艺术读书期间,莫言开始系统地阅读外国文学,并深受加西亚·马尔克斯、威廉·福克纳以及阿斯塔菲耶夫和劳伦斯等西方文学理论家和小说家的影响,对自己写作方向的认识也逐渐深化。1984年初冬,他写出的中篇小说《透明的胡萝卜》在《中国作家》发表后受到了广泛的好评。此后,他又进一步创作了中篇小说《红高粱》及长篇小说《红高粱家族》,在文坛引起了震动。在此期间,他还先后发表了中篇小说《球状闪电》、《爆炸》、《金发婴儿》和短篇小说《白沟秋千架》、《枯河》、《老枪》等,使人目不暇接。当时有同学笑言:莫言写小说就像拉肚子一样容易。谁知道,这却是莫言没日没夜的苦读和熬夜写作的结果。

1986年从军艺毕业之后,莫言分配到总参政治部文化部工作,成了一位专业创作员,这为他迎来了创作的第二个高峰。于是,《天堂蒜薹之歌》、《十三步》、《酒国》、《食草家族》、《丰乳肥臀》等多部长篇小说和《欢乐》、《红蝗》等中篇小说,像汩汩的泉水一般从他的笔下流淌了出来。

　　当代文学是一直不断生长着的,时刻随着中国社会的变化而变化。在这十年中,不仅中国社会发生了巨大的变革,文学尤其是小说本身也发生了重大的变化。跟随时代发展的小说家们以高度浓缩的方式,将西方近百年的现代主义、后现代主义等各种文学思潮和流派,通过学习、模仿、借鉴的方式移植到中文的写作语境中,并激发出文学本身的创造性,形成了蔚为大观的文学爆破及文学复兴的局面。①

　　在谈到这一时期中国文学发生的变化时,莫言说:

　　　　从20世纪60年代到80年代,中国人没有读到西方同时代的小说,中国文学实际上只有革命现实主义这一种文学模式,它受阶级观点的影响太重,把敌人不当人来写、把自己当神来写。到20世纪80年代突然读到西方小说,真是大开眼界,意识到原来文学并不是我们所标榜的那样,于是产生了很大的动力。

　　　　所以,20世纪80年代的先锋文学、实验写作是在两个方面双向突破。一方面在内容上探险,突破各种各样的禁区,开始写爱情、写革命队伍内部的矛盾、写坏人的优点;另一方面在形式上探险,借鉴西方文学的写作形式,对中国传统的小说技巧进行革新。这些实验尽管有缺陷,但是非常必要,如果没有这一段对西方文学的模仿,就不会意识到要寻找自己文化的根,要创造自己文学的特色。

　　1986年后的短短三四年间,是莫言创作的一个"井喷期",他先后在国内有影响的《收获》、《人民文学》等杂志接连发表了《欢乐》、《筑路》、《红蝗》、《大风》、《白狗秋千架》等十多篇脍炙人口、想象力奇崛的中短篇小说;出版了《天堂蒜薹之歌》(作家出版社1988年4月版)和《十三步》(作家出版社1988年12月版)两部长篇小说。②

　　其中,中篇小说《欢乐》在《人民文学》1987年(1、2期合刊)发表后,引发了一场争议。小说描写的是生于高密县农村一个贫困家庭的青年——永乐,像千千万万个农村孩子一样,希望通过高考,跳出农门,摆脱贫穷与落

后。可5次高考,5次败北。希望化为泡影,努力成为乌有。他烦闷、压抑、痛苦、无助……老母的拳拳之心,生活重压下哥哥的无奈、嫂子及众人的蔑视,未来的无望……一切一切压迫着他,万般无奈,他只好逃出家门,踏上"欢乐"的不归之路。小说反映了一个二十出头、在贫困家庭的咒骂声中成长、失去自尊的高考落第生的悲凉与无助。在作品中,田野不再成为诗意的歌颂,泥鳅、青蛙、蛤蟆、苍蝇、辣椒化成了凝固的血泪,母亲的身体成了跳蚤藏身和肆虐的地方——它完全颠覆了传统的美学原则,引发了一片"抗议"之声。

由于作品刊登在《人民文学》小说栏目的头条,主编刘心武又在本期刊物上撰写了"刊首语"——"更自由地煽动文学的翅膀",不久随着政治气候的变化,小说便被作为"资产阶级自由化"的代表作受到批判,刊物也被迫收回销毁,主编刘心武被停职检查。

后来,余华写了《谁是我们共同的母亲》一文,为莫言辩白。他说,莫言的描写虽然激怒了那些批判者,但自己却因为小说中母亲的形象留下了眼泪。他说"我感到自己听到了莫言的歌唱,我听到的是苦难沉重的声音在歌唱苦难沉重的母亲"。

他认为,"莫言在《欢乐》里歌唱母亲全部的衰落时,他其实是在歌唱母亲的全部荣耀;他没有直接去歌唱母亲昔日的荣耀,是因为他不愿意在自己的歌唱里出现对母亲的炫耀;他歌唱的母亲是一个真实的母亲,一个时间和磨难已经驯服不了的母亲,一个已经山河破碎了的母亲。正是这样的母亲,才使我们百感交集,才使我们有了同情和怜悯之心,才使我们可以无穷无尽地去付出自己的爱。"

长篇小说《天堂蒜薹之歌》的写作,对莫言来说也许有些突如其来。小说取材于山东苍山县发生的一个真实的"农民抗暴"事件:县政府因为号召农民大种蒜薹,结果却出现蒜薹丰收而无法被收购的局面,愤怒的农民群起抗议,并冲击了县政府。出身农民家庭的莫言得知消息后,自然是义愤难平,他在很短时间里就以这个事件为原型,写出了这部小说。在小说初版题记中,他引用了斯大林的一句话:"小说家总是想远离政治,小说却自己逼近了政治。小说家总是关心'人的命运',却忘了关心自己的命运。这就是他们的悲剧所在。"莫言后来承认这句话是他杜撰的,他认为斯大林虽然没有确切说过类似的话,但内心里肯定是这么认为的。莫言以关心当下现实的无畏和激愤,写出了这部带有明显批判现实色彩的小说。在小说的结构上,他使用了类似结构现实主义的手法,通过民间艺人瞎子张扣的演唱词来"串场",将自己虚构的蒜薹事件的参与者高羊和高马兄弟的故事,穿插在其中,演绎了一出当代农村的生活悲剧。小说的叙述语调有一种明快、迅疾的节奏,结尾则将媒体关于这起事件的新闻报道作为对小说人物命运的呼应,体现了莫言作为一个当代作家对社会应持的正义、良知和责任感。

长篇小说《十三步》是一部带有实验性的小说。它通过中学物理教师方富贵在讲课时的突然猝死及在社会上引发的各种反应,将1980年代后期的中国社会和普通人的基本生活面貌呈现了出来。小说描写方富贵累死后,由于得给王副市长让路整容,被塞进冰柜,居然又荒诞离奇地复活了,而以为他已死的妻子屠小英却拒绝他再进家门。殡仪馆特级美容师李玉蝉把死而复活的方富贵改容成自己的丈夫张赤球,让他代替自己的合法丈夫登讲台给学生上课,而让真正的张赤球去做生意赚钱。真正的张赤球则像一个孤魂野鬼,变得无家可归,现实

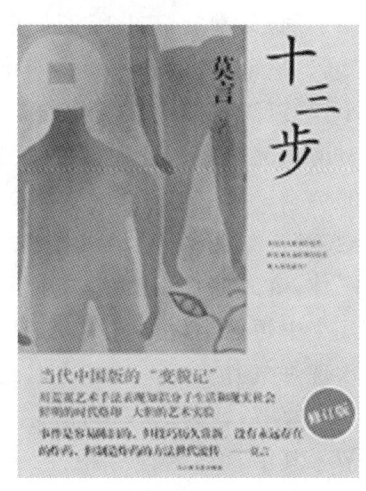

《十三步》

生活中原有的秩序已不复存在。莫言在创作中进入了一种忘我的境地,他自由地使用人称和场景的转换,使人物内心的独白和社会群体的喧哗相呼应。小说将活人的世界和死人的感受汇合在一起,使人们对知识分子的悲剧性有了更深刻的思考。

上世纪90年代初、中期,莫言又先后创作出版了三部长篇小说——《酒国》、《食草家族》、《丰乳肥臀》和十多个中短篇小说,在文坛上掀起了一股"莫旋风"。这上百万字的作品,渗透着莫言辛勤的汗水和心血,是他奉献给这个转折时代的"赤子之言"。

1993年,莫言出版了长篇小说《酒国》。小说借用侦探小说的外壳,描

述检察院侦察员丁钩儿前往一家煤矿调查"吃婴"案件,在权力、美酒和女人之间周旋的故事。小说的文体庞杂,是一部结合了批判现实主义、结构现实主义和魔幻现实主义风格的作品,还带有侦探小说、后现代小说和元小说的艺术特点。可以说,它既是一部小说,又是一部关于小说的小说——在小说中间夹杂了大量作者和文学青年李一斗关于文学创作的通信及李一斗的文章。它将莫言那奇崛的想象和对中国社会现实的关注、对国民性的批判注入其中,丰富了作品的内涵。在结构上,莫言尝试多条线索共同推进,构成互文性,既虚构了一部小说,又以探讨小说写作方法的方式解构了小说,从而使这部小说具有多重的结构、主题和意义。这部小说刚出版时并未引起文学界的注意,后来却日益显示出它的重要性。

同年,莫言还出版了长篇小说《食草家族》。这部在 1987—1989 年间陆续写完的小说,以高密东北乡为背景,描写了生活在贫瘠而又富饶的土地上的祖先们与大自然的关系。历史与现实、人为和自然、视觉、味觉、触觉与魔幻、荒诞的想象在作品中浑然一体,令人惊叹。《食草家族》在结构上是由几个中短篇小说构成的,包括《红蝗》、《玫瑰玫瑰香气扑鼻》、《生蹼的祖先》、《复仇记》、《二姑随后就到》、《马驹横穿沼泽》等六个章节。其中,《马驹横穿沼泽》是短篇,其他五个是中篇。但它们都有着同一的语调、主题和语感。这部小说和神话、梦境无疑有着直接的关系,它远离了历史和现实的层面,进入到一个地域、一个种群生活的神话原型和传说里。那是一个原始的、地域文化的、神话和民俗的、巫术横行的世界,人性的、历史的、梦境的、现实的、神话的、民俗的、爱情的、暴力的、权力的和慈爱的东西,都在一个平面上从不同的侧面展开。

《食草家族》

《食草家族》表达了人们渴望通过吃草净化灵魂的强烈愿望,表达了对大自然的敬畏与膜拜,表达了人们对蹼膜的恐惧和对性爱与暴力的看法,表达了对传说和神话的理解,表达了作者的爱与恨,当然也袒露了人的灵魂,丑的和美的,光明的和阴晦的,浮在水面的冰和潜在水下的冰,梦境与现实。

1994 年,莫言 72 岁的老母亲去世。在母亲去世一年后,莫言开始写作自己最具雄心的长篇小说《丰乳肥臀》。这部50万字的巨著先是在《大家》杂志上连载，后来由作家出版社于同年12月出版了单行本。这是一部饱含历史伤痛的小说，也是一曲献给母亲的颂歌，作者希望借助这部篇幅巨大、主题宏阔、结构完整的小说表达他对母亲和大地、对饱经沧桑、饱受践踏的祖国和人民的热爱。

小说塑造了母亲上官鲁氏这一形象，并通过母亲艰难养育8个女儿和1个儿子的生命历程，深刻反映了20世纪中国大地上的风云变幻。其时，在中国大地上较量和驰骋的各种力量，包括共产党、国民党、游击队、土匪、小日本、地主、传教士等纷纷登场，以各种不同的方式纠缠和格斗着，它在个体生命的身上打下了深刻的烙印。在小说中，男人如同落叶一样在历史中飘零，而母亲则如大树一样顽强生活，并且不断地生儿育女，演绎着生命的激情与荒谬。莫言说："《丰乳肥臀》集中地表达了我对历史、乡土、生命等古老问题的看法，毫无疑问，《丰乳肥臀》是我文学殿堂里一块最重的基石，一旦抽掉这块基石，整座殿堂就会倒塌。"2002年，《丰乳肥臀》获得了奖金总额达10万元的"大家文学奖"。

《丰乳肥臀》出版不久，就遭到了文化保守势力的攻击和批判。尤其是小说的书名使得那些卫道士们十分刺眼，甚至恼怒。尽管该书名只是"母亲大地"的另一种表达，但来自社会上的种种不理解，仍然使莫言在写作上受到了一定影响。他在相当长一段时间里心绪不佳，从1995年至1997年，整整三年只写了一部话剧《霸王别姬》。

直到1997年底莫言由部队转业到《检察日报》社工作，他在文坛上才又重新活跃起来。从1998年开始，他接连在《收获》、《钟山》、《北京文学》等杂志上发表了《三十年前的一场长跑比赛》、《野骡子》、《司令的女人》、《师傅越来越幽默》以及《牛》、《拇指铐》、《蝗虫奇谈》等10多篇中短篇小说，并出版了散文集《会唱歌的墙》，宣告了自己对文坛的回归。

从1986年到1995年的十年中，莫言共发表了五部长篇小说，其中《天堂蒜薹之歌》、《酒国》在写作主题上对当代中国社会注入了强烈关切，在创作手法上将结构主义、批判现实主义和荒诞小说的特点结合起来，受到了普遍关注。《十三步》、《食草家族》分别从叙述人称、神话原型等方面，对地域文化和神话、知识分子的精神困境等进行了探讨，属于文学实验之作。而《丰乳肥臀》描写了中国历史的百年变化，构成了一幅人物众多、命运跌宕、波澜壮阔的历史画卷。

短篇小说集《白狗秋千架》则集结了莫言自 1981 年至 1989 年创作发表的三十篇作品，其中《春夜雨霏霏》、《丑兵》、《黑沙滩》等七篇作品是首次结集出版，弥足珍贵。莫言的短篇小说故事饱满，风格多样，既有对乡村残酷现实的犀利揭露，也有对乡村纯朴爱情的感人描写，还有种种荒诞离奇却又逼真入神的传奇述说……这些作品的结集，使读者能够充分欣赏莫言作品的艺术魅力，同时也可以看到他从事小说创作的发展轨迹。

文集以《白狗秋千架》命名，表明了短篇小说《白狗秋千架》在这部文集中的地位以及在莫言文学创作中的意义。无疑，这部作品是该文集的点睛之作，也是莫言十分喜爱的作品。

十年耕耘，春种秋收。莫言在自己的文学园地里，收获了累累硕果。

注

① 参阅邱华栋：《来自故乡、世界与大地的说书人——莫言论》，《文艺争鸣》2011 年第 3 期，本节部分素材来自该文；同时参阅叶开：《沸腾的乡土：莫言和他的作品》，凤凰网 2012 年 10 月 10 日。

② 后来由上海文艺出版社出版的中篇小说集《欢乐》（三册）共收入了作者迄今为止的全部中篇小说二十五部。相比于作者的《丰乳肥臀》等长篇巨制，这二十多篇小说不仅艺术风格鲜明，而且各具特色，其中有许多部，无论内容或篇幅都堪称是十分精彩的"小长篇"。

二、1985年:《白狗秋千架》

《白狗秋千架》是莫言于1985年4月创作的一篇短篇小说。这篇小说写得非常精彩,在发表后受到了一致的好评,并于1988年获得台湾联合报小说奖。2003年,《白狗秋千架》被改编为电影《暖》,由霍建起执导,郭晓冬、李佳主演。影片先后荣获第16届东京国际电影节金麒麟大奖、最佳男演员奖和第23届中国电影金鸡奖最佳故事片奖、最佳编剧奖。

小说是以第一人称"我"的角度来写的。故事描写了"我"在阔别高密东北乡十年后回到故乡,在老家的桥头碰到一条白狗,以及从路边高粱地里艰难地走出来的、身背着大捆高粱叶子的白狗的主人。我认出了她——十几年前的故人"暖",也认出了白狗——十几年前和"我们"一块长大的小伙伴。回想年轻的时候,我和暖两个人"青梅竹马",都喜欢音乐,也都想参军。没想到在一次荡秋千时,"暖"和白狗一起摔下了秋千架,导致"暖"左眼失明。我离开村庄后,暖嫁给了邻近村庄王家丘子的一个哑巴,两个残疾人组建了一个新的家庭。不幸的是,"暖"在分娩时,一胎却生了三个哑巴儿子,使得一家的生活十分艰难。回乡后感念旧情的我,特地到王家丘子去看望了他们一家人,心情异常复杂。在回家的路上,白狗把我引领到高粱地,提前离开家、在高粱地里等着我的暖,却提出了一个让我难以拒绝的要求,她说自己想要一个会说话的孩子……

小说触动了人们心灵深处的那根神经,给人留下了"命运弄人"的无尽感慨。人们读完小说,不禁都为"人的一生真的无法预料"而感叹,同时也感到"每个人心里都有最柔软的部分期待着被触摸"。

在这部小说中,莫言第一次提出了"高密东北乡"这个文学地理概念。小说塑造了一方心灵的净土,在那里流淌着人世间的温情,尤其是故事中女主人公的冷暖人生,更是让人"唏嘘不已"。女主人公的名字叫"暖",那是多好的一个名字!有太阳照着的地方就会暖,心里有爱就会暖。可是人生却又有太多的无奈、太多的冷意、太多的偶然……

小说从一条白狗开始了动人的叙述:

> 高密东北乡原产白色温驯的大狗,绵延数代之后,很难再见一匹纯种。现在,那儿家家养的多是一些杂狗,偶有一只白色的,也总是在身体的某一部位生出杂毛,显出混血的痕迹来。当一匹全身皆白、只黑了两只前爪的白狗,垂头丧气地从故乡小河上那座颓败的石桥上走过来时,我正在桥头下的石阶上捧着清清的河水洗脸。
>
> 农历七月末,低洼的高密东北乡燠热难挨,我从县城通往乡镇的公共汽车里钻出来,汗水已浸透衣服,脖子和脸上落满了黄黄的尘土。洗完脖子和脸,又很想脱得一丝不挂跳进河里去,但看到与石桥连接的褐色田间路上,远远地有人在走动,也就罢了这念头,站起来,用未婚妻赠送的系列手绢中的一条揩着脸和颈。时间已过午,太阳略偏西,一阵阵东南风吹过来。冰爽温和的东南风让人极舒服,让高粱梢头轻轻摇摆,飒飒作响,让一条越走越大的白狗毛儿耸起,尾巴轻摇。它近了,我看到了它的两个黑爪子。
>
> 那条黑爪子白狗走到桥头,停住脚,回头望望土路,又抬起下巴望望我,用那两只浑浊的狗眼。狗眼里的神色遥远荒凉,含有一种模糊的暗示,这遥远荒凉的暗示唤起内心深处一种迷蒙的感受。
>
> 求学离开家乡后,父母亲也搬迁到外省我哥哥处居住,故乡无亲人,我也就不再回来,一晃就是十年,距离不短也不长。暑假前,父亲到我任教的学院来看我,说起故乡事,不由感慨系之。他希望我能回去看看,我说工作忙,脱不开身,父亲不以为然地摇摇头。父亲走了,我心里总觉不安。终于下了决心,割断丝丝缕缕,回来了。

在这条白狗的带领下,女主人公出现了:

土路两边是大片的穗子灰绿的高粱。飘着纯白云朵的小小蓝天,罩着板块相连的原野。我走上桥头,拎起旅行袋,想急急过桥去,这儿离我的村庄还有12里路吧,来前没给村里的人们打招呼,早早赶进去,也好让人家方便食宿。正想着,就看到白狗小跑步开路,从路边的高粱地里,领出一个背着大捆高粱叶子的人来。

我渐渐地看清了驮着高粱叶子弯曲着走过来的人。蓝褂子,黑裤子,乌脚杆子黄胶鞋,要不是垂着的发,我是不大可能看出她是个女人的,尽管她一出现就离我很近。她的头与地面平行着,脖子探出很长。是为了减轻肩头的痛苦吧?她用一只手按着搭在肩头的背棍的下头,另一只手从颈后绕过去,把着背棍的上头。阳光照着她的颈子上和头皮上亮晶晶的汗水。高粱叶子葱绿、新鲜。她一步步挪着,终于上了桥。

我恍然觉得白狗和她之间有一条看不见的线,白狗紧一步慢一步地颠着,这条线也松松紧紧地牵着。走到我面前时,它又瞥着我,用那双遥远的狗眼,狗眼里那种模糊的暗示在一瞬间变得异常清晰,它那两只黑爪子一下子撕破了我心头的迷雾,让我马上想到她,她的低垂的头从我身边滑过去,短促的喘息声和扑鼻的汗酸永留在我的感觉里。猛地把背上沉重的高粱叶子摔掉,她把身体缓缓舒展开。那一大捆叶子在她身后,差不多齐着她的胸乳。我看到叶子捆与她身体接触的地方,明显地凹进去,特别着力的部位,是湿漉漉揉烂了的叶子。我知道,她身体上揉烂了高粱叶子的那些部位,现在一定非常舒服;站在漾着清凉水气的桥头上,让田野里的风吹拂着,她一定体会到了轻松和满足。轻松、满足,是构成幸福的要素,对此,在逝去的岁月里,我是有体会的。

她挺直腰板后,暂时地像失去了知觉。脸上的灰垢显出了汗水的道道。生动的嘴巴张着,吐出一口口长长的气。鼻梁挺秀如一管葱。脸色黝黑。牙齿洁白。

故乡出漂亮女人,历代都有选进宫廷的。现在也有几个在京城里演电影的,这几个人我见过,也就是那么个样,比她强不了许多。如果她不是破了相,没准儿早成了大演员。十几年前,她婷婷如一枝花,双目皎皎如星。

男主人公一边喊着她,一边回忆起当年与她在一起时的往事:

"暖。"我喊了一声。她用左眼盯着我看,眼白上布满血丝,看起来很恶。

"暖,小姑。"我注解性地又喊了一声。

我今年29,她小我两岁,分别十年,变化很大,要不是秋千架上的失误给她留下的残疾,我不会敢认她。白狗也专注地打量着我,算一算,它竟有12岁,应该是匹老狗了。我没想到它居然还活着,看起来还蛮健康。

我19岁、暖17岁那一年,白狗四个月的时候,一队队解放军,一辆辆军车,从北边过来,络绎不绝过石桥。我们中学在桥头旁边扎起席棚给解放军烧茶水,学生宣传队在席棚边上敲锣打鼓,唱歌跳舞。我和暖是宣传队的骨干,忘了歌唱鼓噪,直着眼看热闹。郭麻子大爷让我吹笛,刘主任让暖唱歌。暖问:"唱什么?"刘主任说:"唱《看到你们格外亲》。"于是,就吹就唱。战士们一行行踏着桥过河,汽车一辆辆涉水过河。(小河里的水呀清悠悠,庄稼盖满了沟)车头激起雪白的浪花,车后留下黄色的浊流。(解放军进山来,帮助咱们闹秋收)大卡车过完后,两辆小吉普车也呆头呆脑下了河。一辆飞速过河,溅起五六米高的雪浪花;一辆一头钻进水里,嗡嗡怪叫着被淹死了,从河水中冒出一股青烟。(拉起了家常话,多少往事涌上心头)首长们转过身来,看样子准备过桥去,我提着笛子,暖张着口,怔怔地看着首长。一个戴着黑边眼镜的首长对着我们点点头,说:"唱得不错,吹得也不错。"郭麻子大爷说:"首长们辛苦了。孩子们胡吹瞎咧咧,别见笑。"戴黑边眼镜的首长对身边一个年轻英俊的军官说:"蔡队长,你们宣传队送一些乐器呀之类的给他们。"

队伍过了河,分散到各村去。师部住在我们村。那些日子就像过年一样,全村人都激动。从我家厢房里扯出了几十根电话线,伸展到四面八方去。英俊的蔡队长带着一群吹拉弹唱的文艺兵住在暖家。我天天去玩,和蔡队长混得很熟。蔡队长让暖唱歌给他听。他是个高大的青年,头发蓬松着,眉毛高挑着。暖唱歌时,他低着头拼命抽烟,我看到他的耳朵轻轻地抖动着。他说暖条件不错,很不错,可惜缺乏名师指导。他说我也很有发展前途。他很喜欢我家那只黑爪子小白狗,父亲知道后,马上要送给他,他没要。队伍要开拔那天,我爹和暖的爹一块来了,央求蔡队长把我和暖带走。蔡队长说,回去跟首长汇报一下,年底征兵时就把我们征去。临别时,蔡队长送我一本《笛子演奏法》,送暖一本《怎样演唱革命歌曲》。

"小姑,"我发窘地说,"你不认识我了吗?"

我们村是杂姓庄子,张王李杜,四面八方凑起来的,各种辈分的排列,有点乱七八糟。姑姑嫁给侄子,侄子拐跑婶婶的事时有发生,只要年龄相仿,也就没人嗤笑。我称暖为小姑是从小惯成的叫法,并无一点血缘骨肉的情分在内。十几年前,当把"暖"与"小姑"含混着乱叫一通时,是别有一番滋味在心头的。这一别十年,都老大不小,虽还是那样叫着,但已经无滋味了。

"小姑,难道你真的不认识我了吗?"说完这句话,我马上谴责了自己的迟钝。她的脸上,早已是凄凉的景色了。

十几年前的那个晚上,我跑到你家对你说:"小姑,打秋千的人都散了,走,我们去打个痛快。"你说:"我打盹呢。"我说:"别拿一把啦!寒食节过了八天啦,队里明天就要拆秋千架用木头。今早晨把势对队长嘟哝,嫌把大车绳当秋千绳用,都快磨断了。"你打了一个呵欠,说:"那就去吧。"白狗长成一个半大狗了,细筋细骨,比小时候难看。它跟在我们身后,月亮照着它的毛,它的毛闪烁银光,秋千架竖在场院边上,两根立木,一根横木,两个铁吊环,两根粗绳,一个木踏板。秋千架,默立在月光下,阴森森,像个鬼门关。架后不远是场院沟,沟里生着绵亘不断的刺槐树丛,尖尖又坚硬的刺针上,挑着青灰色的月亮。

"我坐着,你荡我。"你说。

"我把你荡到天上去。"

"带上白狗。"

"你别想花花点子了。"

你把白狗叫过来,你说:"白狗,让你也悠悠悠悠。"

你一只手扶住绳子,一只手揽住白狗,它委屈地嘤嘤着。我站在踏板上,用双腿夹住你和狗,一下一下用力,秋千渐渐有了惯性。我们渐渐升高,月光动荡如水,耳边习习生风,我有点儿头晕。你格格地笑着,白狗呜呜地叫着,终于悠平了横梁。我眼前交替出现田野和河流,房屋和坟丘,凉风拂面来,凉风拂面去。我低头看着你的眼睛,问:"小姑,好不好?"

你说:"好,上了天啦。"

绳子断了。我落在秋千架下,你和白狗飞到刺槐丛中去,一根槐针扎进了你的右眼。白狗从树丛中钻出来,在秋千架下醉酒般地转着圈,秋千把它晃晕了……

"这些年……过得还不错吧?"我嗫嚅着。

我看到她耸起的双肩塌了下来,脸上紧张的肌肉也一下子松弛了。也许是因为生理补偿或是因为努力劳作而变得极大的左眼里,突然射出了冷冰冰的光线,刺得我浑身不自在。

"怎么会错呢?有饭吃,有衣穿,有男人,有孩子,除了缺一只眼,什么都不缺,这就是'不错'吗?"她很泼地说着。

我一时语塞了,想了半天,竟说:"我留在母校任教了,据说,就要提我为讲师了……我很想家,不但想家乡的人,还想家乡的小河、石桥、田野、田野里的红高粱、清闲的空气、婉转的鸟啼……趁着放暑假,我就回来啦。"

"这就是命,人的命,天管定,胡思乱想不中用。"她款款地从桥下上来,站在草捆前说,"行行好吧,帮我把草掀到肩上。"

白狗对我吠叫几声,跑到前边去了。我久久地立在桥头上,看着这一大捆高粱叶子在缓慢地往北移动,一直到白狗变成了白点儿,人和草捆变成了比白点儿大的黑点儿,我才转身往南走。

怀念旧情的男主人公到暖的村庄去看望她,一边回忆着两人甜蜜的往事和遭遇的突发性事件:

从桥头到王家丘子7里路。从桥头到我们村12里路。独眼嫁哑巴,弯刀对着瓢切菜,按说也并不委屈着哪一个,可我心是仍然立刻就沉甸甸的。

暖姑,那时我们想得美。蔡队长走了,把很大的希望留给我们。他走那天,你直视着他,流出的泪水都是给他的。蔡队长脸色灰白,从衣袋里摸出一把牛角小梳子递给你。我也哭了,我说:"蔡队长,我们等你来招我们。"蔡队长说:"等着吧。"等到高粱通红了的深秋,听说县城里有招兵的解放军,咱俩兴奋得觉都睡不稳了。学校里有老师进县城办事,我们托他去人武部打听一下,看看蔡队长来没来。老师去了。老师回来了。老师对我们说:今年来招兵的解放军一律黄褂蓝裤,空军地勤兵,不是蔡队长那部分。我失望了,你充满信心地对我说:"蔡队长不会骗我们!"我说:"人家早就把这码事忘了。"你爹也说:"给你们个棒槌,你们就当了针。他是拿你们当小孩哄恣着玩哩,好男不当兵,好铁不打钉,混混毕了业,回家来拉弯弯铁,别净想俏事儿。"你说:"他可没把我当小孩子。他决不能把我当小孩子。"说着,你的脸上浮起浓艳的红色。你爹说:"能得你。"我惊诧地看着你变色的脸,看着你脸上那种隐隐约约的特异表情,语无伦次地说:"也许,他今年不来后年来,后年不来大后年来。"蔡队长可真是个仪表堂堂的美男子啊!他四肢修长,面部线条冷峭,胡楂子总刮得青白。后来,你坦率地对我说,他在临走前一个晚上,抱着你的头,轻轻地亲了一下。你说他亲完后呻吟着说:"小妹妹,你真纯洁……"为此我心中有过无名的恼怒。你说:"当了兵,我就嫁给他。"我说:"别做美梦了!倒贴上200斤猪肉,蔡队长也不会要你。""他不要我,我再嫁给你。""我不要!"我大声叫着。你白我一眼,说:"烧得你不轻!"现在回想起来,你那时就很有点儿样子了。你那花蕾般的胸脯,经常让我心跳。

  暖把双手交叠在腹部,步履略有些踉跄地走出屋来。我很快明白了她迟迟不出屋的原因,干净的阴丹士林蓝布褂子,褶儿很挺的灰的确良裤子,显然都是刚换的。士林蓝布和用士林蓝布缝成的李铁梅式褂子久不见了,乍一见心中便有一种怀旧的情绪怏怏而生。穿这种褂子的胸部丰硕的少妇别有风韵。暖是脖子挺拔的女人,脸型也很清雅。她右眼眶里装进了假眼,面部恢复了平衡。我的心为她良苦的心感到忧伤,我用低调观察着人生,心弦纤细如丝,明察秋毫,并自然地颤栗。不能细看那眼睛,它没有生命,它浑浊地闪着磁光。她发现了我在注视她,便低了头,绕过哑巴走到我面前,摘下我肩上的挎包,说:"进屋去吧。"

  饭后,风停云散,狠毒的日头灼灼地在正南挂着。暖从柜子里拿出一块黄布,指指三个孩子,对哑巴比划着东北方向。哑巴点点头。暖对我说:"你歇一会儿吧,我到乡镇去给孩子们裁几件衣服。不要等我,过了晌你就走。"她狠狠地看我一眼,夹起包袱,一溜风走出院子,白狗伸着舌头跟在她身后。

  男主人公告别了暖的哑巴丈夫,却在回家的路上遇到了热切等待着他的暖：

走到桥头间，已不去想她那儿的事，只想跳进河里洗个澡。路上清静无人。上午下那点儿雨，早就蒸发掉了，地上是一层灰黄的尘土。路两边窸窣着油亮的高粱叶子，蝗虫在蓬草间飞动，闪烁着粉红的内翅，翅膀剪动空气，发出"喀达喀达"的响声。桥下水声泼剌，白狗蹲在桥头。

白狗见到我便鸣叫起来，龇着一嘴雪白的狗牙。我预感到事情的微妙。白狗站起来，向高粱地里走，一边走，一边频频回头鸣叫，好像是召唤着我。脑子里浮现出侦探小说里的一些情节，横着心跟狗走，并把手伸进挎包里，紧紧地握着哑巴送我的利刃。分开茂密的高粱钻进去，看到她坐在那儿，小包袱放在身边。她压倒了一边高粱，辟出了一块高间，四周的高粱壁立着，如同屏风。看我进来，她从包袱里抽出黄布，展开在压倒的高粱上。一大片斑驳的暗影在她脸上晃动着。白狗趴到一边去，把头伏在平伸的前爪上，"哈达哈达"地喘气。

我浑身发紧发冷，牙齿打战，下腭僵硬，嘴巴笨拙："你……不是去乡镇了吗？怎么跑到这里来……"

"我信了命。"一道明亮的眼泪在她的腮上汩汩地流着，她说，"我对白狗说，'狗呀，狗，你要是懂我的心，就去桥头上给我领来他，他要是能来就是我们的缘分未断'，它把你给我领来啦。"

"你快回家去吧。"我从挎包里摸出刀，说，"他把刀都给了我。"

"你一走就是十年，寻思着这辈子见不着你了。你还没结婚？还没结婚……你也看到他啦，就那样，要亲能把你亲死，要揍能把你揍死……我随便和哪个男人说句话，就招他怀疑，也恨不得用绳拴起我来。闷得我整天和白狗说话，狗呀，自从我瞎了眼，你就跟着我，你比我老得快。嫁给他第二年，怀了孕，肚子像吹气球一样胀起来，临分娩时，路都走不动了，站着望不到自己的脚尖。一胎生了三个儿子，四斤多重一个，瘦得像一堆猫。要哭一齐哭，要吃一齐吃，只有两个奶子，轮着班吃，吃不到就哭。那二年，我差点瘫了。孩子落了草，就一直悬着心，老天，别让他们像他爹，让他们一个个开口说话……他们七八个月时，我心就凉了。那情景不对呀，一个个又呆又聋，哭起来像擀饼柱子不会拐弯。我祷告着，天啊，天！别让俺一窝都哑了呀，哪怕有一个响巴，和我作伴说话……到底还是全哑巴了……"

我深深地垂下头,嗫嚅着:"姑……小姑……都怨我,那年,要不是我拉你去打秋千……"

"没有你的事,想来想去还是怨自己。那年,我对你说,蔡队长亲过我的头……要是我胆儿大,硬去队伍上找他,他就会收留我,他是真心实意地喜欢我。后来就在秋千架上出了事。你上学后给我写信,我故意不回信。我想,我已经破了相,配不上你了,只叫一人寒,不叫二人单,想想我真傻。你说实话,要是我当时提出要嫁给你,你会要我吗?"

我看着她狂放的脸,感动地说:"一定会要的,一定会。"

"好你……你也该明白……怕你厌恶,我装上了假眼。我正在期上……我要个会说话的孩子……你答应了就是救了我了,你不答应就是害死我了。有一千条理由,有一万个借口,你都不要对我说。"

故事讲述的是两个男女青年间的感情纠葛。故事本身并不十分特别,但它却保留了同代人已少有的天真与单纯,打动了每一颗善良的心。生活是无奈的,但真诚十分重要。每个人在生命旅途中,都可能会遭遇种种挫折或不幸,因此更需要彼此的理解与关怀。只有常怀忏悔之心或心存感激之情,每个人才能生活得心安理得。

故事的背景是中国的乡村。男主人公虽然离开了农村,但他并没有忘记农村,没有忘记农村的一草一木和童年的伙伴。这对于那些今天依然生活在农村的人们来说,应该也是一种精神的抚慰。

莫言在谈及自己创作这部小说的体会时说,他是从川端康成的《雪国》中"一只黑色壮硕的秋田狗蹲在那里的一块踏石上,久久地舔着热水"这句话里,唤起一种遥远苍凉的情绪记忆,从而捕捉到一种创作的灵感和叙述的"调子",而写出了《白狗秋千架》。

2003年,莫言的短篇小说《白狗秋千架》被改编为电影《暖》。影片讲述了女主人公暖与生活中的三位男性——井河(小说中的男主人公)、小武生(小说中的蔡队长)、哑巴(女主人公的丈夫)之间的感情纠葛,展示了以农村少女暖为代表的一代乡土青年的憧憬与失落,追求与幻灭。演员精彩的演技,以及影片中出现的如水墨画般的山村背景和哀婉悠扬的音乐,把这个带着些宿命色彩的悲剧故事,演绎得十分感人,催人泪下。影片也因此被称为是一部温暖悠远的电影。

莫言 和他的故乡

　　"一个短篇小说要把它撑成电影是需要很多东西的,有些东西在小说里能表现,在电影里未必可以。而《暖》在这方面作了许多非常好的改动。"莫言在谈到电影《暖》时,也禁不住流露出自己喜欢的神情。

　　在小说中,暖从秋千架上摔下来眼睛变瞎了,而在电影中只是腿瘸了;小说中暖有三个不会讲话的哑巴儿子,而在电影中暖却有一个甜美可人的小女孩,给了她生命中最大的宽慰;哑巴在小说中拿出来的刀也不见了,变成了闪回镜头里他怀中的一捧鸭蛋和一个憨憨的傻笑。

　　暖在小说中残酷的境遇弱化了,原本对命运尖锐的追问变成了影片里淡淡的遗憾,她的粗悍之气被揉成了漫长岁月里的坚忍和包容。而井河,他的"心理变得更有层次了,他的内心深处埋藏了许多珍贵的东西",经过岁月的珍藏变得更加美好。

　　剧本中的这些改动,不仅更贴近现实,而且让整个故事"暖"起来了。尤其是结尾,小说中写的是暖想和男主人公有一个会说话的孩子,而影片中则是哑巴无论自己有多么心痛,都毅然要将暖和女儿还给井河。

电影《暖》中的男女主人公

　　在影片中,暖是全村最美的女人,几乎所有的男人都想要暖做自己的新娘。包括井河,也包括从小就爱欺负她的哑巴。暖喜欢唱戏,在省城来的表演活动中结识了小武生,她对小武生的痴迷就像井河对她一样。可到底也没有人能明白,那是不是真爱,只知道小武生能帮暖成为城里人。结果呢?暖的梦碎了,小武生走了,只剩下一面镜子,照出了暖的美丽,却照不出她内心的苦楚。

如果那时暖的天是黑的,那么井河的关爱就是暖黑暗中的一线光明。即便是意外的发生令暖不再像以前那么自信,也不能阻止她毅然丢掉小武生送的镜子,享受着井河给予她的种种温暖。然而,井河的离开却使她陷入了矛盾的心境,在漫长的等待中暖放弃了希望,将那些甜言蜜语撕得粉碎。

于是,暖的天空中下起了大雨,而此时的哑巴则是暖人生中的一丝晴空。于是,她丢掉了井河从城里寄来的那双皮鞋。确实,她怎能相信失去健康的双腿,换来的只是渴望已久的皮鞋;失去了曾经的海誓山盟,换来的却是一句简单的"对不起";失去了梦乡的追逐,换来的只是一个蹒跚的背影。虽然,暖并不能真的忘却。

十年后的重归故里对井河而言,是一种真正的忘却。"不回来就不能真的忘却",暖说出了井河多年想说而不敢说的,而对暖来说,那一切的一切似乎都失去了意义。因为人生没如果,生命不堪回首。如果当年小武生带着暖离开这总也望不到头的山村;如果当年井河坚守自己的承诺;如果暖没有摔断自己的右腿,那么,一切将是多么美好,人生也必然会是另一番景象。然而,人生没有如果。

在小说中,哑巴是"丑陋、野蛮、无知"的代表;而在电影中,哑巴则是"真诚、勇敢、宽容"的表现。哑巴虽丑,可他的内心却清澈得像一汪泉水;哑巴虽哑,却用真诚的情感表达出了人生的全部美好;哑巴虽笨;却用勤劳的双手给了暖一个幸福的家。上苍对每个人都是公平的,哑巴在他不能言语的缺憾人生里得到了他想得到的一切,并视如珍宝。他的勇敢、真诚唤起了人们内心最真实的感动,揭示了人性深处的东西,触摸到人们心灵深处最柔软的部分。[①]

影片里的农村是导演霍建起心中的诗意故乡,"它的每一个镜头都是那么纯净,它注视每个人的目光又是那么包容。影片在风光、人物上都十分唯美,它蕴藏着一种让你慢慢感动的情绪,一点点地感染你,让你在不知不觉间被打动。"

影片里井河的丰富还得益于他的独白,镜头语言简简单单却又意味深长。像开头,井河刚回到家乡,想起他的初恋情人,他说:"我一下子就明白了,这么多年我为什么因为各种原因没有回乡,我不敢,我怕见到她……我更怕……见不到她。"

慢慢地,井河回想起他和暖相处时的点点滴滴,他说:"遇到一个人,你

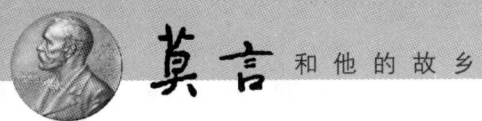

对现实生活的全部感受就突然改变了,感伤就完全包裹着你,这时候她就是要你的命你也不会逃避。"

结尾时,井河的忏悔与释怀也十分感人。他说:"人都会做错事,但并不是每个人都有机会弥补自己的过失,如此说来,我是幸运的;一个人即便永不还乡,也逃不出自己的初恋,如此说来,哑巴是幸运的;哑巴给予暖的,我并不具备,如此说来,暖是幸运的。"

在电影《暖》里,没有人是完美的,可每个人都很美。不是每个人都能拥有这样温情宽厚的视角,如此说来,小说的作者莫言和电影导演霍建起也是幸运的。

①《心灵的净土,流淌的温情——读〈白沟秋千架〉有感》,转引自"竹园教师论坛"读书天地。

三、1988年:《天堂蒜薹之歌》

《天堂蒜薹之歌》是莫言的第二部长篇小说,1988年初在《十月》杂志发表。同年四月,由作家出版社出版单行本。在这部长篇小说中,莫言以一位作家的敏锐观察力和强烈的社会责任感,大胆地揭露了地方官员贪污腐败、鱼肉百姓的丑恶行为。

这是一部真实感人的作品。小说取材于现实生活中发生的真实事件:当时,山东苍山县数千农民响应县政府的号召大量种植蒜薹,没想到在蒜薹丰收之后,由于乡政府任意对农民征受税费,以及压低价格收购,禁止农民把他们过剩的蒜薹卖给外乡收购者,以冷库已满为由拒绝收购更多的蒜薹等种种原因,出现了蒜薹全面滞销、甚至大面积腐烂在田地上的尴尬局面。乡党委书

《天堂蒜薹之歌》封面

记却拒绝和农民对话,官僚作风严重的县政府官员也不闻不问,地痞流氓乘机捣乱,忧心如焚的农民只好自发聚集起来寻求出路,由此引发农民群体骚乱,甚至砸毁、焚烧了乡政府办公室,酿成了震惊一时的"蒜薹事件"。

这起事件经报纸报道后,引起了莫言的深切关注。他想起1984年无辜死去的四叔,在赶着板车运送甜菜的路上,被一辆替乡党委书记拉建筑材料的卡车撞死,却只得到3000元象征性的赔偿。在他返乡参加料理后事时,乡党委书记连个照面都不打。于是,他放下手中正在创作的家族小说,躲在故乡的谷仓里,用了35天时间,创作出了这部二十万字的作品。

这部义愤填膺的长篇力作真实反映了农村弱势群体的生存状态,彰显了作家的良知。小说以"蒜薹事件"为经,以高羊、高马、金菊、方四叔、方四

莫言 和他的故乡

婶的生活经历为纬,深刻地、多角度多侧面地描写了农民当时当下的生存状态以及由此引发的悲剧故事,剖析了农村文化落后、思想贫乏、生存窘迫及导致"方四叔车轮下惨死"、"金菊上吊自杀"等种种悲剧发生的原因。①

这是一部真正的"底层小说",也是一部大胆为民请命的作品。小说的主要故事线索有两条,一是天堂县农民因为蒜薹而冲击县政府,一些有勇气的农民不断与强权抗争的故事;二是血气方刚的高马与感情执著的金菊的爱情故事。围绕这两条故事线索,农民的无奈与反抗以及由此导致的各种悲壮和悲剧,在小说中一层层得以呈现。作品里的几位重要人物如方四叔、金菊等相继悲惨死去,参加过示威游行的高马像父辈躲日本人一样藏进水缸里,这不能不让人对这样的"世道"产生"质疑"。在作品的末尾,人们公开在法庭上大声疾呼:一个政党,一个政府,假如不是为人民服务而是欺压人民,人民就有权推翻它。

在小说中,莫言塑造了出身地主家庭的高羊、年轻复员军人高马、忠于自己感情的金菊等性格饱满的人物。小说的景物描写散发着新鲜的泥土气息。在一种逼真的然而却是荒诞迷离的描写中,一个个悲剧性的人物鲜活跃动起来,使读者在为小说人物命运扼腕的同时,又不禁为其优美动人的景物描写所感染。在结构上,这部小说采用民间艺人演唱与正文叙述相结合的互文方式,别有韵味。小说语言的运用也很有爆发力,小说中神秘人物张扣的唱词,如"你要抓你就抓,俺听人念过《刑法》,瞎眼人有罪不重罚,进了监牢俺也不会闭住嘴巴"等等,也都极有创意。从艺术的角度看,这种说书演唱、本事叙述和新闻报道互文结合的多层次架构,既开拓了小说的表达空间,也大大增强了小说蕴含的丰富性和复杂性。其神韵与西班牙弗拉门戈歌曲不乏相通之处,使得这部小说的西班牙语版出版后,很受读者欢迎。

这是一部风格独特、思想深刻的艺术作品。它使人们意识到,不是某种抽象的"文化"导致农民贫困落后,而是一些具体的政治经济制度阻碍农村的变革。要改善农村的面貌和农民的生活,就必须对这些不合理的制度加以改革。作者通过小说中的人物表达出以渐进的变革来促进当代农民生活全面改善的愿望。

小说形象地再现了农村生活的复杂性,引导读者进入农民的内心,感受农民的感情,理解他们的生活。小说试图说明,当乡村政权被那些腐败的乡村干部所统治,"社会主义"将有可能成为一出闹剧。

莫言曾说,他当时并没有替农民代言之类的明确意识。"因为我本身就是农民。现实生活中发生的蒜薹事件,只不过是一根导火索,引爆了我心中郁积日久的激情。"他特别强调说:"这是一部小说,我不为对号入座者的健康负责。小说中的事件,只不过是悬挂小说人物的钉子。事过多年,蒜薹事件已经陈旧不堪,但小说中的人物也许还有几丝活气。在新的世纪里,但愿再也没有这样的事件刺激着我写出这样的小说。"

莫言被认为是当代中国最具个人风格和想象力的作家,他成功创作的《天堂蒜薹之歌》,在世俗而动人的叙事中,对中国乡村复杂的社会生活和个人现实生活进行了深刻和多方面的描写,对农民的个人性格、公共道德、国家与地方的政治经济关系、自我与社会的冲突以及传统和现代性的对立与和谐等各个方面进行了广泛而深刻的探讨。阅读这部小说,那种激烈汹涌的情感和渴望爆发的义愤,将始终搅动读者的热血和良知。

多年以后,在回忆《天堂蒜薹之歌》的创作历程时,莫言写道:

我走上文学道路后,有段时间里,许多年轻作家认为小说应该远离政治,这是对以往的"文学要为政治服务"的错误观念的反叛,有它的合理性。但我经过一段时间的创作实践以后,发现作家是不可能脱离社会的,也就是说文学其实也脱离不了广义的政治。即使作家千方百计地想逃避现实,现实也会找上门来。

有一个典型的例子,就是我的《天堂蒜薹之歌》。在我的创作计划中,根本就没有这部书,当时我想写的是《红高粱家族》系列。《红高粱家族》主要写了爷爷奶奶他们那一代,接下来我想写父亲母亲这一代,然后写我这一代。可是到了1987年,在我的故乡山东省的一个县里突然发生了一个重要的事件:因为当地官员的腐败无能、思想保守加上官僚主义,使得农民生产的几百万斤蒜薹卖不出去,最后都烂在了家里。愤怒的农民们就拖着蒜薹,拉着蒜薹,扛着蒜薹,把县政府包围了。整个县政府周围都弥漫着腐烂蒜薹的臭气。接着他们放火焚烧了县政府的大楼,还有一帮胆大的农民把县长办公室砸了,吓得县长躲起来不敢再露面,家里的围墙上还安装了铁丝网。这场农民的造反在中国影响很大。后来领头的农民都被抓起来了,县委书记也被撤职,调离当地。而当时的媒体却各打五十大板,一方面批评了县政府的无能和官僚主义,另一方面又指出农民不应该用非法的手段跟政府对抗,所以应该受到法律的制裁。

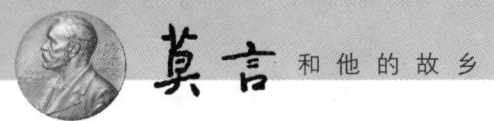

这件事对我的触动很大,一下子就叫我把写《红高粱家族》系列的笔放下了。尽管我在城市里住了好多年,但是作为一个农民的儿子,农民的蒜薹卖得出去卖不出去对我的生活是有很大影响的。因为我是农民出身的作家,所以我有一颗农民的心,而这颗心在这样的事件面前,是不可能无动于衷的。不管农民采取了什么方式,我的观点都是跟他们一致的。我绝对站在农民一边。

所以我当时就找了一个地方,只用了三十五天时间就完成了这部长篇小说。这部小说发表以后引起了巨大的反响,大家对我这种突然的转向似乎难以理解。本来《透明的红萝卜》和《红高粱家族》已经很红了,我完全可以按照这个路线走下去,然而这次的转向却让我对现实社会进行了直接的干预。这样写眼前发生的事情是我的责任感和良心在起作用。

《天堂蒜薹之歌》被《纽约时报》誉为中国乡村版的《第二十二条军规》,也有人称之为中国版的《愤怒的葡萄》。诺贝尔文学奖评委会主席彼得·英格伦甚至建议,阅读莫言应当从《天堂蒜薹之歌》开始。②

①曹元勇:《天堂蒜薹之歌:搅动热血和良知之作》,《文汇读书周报》2012年10月19日。

②《天堂蒜薹之歌》1995年首次以英文出版。

四、1993年：《酒国》

《酒国》是莫言创作的一部反映官场腐败的讽刺小说，1993年由湖南文艺出版社出版。莫言认为"它是我迄今为止最完美的长篇，我为它感到骄傲。"他说，如果把《酒国》和《丰乳肥臀》进行比较，那么《酒国》是我的美丽刁蛮的情人，而《丰乳肥臀》则是我的宽厚沉稳的祖母。

这部写于1989年的作品，曾长期为国内评论界、读书界所忽视。2001年，该书获得了法国"儒尔·巴泰庸（Laure Bataillin）外国文学奖"，授奖辞称："由中国杰出小说家莫言原创、优秀汉学家杜特莱翻译成法文的《酒国》，是一个空前绝后的实验性文体。其思想之大胆，情节之奇幻，人物之鬼魅，结构之新颖，都超出了法国乃至世界读者的阅读经验。这样的作品不可能被广泛阅读，但却会为刺激小说的生命力而持久地发挥效应。"

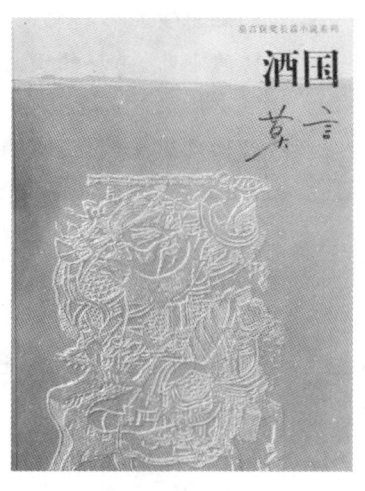

《酒国》的故事情节并不复杂，它描写了某省人民检察院"特级侦察员"丁钩儿，根据一封署名"民声"的举报信对于地方官员烹食婴儿的检举揭发，奉命去酒国市调查这起地方官员腐败堕落的严重犯罪案件，结果却经不起这些官员们的酒色诱惑而被拉下水，最后自己也走向堕落的故事。

小说一开始，就出现了老牌侦察员丁钩儿与风流的卡车女司机相互勾引的场面，它成为贯穿整部小说放荡淫乱主题的前奏：

省人民检察院的特级侦察员丁钩儿搭乘一辆拉煤的解放牌卡车到

市郊的罗山煤矿进行一项特别调查。沿途，由于激烈思索，脑袋膨胀，那顶本来晃晃荡荡的五十八号咖啡色鸭舌帽竟紧紧地箍住了头颅。他很不舒服，把帽子揪下来，看到帽圈上沾着透亮的汗珠，嗅到帽子里散出来的热烘烘的油腻气味里混合着另外一种生冷气味。这气味很陌生，使他轻微恶心。他抬起手，捏住了喉头。

临近煤矿时，黑色的路面坑坑洼洼，疾驰的卡车不得不把速度放慢。车底的弹簧板嘎嘎吱吱地怪叫着；头不断地碰到驾驶楼的顶棚。听到司机骂道路，骂人；粗俗的语言出自一个比较秀丽的少妇之口，产生黑色的幽默。禁不住看了一下她。她穿着一套蓝帆布工作服，粉红衬衣的领子高高地钻出来，护着一段白脖子；双眼黑里透绿，头发很短，很粗，很黑，很亮。戴着白手套的手攥着方向盘，夸张地打着方向，躲避着陷坑。往左打方向时她的嘴角往左歪，向右打方向时她的嘴角向右歪。她的嘴左右扭动着，鼻子上有汗，还有皱纹。他从她短促的额头、坚硬的下巴、丰厚的嘴唇上判断她是一个性欲旺盛的女人。在激烈的摇摆中他们的身体不经意地接触着，虽然隔着衣服但他饥饿的皮肤依然亲切地感觉到了她的温暖柔软的身体。他感到自己很想亲近这个女人，手发痒，想摸她。对于一个四十八岁的老牌侦察员来说，这感觉有些荒唐，但似乎又很正常。他摇了摇硕大的头颅，把目光从女人脸上移开。

路越来越糟，卡车从一个陷坑跌入另一个陷坑，颠颠簸簸，咯咯吱吱，像一头即将散架的巨兽一样爬行着，终于接在了一大队车辆的尾巴上。她松了脚，熄了火，摘下手套，抽打着方向盘，很不友好地看着他，说：

"妈的，幸亏肚里没孩子！"

他怔了怔，讨好地说：

"要是有孩子就颠出来了！"

"我可舍不得把他颠出来"，她严肃地说，"一个孩子两千块呢。"

当丁钩儿搭乘女司机的卡车来到罗山煤矿时，马上就被带入矿招待所。在那里，矿党委书记已为他摆下特设的宴席，在矿长等众多官员的巴结、吹捧之下，他稀里糊涂地被灌得酩酊大醉、上吐下泻。

此时，曾在这个煤矿工作过的酒国市委宣传部副部长金刚钻，翩然出现这位老牌侦察员面前,抱歉地说:"我来迟了,自罚三十杯!"金刚钻正是丁钩儿此行的主要调查对象,也是本案的重大嫌疑犯。

当喝得烂醉的丁钩儿醉眼蒙眬地看见餐桌上端上来一盘名为"红烧婴儿"的佳肴时,才从酒醉中猛醒过来。他一怒之下,拔枪射击,不过仅仅击中那个"婴儿"的脑袋,差点糟蹋了一个好菜。从枪击的震惊中清醒过来的金刚钻等官员急忙解释说,这道"红烧婴儿"是用莲藕、银白瓜、猪肉和火腿肠等原料制作的。神志不清的丁钩儿对此坚信不疑,他尝了一小口"红烧婴儿",那滋味让他喜不自胜。于是他满心欢喜地加入了"吃人"盛宴(虽然只是形式上的"吃人")。

在他酒醉酣睡的这个夜晚,一个身上长着鳞片的侏儒摸进他下榻的房间,偷走了他随身携带的枪支、证件等物品,酒醉的他无助地看着侏儒行窃却无力加以制止。酒醒之后,丁钩儿再度遇见了送他到煤矿来的风流女司机,并稀里糊涂地跟随她回了家。他丝毫也不知道,这位风流女司机正是他此行调查的重要嫌疑犯金刚钻的老婆。

尽管他身上带着没有被偷走的手枪,却被女司机举起手枪对准了他的脑袋。女司机甚至把他的短裤、汗衫都扔到吊灯上,然后反客为主地骑在他的身上。丁钩儿不仅被彻底地缴了械,而且有一种被强奸的感觉。更让他没有想到的是,两人正在风流做爱时,金刚钻突然回了家,被当场捉奸的他自然狼狈至极,被金刚钻好一顿羞辱,把柄也落在了金刚钻的手里。

在风流女司机的陪同下,丁钩儿来到一尺酒店找经理余一尺了解酒国市烹食婴儿的情况。然而,丁钩儿却发现,这位女司机与余一尺也有一腿,是余一尺的众多情妇之一。既嫉妒又愤怒的丁钩儿一气之下,放肆地凌辱和虐待了女司机,随后仓皇出逃,并受到公安机关通缉。身为逃犯的丁钩儿一不做二不休,返回酒店杀死了女司机和余一尺,由一个执行重要侦察任务的老牌侦查员变成了身背两条人命的重大刑事犯。

丁钩儿东躲西藏,走投无路,在一场酩酊大醉中,他恍惚看见所有熟悉的人——金刚钻、女司机、余一尺,甚至他自己——正相聚在船上盛宴中,吃着"红烧婴儿"的美味佳肴。当神志不清的他急忙准备奔向船上时,却不幸跌进了一个大茅坑,并被茅坑吞没了生命。

这部出现在上世纪 90 年代初的长篇小说,是一部"集残酷现实主义、表现主义、象征主义、结构主义、魔幻现实主义和侦探小说、武侠传奇小说、抒情小说于一体"的作品,被称为小说文体的"满汉全席"。不仅内容深刻,情

节诡秘曲折、语言绮丽多姿、而且在话语方式上充满了各种各样的反讽、戏仿和悖谬的手法。

小说由三重文本组成:省检察院侦察员丁钩儿去酒国市调查"烹食婴儿"案件的经过;酒国市酿造学院的写作爱好者李一斗与作家的一组通信;李一斗寄给作家的一系列小说。三重文本相互穿插,相互渗透,虚实交加,真假互映,构成了一个光怪陆离的世界。小说借助多重叙事,呈现出一种极为复杂的结构和重叠交错、自相悖谬的立场,或许在莫言看来,不如此不足以表达当下中国现实生活的复杂性和荒诞性。而惟其荒诞,才显得写实。

《酒国》出版于1992年。那时"下海"大潮汹涌,文学突然冷落。莫言闲居在高密家里,有充分的时间构思和斟酌这部作品,其中每一章他都用"酒博士"习作小说的方法来戏仿现代文学史、政治史上的各类文体,每一篇都写得惟妙惟肖。他笔下的《酒国》,是一个吃喝玩乐、醉生梦死的国度,在那里,野蛮残暴与花言巧语,罪恶与正义,苦难与欢乐全都混为一体。它的意义至少是双重的:放纵的、自由的和迷狂的、荒诞的,既有轻松自在的一面,又有恐怖狰狞的一面,而且是更重要的一面。小说借助酒作为媒介,描绘了一群腐败官员的人生百态,并以酒为镜,映照出共和国的官场生态,抨击了官场的腐败现象。

在《酒国》序言中,周英雄指出,《酒国》同中国小说的传统具有极为丰富的文本联系。在《西游记》中,妖精千方百计要吃的唐僧肉既鲜美又能延年益寿,童子肉也有同样的功能。《西游记》中也有一些章节曾提到过烹食婴儿。"吃人"是《酒国》与《西游记》这两部小说的共同主题。在《西游记》中,唐僧师徒的任务是到西方取得真经,一路上,他们要对付的是各种恶魔般的食人生番。而在《酒国》中,丁钩儿的任务是去调查骇人听闻的"烹食婴儿"案件,要对付的是串通一气的各级腐败干部。

不过,两书的结局却大相径庭:《西游记》中怀有神圣使命的唐僧师徒在历经九九八十一难后终成正果;而《酒国》中身负正义使命的丁钩儿,却不仅没有完成侦探任务,而且自己也身陷腐败的漩涡,在极度的酗酒、饕餮、放荡和通奸中丢掉了身家性命。如果说《西游记》中唐僧师徒的灾难,最终引向了凯旋和喜剧的尾声,那么《酒国》中丁钩儿的放浪寻欢则是他正义使命颇为荒诞的惨败的前奏。丁钩儿最终和"理想、正义、尊严、荣誉、爱情等等诸多神圣的东西",还有"所有可以想象的脏东西",一起令人作呕地沉入了茅坑。从这个意义上说,丁钩儿的反英雄主义或反讽英雄主义是对中国古典小说《西游记》的"解构"。

在"酒国"发生的一系列事件,使丁钩儿的"侦察之旅"越来越具有反讽性:当他和风流女司机的奸情被金刚钻当场逮住时,侦察员和通奸犯的角色恰好对换;当他出于妒忌和愤怒杀死风流女司机及情人余一尺而仓皇逃跑后,便从通缉罪犯的人变成了被通缉的人;最后,当他几乎要抓住"吃人"罪犯时,他不合时宜地掉进了茅坑。

丁钩儿是一个猪八戒式的人物,被诱惑并沉溺于食色之中,却处于孙悟空的地位,担负着重要的使命,这种分裂的身份便是荒诞性之所在。如果说《西游记》体现了清醒的头脑——智慧、信念和美德——战胜蛊惑人心的诱惑;那么,《酒国》则表现了智慧、信念和美德被颠倒和毁灭的过程。

在小说《酒国》中,酒是人物发展和叙事的动因。而在现实的酒国中,酒在光怪陆离的社会生活中却起着决定性的作用。不过,这种社会功能是悖论式的,正如莫言在给李一斗的信中所说的:"人类与酒的关系中,几乎包括了人类生存发展过程中的一切矛盾及其矛盾方面。"一方面,它把人从现实的、正常的、理性的生活中拖曳出来,带进幻觉的、反常的、非理性的世界;另一方面,它获得的暂时的疯狂也标志着自我意识的丧失,标志着外界力量(表面上是自然的但根本上是社会的力量)对人的彻底支配,标志着人的自我意识的被迫放弃以及人的灵魂和肉体的分裂。在小说中,丁钩儿最后丝毫无法用他的意识控制他的肉体。人丧失了自我,于是,酒便由享乐的源泉转化成道德沦丧的根源。

《酒国》中的"吃人"不是源于食物的短缺,而是源于食物的过剩,源于对美食的享受或刺激。吃人没有发生在饥荒时期的饥民身上,而是发生在经济上升时期酒足饭饱的官员们身上,这不能不令人深思。

"人为什么要长着一张嘴?就是为了吃喝!要让来到咱酒国的人吃好喝好,让他们吃出名堂吃出乐趣吃出瘾,让他们喝出名堂喝出乐趣喝出瘾,让他们明白吃喝并不仅仅是为了维持生命,而是要通过吃喝体验人生真味,感悟生命哲学。让他们知道吃和喝不仅是生理活动过程还是精神陶冶过程、美的欣赏过程。"酒国官场上的美食哲学如此动听,如此"理直气壮",这不能不让人反省:是什么造就了"酒国"?或者说,是谁纵容了"酒国"?

在酒国这个以美酒美食闻名的城镇,当女人们怀孕只是为了作为食品原料出售孩子,母爱自然也就荡然无存。它提醒人们:吃人的文化并不能简单归咎于吃人者,受害者有时也很可能是帮凶。真实的暴行在《酒国》里似

莫言和他的故乡

乎变得无法捕捉,以至所有的人都被迷惑到这兽行的历史中而无法自我解脱。正如本雅明所说:"文明的记录无一不同时也是野蛮的记录。"

作者在篇首引用了前苏联小说《静静的顿河》中的一句话:"在这个浪漫多情和混乱腐败的年代里,弟兄们,不要审判自己的亲兄弟。"它显然是对小说主题的一个提示,也是对当下社会的一种警告。可以推论,应当审判的不仅仅只是这个吃人的兄弟团伙中的成员。严格意义上的自我审判或自我审视,意味着没有人能够逃脱对吃人社会的责任:当你计算罪犯的时候,你总会发现另一个多余的人——你自己。

2002年2月,莫言在和日本著名作家大江健三郎的对话中谈到了《酒国》。

大江问:"你还有一部名叫《酒国》的小说,描写了腐败问题,写法实在是精彩,也被译成了很多种文字。出版以后卖得很好,在全世界都有共鸣的读者。尽管刻画了腐败的主题,但你的小说经常会给人很光明、向着希望前进的感觉。《酒国》是部非常独特的小说。我从小说家的视角来看,认为它是一部非常感人的作品。这部小说对于如何写作,以及如何用新的手法达到这样的高度等进行了非常诚实的实践。《酒国》和《红高粱》之间路途遥远,莫言先生是如何超越了这种距离写出《酒国》的?"莫言回答说:

> 我开笔写《酒国》是1989年的下半年。您知道,那是一个特殊的时期,许多人理想破灭,许多作家弃笔从商。我在经过了短期的痛苦和徘徊之后,认识到,只有拿起笔来写作,才可能把自己从痛苦中解救出来。而且,我也认为,越是在这样的时刻,越是要写作,用小说发言,这是我的责任。
>
> 《酒国》看上去写的是与酿酒、饮酒有关的故事,但其实我写的是一个巨大的寓言。小说中有许多看起来荒诞不经的情节和许多戏谑的语言,但我真正要表达的还是那样一种悲悯人世的精神。写这部小说的一个诱因是我看到一篇报道,说一个出身不好的人大学毕业后被分配到煤矿的一个学校教书,由于他具有喝酒不醉的特异功能,被提拔到宣传部门专门陪人喝酒,并因此飞黄腾达。到了晚年,他回顾自己的一生到底干了什么,结果发现自己是无所作为,就是喝了几吨白酒而已。这个故事激发了我的创作灵感。
>
> 毫无疑问,《酒国》在我作品中是最具有挑战性的。一是艺术上的

挑战,刚才你也说了,它看起来是侦探小说的框架,写一个侦查员到煤矿侦查一个腐败的吃人案件,中间也穿插了很多有神秘色彩的描写和魔幻的神秘情节。在结构上我也进行了大胆的探索,譬如我刚开始是一个作家,在写一部小说,我在写作的同时开始和一个业余作者通信,他源源不断地把他的作品寄给我,结果他小说中的故事、人物,与我写的小说中的人物和故事融为一体,成为了一部小说。最后,写作者我,也就是莫言,也作为一个人物直接进入了小说。

二是题材的挑战性,写当前社会的"吃人"现象,揭露官员的腐败堕落,写得如此大胆、尖锐的作品确实不太多。当然,说到吃人的问题首先是从鲁迅先生的小说中开始的。我在《酒国》里所描写的吃人和鲁迅先生所描写的吃人一样,都是一种象征,真正描写吃人是没有什么文学价值的。我看到某些外文版,在宣传时,特别强调所谓的"吃人"事件,其实这是一种误解,是一种噱头,读者看完小说后,就会明白,《酒国》中的吃人,是一个象征。《酒国》里充满了象征,喝酒是象征,吃人是象征,那些肉孩子、小黑驴、小侏儒等,都不应该用现实主义的态度来读解。《酒国》的象征意义还不仅仅是指腐败现象,也象征了人类共同存在的阴暗心理和病态欲望,比如说对食物的需求已远远超出了身体需要的程度等。人的欲望是对大自然的一种强烈的破坏力量,欲望在正常的域值内是社会发展的动力,一旦过度,马上就会走向反面。

五、1995年：《丰乳肥臀》

1995年莫言出版的长篇小说《丰乳肥臀》，是一部讴歌生命意义和伟大母性的作品。全书洋洋五十万言，塑造了一位含辛茹苦、精神坚毅的母亲形象，它蕴含着作家对生命、母亲、历史的深沉思考，以及对于社会历史与时代问题的独特新颖的探索，具有很强的思想性与独创性，是一部具有相当力度与厚度的作品。

这部作品以高密东北乡为背景，从抗日战争一直写到改革开放之后，描绘了百年中国大陆沧桑变化、波澜壮阔的历史。书中的母亲是一位命运多舛的女性，不仅生养了众多女儿（从大姐上官来弟到八姐上官玉女），还通过"借胎生子"和瑞典牧师马洛亚生下了唯一的儿子上官金童。这些儿女及其亲属构成的庞大家族，与20世纪中国的各种社会政治势力和民间组织发生了枝枝蔓蔓、藕断丝连的联系，并不可抗拒地被裹挟和卷入20世纪中国的政治历史舞台。由于这些形态各异的力量之间的角逐、争夺和厮杀，是在自己家庭和家族内部展开的，因此造成了母亲独自承受和消解苦难的现实：兵匪、战乱、流离颠簸、亲人死亡以及对单传的废人式儿子的担心、焦虑，而她在癫狂年代用胃袋偷磨坊食物的行为更是鸟儿吐哺的深情……小说中塑造的母亲形象生动感人，既像是一位承载苦难的民间女神，又像是圣母玛利亚的化身；有人把她与马尔克斯《百年孤独》中的乌苏拉相提并论，也有人认为她是莫言作品中"我奶奶"式的女人的集合。作者在书中通过对母亲的倾情描绘，表现了对于女性的爱戴、同情和赞颂。

第四章 故乡泥土的芬芳

小说通过对母亲含辛茹苦地抚育众多儿女，尤其是把上官金童视如自己生命的描写，深刻地阐明了人的生命，包括"种"的繁衍生殖所具有的无可争辩的重要意义。也就是说，生命的传承和沿袭是人类赖以永恒存在的源泉，宇宙中的一切事物因为有了生命的存在才显示出自身的价值和意义。没有生命的宇宙和世界，无论美与丑、纯洁与肮脏、卑鄙与高尚，都不再具有意义。这个看似简单实际上普泛深刻的道理，就蕴含在母亲带领儿女们顽强地求生保种的生命过程中。

母亲上官鲁氏（乳名璇儿）是小说着力刻画的、最具代表性的人物，她自幼丧母，随姑父于大巴掌和姑姑长大，后来嫁给了铁匠的儿子上官寿喜。由于丈夫没有生殖能力，母亲只好借种生子，并生下了众多儿女。对于自己借腹的对象，如牧师马洛亚她是心存感激的："在马洛亚感人肺腑的赞美声中，在马洛亚温存体贴的抚摸下，母亲感到自己的身体像一片天鹅的羽毛一样飘起来，飘在高密东北乡湛蓝的天空中，飘在马洛亚牧师湛蓝的眼睛里，红槐花和白槐花的闷香像波涛一样汹涌。"（第七卷）母亲晚年信仰基督教，直到95岁才告别人世。而她心仪的马洛亚牧师，虽然能说流利的汉语，与当地老百姓相处也十分融洽，却因不堪黑驴鸟枪队的凌辱从钟楼上跳下身亡。

小说的男主人公上官金童是母亲唯一的儿子，这位混血儿（民间称"杂种"）患有恋乳症。一生嗜乳，以至精神错乱。他出场时就想着："母亲给我喂奶。我吸出了混合着枣味、糖味、鸡蛋味的乳汁，一股伟大瑰丽的液体。我睁开眼睛。姐姐们兴奋地看着我。我模模糊糊地看着她们。"（第二卷）这位满头金发、眼睛湛蓝、鼻子高挺的英俊少年，中学毕业后被送去农场劳动。后因"奸尸罪"被判刑十五年。改革开放后刑满还乡，并和"独乳"老金结婚，在成为胸罩设计师和成功的商人之后，又因被炒、被骗而失败，终至穷愁潦倒，一事无成。这个人物形象具有浓重的现实和历史隐喻意味。

重男轻女的母亲对待众多女儿们，似乎远没有对待儿子那么好。书中描写道："晚出的大红月亮爬上屋脊，照耀着上官家院里的女人们。她们的脸上，仿佛涂了一层血。母亲悲伤地摇着头，抽泣着说：'我这辈子造了孽，养下你们这些讨债鬼……你们都给我滚，滚得远远的，永远不要让我再见到你们！'"（第三卷）

这些女儿们也几乎个个命运不济、多灾多难。如大姐上官来弟，是母亲与姑父于大巴掌所生。先嫁沙月亮，生女沙枣花。解放后被迫嫁给残疾军人孙不言。后来爱上了从日本归来的鸟儿韩，生子鹦鹉韩。奸情败露后在

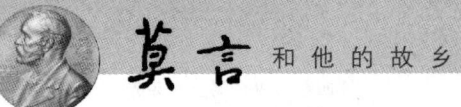

搏斗中打死孙不言,被判了死刑。其前夫沙月亮,抗战时期为黑驴鸟枪队队长。后投降日寇,任伪渤海警备司令,"皇协军"旅长,被爆炸大队击败后自杀。其女沙枣花长大后流落江湖,成为神偷,后因求婚不成而跳楼殉情。其子鹦鹉韩在改革开放后,与妻子耿莲莲合办"东方鸟类中心",却因骗取银行巨款,挥霍浪费、穷奢极欲而被判刑。

与大姐同父同母的二姐上官招弟,虽然嫁给了抗日别动队司令司马库,却在与独立纵队十六团的一次战斗中中弹身亡。不久,一对女儿也被倡导极左土改政策的领导人物密令处死。其夫后来成为还乡团,被捕后一度逃脱,自首后却被公审枪毙。

母亲与一个赊小鸭的(土匪密探)所生的三姐上官领弟,虽然深爱着鸟儿韩,却在被爆炸大队战士孙不言诱奸后不得不嫁其为妻。后因摹仿飞翔摔死在悬崖下,两个儿子大哑、二哑,也在随母亲逃难中被飞机炸弹炸死。上官领弟的意中人鸟儿韩,年轻时被日寇掳至日本做劳工,后逃至深山,穴居十五年始归国还乡。在上官家居住期间,与被孙不言虐待的大姐上官来弟发生了恋情。来弟情急之中打死了孙不言,鸟儿韩作为同案犯被判刑,在押赴新疆劳改途中跳车身亡。

母亲与一个江湖郎中所生的四姐上官想弟,在全家生活最困难的时候,自卖自身进了妓院。后流落它乡,音信全无。"文革"中被遣返回乡,多年积攒的财物也被洗劫,并遭受残酷批斗,最后因精神错乱、旧病复发而死。

母亲与屠户高大膘子所生的五姐上官盼弟,自愿参加爆炸大队,并嫁给了爆炸大队政委鲁立人。后来曾担任卫生队长、区长等职,"文革"中却因不堪凌辱自杀身亡。其女鲁胜利改革开放后曾担任工商银行大栏市分行行长、大栏市市长,后因贪污受贿被判死刑。

母亲与天齐庙智通和尚所生的六姐上官念弟,爱上了被日机击落后为司马库支队收容的美国飞行员巴比特,结婚后第三天即与巴比特一起被鲁立人领导的独纵十六团俘虏。押俘队深夜遭遇战斗,逃亡后四处寻夫,被一寡妇诱至山洞与巴比特同归于尽。

母亲被四个败兵强暴所生的七姐上官求弟,早年被卖给白俄罗斯托夫伯爵夫人做养女。后改名乔其莎,毕业于省医学院,被打成右派,到农场劳动改造。因饥饿,暴食生豆饼胀死。

母亲与瑞典传教士马洛亚所生的八姐上官玉女(与上官金童为双胞胎),不幸生而失明。在经济困难时期因不忍心拖累母亲而投河自尽。

此外,母亲的丈夫上官寿喜和公公上官福禄均为日寇所杀,婆婆上官吕氏专横凶悍,晚年痴呆,因欲加害上官玉女被母亲失手打死。

这真是一个灾难的年代,一个苦难的家族,一个错综复杂、灾难如影随形的大家庭!小说也正是在这个大家庭所经历的诸多灾难和苦难的意义上揭示了生命的意义。在作者看来,生命的传承和延续是最应当受到礼赞的,正如《易传》所说:"天地之大德曰生",作品的深刻性也在于此。

本书是莫言作品中篇幅最长、内容也最为丰富和饱满的长篇小说,他在前言中写道:"我希望用自己的书表现出一种寻求救赎的意识,人世充满痛苦和迷茫,犹如黑暗的大海,但理想犹如一线光明在黑暗中闪烁。其实每个人都在寻找自己的上帝,有的人的上帝在天上,有的人的上帝在自己心中。"

《丰乳肥臀》彻底颠覆了官方确定的历史叙事模式,与余华《活着》等作品一起构成了新时期文学的"新历史"叙事原则。小说中对土改、文革、经济热等都有极深的揭露和反思,它是莫言进行民间史诗性书写的成功试验。

1995年春天,莫言花83天完成了《丰乳肥臀》这部他最具争议的作品。此后他身处风口浪尖,面对社会上的各种评论和非议,有人说它是一部杰作,也有人将它批得体无完肤。一些老作家、老干部甚至还写信去告状……

《丰乳肥臀》获大家·红河文学奖

1997年,《丰乳肥臀》夺得中国有史以来奖金数额最高的"大家文学奖",获得高达十万元人民币的奖金。在读者中产生了极大的影响,同时各种批判和冷嘲热讽也接踵而至。对这些争议、非议和批判,莫言只说了一句话:"我觉得你可以不看我所有的作品,但如果要了解我的文学世界,你应该看看《丰乳肥臀》。"

莫言在谈到《丰乳肥臀》的创作历程时曾说:

一部作品的产生有其必然和偶然的双重性,写完《红高粱》之后,我又写了几部好像与高密东北乡不太沾边的东西。但我知道我肯定还要沿着《红高粱家族》这条路往前走,这是写《丰乳肥臀》的必然性。为什么说还有偶然性呢?在一九九零年的一天,我在北京地铁的出口处看见坐着一位农村来的妇女,她一手抱着一个孩子,两个孩子都坐在她腿上吃奶。这个女人看起来很憔悴很瘦弱,好像全身的血液都化成了乳汁,要被两个孩子吸光了一样。我感到很震动。阳光照在她们母子身上,像圣母玛丽亚一样。于是,我就决定写这么一部书。但也迟迟难以下笔,到了1994年我母亲去世,我住在高密县城里,下决心要把这部书写出来,要歌颂人类劳动女性怎么样繁殖怎么样哺乳。但写的过程中,跟构思的不一样,大量有关高密东北乡的历史细节争先恐后地涌到我的笔下。

　　我认为,这部小说主要写了两个人物,一个是母亲,生过很多孩子。我想通过这个母亲为了生儿育女、与男人的复杂的性关系来揭示中国封建制度对女性的残酷迫害。她要受丈夫的虐待,受公婆的歧视,受社会的欺压。但更深层的,则是揭示一个女人为了取得在社会在家庭中的地位而作的牺牲。另一个是叫上官金童的人物,这个人物具有高度的象征意义。他是一个眷恋乳房的男人,刚开始离了母亲的乳汁就无法生存,吃别的食物都会呕吐。到了四十多岁还是离不开母亲的乳房,对乳房有着特别痴迷的眷恋,以至于他母亲后来都痛骂他:"我本来想生一个站着撒尿的儿子,没想到生了一个窝囊废,我不要一个整天吊在女人乳房上的男人,我要的是一个顶天立地的男人。"我觉得小说的价值在于塑造了一个中国近代小说史上没有出现过的典型人物,当然也还描写了这样一种充满象征意味的母子关系。

　　小说发表之后,得了一个大奖,有很多的赞扬声,但也有强烈的批评,有些人还往上告状。我在压力之下给出版社写信,说你们不要再版这本书了。过了几年,也就是九十年代末,我看到很多评论家重新注意这部书,一位哲学教授在他的一本书里用一章的篇幅,论述了上官金童这个人物形象,他说就像人人的灵魂深处都隐藏着一个小小的阿Q一样,我们认真考虑一下,我们近代的中国人每个人的灵魂深处都有一个小小的上官金童。我们每个人都在眷恋着一些其实并不重要的东西,就像那个上官金童眷恋着乳房一样。

　　多年之后,一位文学评论家在读完莫言的《丰乳肥臀》等多部作品后,为莫言"抱起不平"。他写道:

　　　　我喜欢他对故土的那种多色的把握。他的幽默和超然的笔意并不

遗漏苦楚的现状。他对不幸的生活的描绘颇为耐心,有时残酷到我们难以接受的程度,但他却从这苦痛里跳将出来,把国人庸常的触觉路径改变了,直指灵魂的深处。他在叙述故事的时候,既投入又疏离,制造了悲凉的画面后,自己又坦然地笑对一切,把沉重的话语引入空无的时间之维,我们的心也被拽向苍茫之所。

越到后来,他的小说的乡土元素越多,而且在残酷的拷问里,悲悯的情感越浓。有时候,仿佛醉心于去描述那些灰暗和丑陋的遗存,但在混杂之中,在精神的多种因子的碰撞中,伟岸的力量和不屈的生命激情依在,在翻滚摇曳的咏叹里,人间的爱意汨汨地流动着。

他在《捍卫长篇小说的尊严》里说过这样一段话,可以引证他的审美态度:

圣经是悲悯的经典,但那里不乏血肉模糊的场面。佛教是大悲悯之教,但那里也有地狱和令人发指的酷刑。如果悲悯是把人类的邪恶和丑陋掩盖起来,那这样的悲悯和伪善是一回事。《金瓶梅》素负恶名,但有见地的批评家却说是一部悲悯之书。这才是中国式的悲悯,这才是建立在中国哲学、宗教基础上的悲悯,而不是建立在西方哲学和西方宗教基础上的悲悯。

我以为这里有他的生命哲学和审美的趣味。理解此话很是重要。我们过去的文学,过于强调纯粹,忽略的恰是在多语境里呈现的碰撞的东西。只有在复杂的时空里,才有立体的人与精神。莫言的创作就是在这种多元的因素里保持着赤子之心。他知道,一个经历了苦难的民族,展示他们的过去,暧昧的眼光是不能搜索到本质的。只有像鲁迅那样的直面,才可能出污泥而不染,从血腥的存在里找到美丽的闪光点。从《红高粱》到《蛙》,一个个精神围墙被突破了。那种力量感所升腾的浑厚的气韵,在百年小说间的确是个奇迹。①

在莫言看来,《丰乳肥臀》是自己最为沉重的一本书,也是感情包含最为丰富的一本书,他毫不含糊地说:"不管这本书遭受过什么样的命运,如果要说代表作的话,这本书就是我的代表作"。

①孙郁:《莫言:中国文化隐秘的书写者》,《人民日报》2012年10月16日。

第五章　蛙声一片

"林莺啼到无声处,青草池塘独听蛙。"在古代诗人抒写田园情怀、抒发思乡心情的诗作中,每每有蛙的身影与声音。除了宋人曹豳《春暮》中的这句诗外,唐人吴融也有"雨余林外夕烟沉,忽有蛙声伴客吟"(《西京道中闻蛙》)的佳句。蛙声衬托出山村的恬静,传达思乡的情意,预兆丰收的年头,鸣出民间的疾苦。

而在新世纪的中国文坛上,莫言的文学创作也伴随着蛙声鸣唱,一发而不可收。继上世纪八九十年代莫言及其作品先后获得全国第四届中篇小说奖、台湾联合文学奖、首届大家·红河文学奖之后,他在新世纪之初,在海内外又荣获了诸多文学奖项:

2001年:获第二届冯牧文学奖、法国儒尔·巴泰庸外国文学奖、台湾联合报读书人年度文学类最佳书奖;

2002年:获首届鼎钧文学奖;

2004年:获第二届华语文学传媒大奖·年度杰出成就奖、茅台杯·人民文学奖、法国法兰西文化艺术骑士勋章;

2005年:获第十三届意大利诺尼诺国际文学奖;

2006年:获日本第十七届福冈亚洲文化大奖;

2007年:获福星惠杯《十月》优秀作品奖;

2008年:获香港浸会大学师姐华文长篇小说红楼梦奖;

2011年:长篇小说《蛙》获第八届茅盾文学奖;

2012年:获诺贝尔文学奖……

文坛蛙声一片,蛙声、欢呼声为莫言而鸣。莫言的写作风格独特、语言犀利、想象狂放、叙事磅礴,展现了中国文学的独具魅力。

一、《檀香刑》：鼎均双年文学奖

话须通俗方传远，语必关风始动情。

2001年，莫言潜心五年完成了一部雅俗共赏、人相传诵的长篇小说新作——《檀香刑》。在这部小说中，莫言以1900年德国人在山东修建胶济铁路、袁世凯镇压山东义和团运动、八国联军攻陷北京、慈禧仓皇出逃为历史背景，用高瞻深睿的思想和摇曳多姿的笔触，讲述了发生在"高密东北乡"的一场大悲大喜、可歌可泣的农民运动、一桩骇人听闻的酷刑和一段惊心动魄的爱情。全书生动感人，具有很强的可读性。2003年，《檀香刑》获第1届鼎钧双年文学奖。

《檀香刑》是一部结构精巧、语言特色浓郁的作品。小说采用"凤头——猪肚——豹尾"的结构模式，将一个千头万绪的故事讲述得时而让人毛骨悚然，时而又让人柔情万种。小说情节以女主人公眉娘与她的亲爹、干爹、公爹之间的恩恩怨怨、生生死死展开……

作品真实地再现了清末山东半岛发生的一起民间反殖民斗争事件。带头领导这起反殖民斗争的民间艺人孙丙最终被施以"檀香刑"。作品以"施刑"为主线，围绕着檀香刑的实施，将清王朝晚期诸多惊心动魄的事件，包括外国殖民者的强取豪夺，以及封建王朝权力斗争的残酷性和非人道性表现得淋漓尽致，折射出专制权力赖以存活的土壤和法则。

小说刻画了一大批鲜活的人物形象，包括富有浪漫气质的戏班班主孙丙，具有正义感的高密知县钱丁、从京城刑部大堂告老还乡的刽子手赵甲、如花似玉的"狗肉西施"孙眉娘、思想麻木、分不清是非对错、无意中还充当了刽子手帮凶的小甲，勇于变法的"戊戌六君子"，残酷而狡猾的政客袁世凯，以及最高封建统治者慈禧太后等等。动荡时世中百姓的正直善良或趋炎附势，官府互相勾结又互相提防的众生相，在作品中展露无遗。

小说中最真实感人也最精彩动人的人物，就是那位在别人眼中"红杏出墙"的浪荡女子孙眉娘。由于丈夫小甲是个傻子,不能满足女人的需求和欲望,因此她得不到真正的幸福。于是,当那个儒雅英气的知县钱丁出现时,她没有躲避,而是大胆地钟情于钱丁。在她身上有一种永不屈服的反抗精神,不但敢于向封建礼教发起挑战,而且勇于去追求平等和婚姻幸福的自由。她的种种行为,自然使她背上了浪妇的骂名。

在环环相扣、跌宕起伏的故事情节中,眉娘似乎是一个连接点。干爹兼情夫钱丁是亲爹孙炳的抓捕者,而公爹赵甲又是亲爹孙炳的行刑者,连丈夫小甲也扮演着帮凶的角色。爱情、亲情让她这样一个弱女子左右为难,在无情的社会淫威之下,她自然有胆怯,有紧张,但她却依然千方百计尽自己的能力,四处奔波,去营救那个因打死德国工程师被囚禁死牢中的亲爹孙炳。

为救父亲孙丙,孙媚娘想尽了一切办法,受尽了身心的煎熬,一次次探监看望亲爹,一次次被一些小人物拒之门外。这个生活在矛盾与纠结中的女人,依然是那样的坚强!她是哀婉的,却也是悲壮的。眉娘的形象,是《红高粱家族》中我奶奶的继承。同样是对着无能的丈夫,一个是傻子,一个是麻风病人;同样是听任爱情的蔓延,她们让自己轰轰烈烈地爱着恨着。她们有女人的娇羞,又有很多女人不具备的大胆和勇敢。

在《檀香刑》里,不仅孙眉娘处于亲爹、干爹和公爹的尴尬中难以周全,几乎每个人都无法真正掌握自己的命运,都处于进退两难的焦灼与尴尬之中。一如那段历史,那个千年王朝受到坚船利炮攻击时的无所适从一样。例如,县太爷钱丁就因为处在既是干女儿又是情人的眉娘的压力下而倍感焦灼;从刑部告老还乡的大刽子手赵甲,在面对儿女亲家孙炳的头颅和媳妇眉娘的哭泣呼喊时,也不能不陷于焦灼之中。而他的儿子,那位娶了艳妇的、傻乎乎的小甲,更是处在生理(性无能)和心理(戴绿帽子)的双重煎熬之中。

小说正是以清末极其混乱的中国社会为背景,以山东高密东北乡的风云变幻为切入点,从而才能以小见大,深刻反映出1900年前后处于社会急剧变动中的乡村社会之黑暗血腥,将一卷惊心动魄的历史画面层层铺展开来。作者以一种戏剧化的语言将不同身份的人物内心活动和思想变化刻画得极其到位。让人们在略带幽默的戏剧化语言中,感受当时血淋淋的残酷现实。

在结构上,它回归中国传统小说结构,章节的安排和古代章回小说有呼应关系。它从传统的中国小说甚至是民间文学当中吸取了许多营养成分,其中有不少民间说部的外型和民间说唱文学的影子。小说十分强调声音的

莫言 和他的故乡

作用,包括内心的声音、火车的声音、地方戏猫腔的声音,这些声音带着历史的全部信息。这些声调高低、音质各异的声音,不断地把小说的叙述推向了真正的高潮。

在叙述上,大部分由小说主人公的内心独白所构成。其中第一和第三部分,全部是由主人公自己来叙述故事的来龙去脉。在叙述中,小说的内部时间是交叉重叠的而不是线性的,从过去回到了未来,又从未来回到了现在和过去,从而把一个发生在1900年清朝即将结束统治时期的历史事件描绘得异常鲜艳和复杂、激越和斑驳、生动和宏阔。

小说人物一出场,就让人心弦震撼,余音不断:

他睁开眼睛,看到一道刺目的光线,从柳树的枝杈间射下来。在树梢上亲眼目睹的悲惨景象刚在脑海里一闪现,他的心就如遭到了突然打击的牛睾丸一样,痛苦地收缩了起来。从这一时刻开始,他的耳朵里,就响起来急急如烽火的锣鼓声,宛如一场即将开幕的猫腔大戏的前奏,然后便是唢呐和喇叭的悲凉长鸣,引导出一把猫琴的连绵不断循环往复的演奏。这些伴随了他半生的声音,钝化了他心中的锐痛,犹如抹去高山的尖峰,填平了万丈的沟壑,使他的痛苦变成了漫漫的高原。成群的喜鹊,随着他心中的音乐轰鸣,做着戏剧性的飞翔,犹如一片团团旋转的瓦蓝色的轻云;而不知疲倦的啄木鸟笃笃的啄木声,正是这急促的音乐的节拍。柳丝在清风中飘拂着,恰似他当年的潇洒胡须。

——俺俺俺倒提着枣木棍～～怀揣着雪刃刀～～行一步哭号啕～～走两步怒火烧～～俺俺俺急走着羊肠小道恨路遥——悲愤的唱腔在他的心中轰鸣,他手扶着树干,艰难地站立,摇晃着脑袋,双脚踩地。——咣咣咣咣咣咣——咣采咣采咣采——咣!苦哇——!有孙丙俺举目北望家园,半空里火熊熊滚滚黑烟。我的妻她她她遭了毒手葬身鱼腹,我的儿啊～～惨惨惨哪!一双小儿女也命丧黄泉～～可恨这洋鬼子白毛绿眼,心如蛇蝎、丧尽天良、枉杀无辜,害得俺家破人亡、形只影单,俺俺俺～～惨惨惨啊～～

孙炳杀了一个德国工程师,洋鬼子却杀了27个乡民,这是多么不公的事情呀!而满清的官府对此却无可奈何:

这一次屠杀,害了马桑镇二十七条性命。人们把亲人的尸体抬到大堤上,并排起来,等待着知县大人前来观看。在张二爷的操持下,几个小伙子,跳到河里,把被河水冲出去五里远的小桃红的尸体和宝儿云儿的尸体捞回来,与乡亲们的尸体放在一起。她身上遮盖着一件破旧的夹袄,两条白得吓人的腿僵硬地伸着。孙丙想起了她扮演青衣花旦时,头戴着雉尾,腰挂着宝剑,脚蹬着绣鞋,鞋尖上挑着拳大的红绒花,长袖翩翩,载歌载舞,面如桃花,腰似杨柳,开口娇莺啼,顾盼百媚生——我的妻啊,怎承想雹碎了春红,更那堪风刀霜剑,俺俺俺血泪涟涟……眼见着红日西沉,早又有银钩高悬～～牧羊童悲歌、老乌鸦唱晚～～铜锣声哐哐,轿杆儿颤颤,那边厢来了高密知县……

孙丙看到,钱大老爷弓着腰从轿子里钻出来。他那一贯地如门板一样舒展挺直的腰板,古怪地佝偻起来了。他那一贯地喜笑盈盈的脸可怕地抽搐起来了。他那一贯地如马尾般潇洒的胡须,如瘦驴的尾巴一样凌乱不堪了。他那一贯的清澈明净、锐利无比的眼睛,变得晦暗而迟钝。他的双手无所措地一会儿攥成拳头,一会儿又紧张地拍打着额头。几个带刀的侍卫小心翼翼地跟在他的身后,不知是保护他还是监视他。他逐个地查看了大堤上的尸首。在他查看尸首的时候,乡民们静静地注视着他。他用眼角扫视着肃穆的百姓,明亮的汗水很快地就湿透了他的头发。终于,他停止了慌慌张张的脚步,抬起袍袖,沾沾汗水,他说:

"父老乡亲们,你们要克制……"

"大老爷,您可要为我们做主啊……"乡民们猛烈地号哭起来,黑压压地跪了一片。

"乡亲们,快快起来。发生了这样的惨案,本官心如刀绞,但人死不能复生,请诸位准备棺木,盛殓死者,让他们入土为安……"

"难道我们的人就这样白死了吗?难道就让洋鬼子这样横行霸道吗?"

"乡亲们,你们的悲痛其实也就是我的悲痛。"知县眼泪汪汪地说,"你们的父母也就是本官的父母,你们的子女,也就是本官的子女。万望父老乡亲们少安毋躁,不可意气用事。本官明日就赴省城求见巡抚大人,一定要替你们讨一个公道。"

然而，公道没能讨回，反抗外来侵略的孙炳却被施以了酷刑。

《檀香刑》把莫言心中锤炼已久的"残酷叙事"推向了极致。小说最触目惊心的地方，是对凌迟和檀香刑这种中国古代酷刑的逼真描绘，它是为莫言的小说叙事走向狂欢化高潮的最后铺垫。所谓"凌迟"即把人身上的肉，包括眼睛或嘴唇在内，都用各种刀具来挖掉。为确保刑罚的残酷性，刽子手要保证刑犯不可以在挖掉最后一块肉（心尖）之前死去。书中袁世凯身边的军官钱雄飞，便因企图刺杀袁氏而被凌迟处死。"檀香刑"则是一种类似西方"桩刑"的酷刑，行刑的各个细节比凌迟更讲究。檀木必须在油里浸泡多时，以避免木头吸血而使刑犯在饱受痛苦前死去。书中的"义和团"领袖便不幸遭受了"檀香刑"的大难。

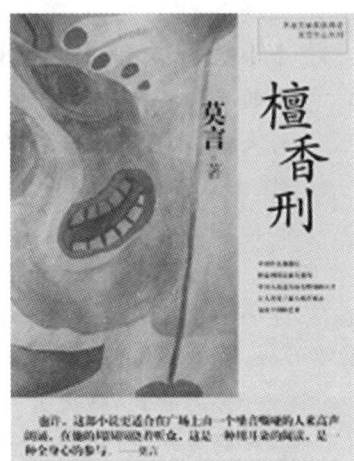

执行酷刑的刽子手虽然是一种边缘职业，但在宫中却拥有特殊而不可取代的位置，如顶级刽子手"姥姥"就被其他刽子手奉若神明。每一次行刑之前，他们都在脸上涂上热热的鸡血，以蒙蔽自己的内心。否则屠杀自己的同类，他们怎么可能毫无恐惧？

小说中刺杀袁世凯未遂的钱雄飞遭受凌迟刑时的一声吼叫，被割掉舌头后仍然不休止的、含混不清的戾骂，还有那只怒目而视却被赵甲生生挖掉的眼睛，都体现了作者对待身体感觉的敏锐及其坚韧的神经。文学评论家谢有顺就此指出：

> 我更愿意把莫言铺陈这样恣肆的酷刑场面，理解为他是想由此设置一个人性的实验场，以检验人承受纯粹肉体痛楚的能力，进而窥见刽子手的冷酷性，以及围观群众和官员在面对残酷时的各种反应。从另一面说，这何尝不是对专制、暴政、野蛮和看客麻木、冷漠心理的有力控诉呢？

残酷的刑罚、无耻的人性、沉痛的猫腔、人的哀鸣、英雄的悲声、良心的悸动、喑哑的死亡，这些全都在小说中交织和重叠在一起了，其中，猫腔起了起承转合的作用。整部小说华美、夸张而流畅的叙事，正是通过猫腔凄美婉转的唱词，使生命在黑暗幕布上得以保存一些亮色，小说也得以在结尾部分的诗化氛围中达至史诗般的辉煌抒写。猫腔的出现，使孙丙与暴政、与黑暗人性的对抗，诗化成了一部悲剧艺术，并且由于参与者众，最终把整片受难的土地都变成了悲壮的猫腔戏的戏场，它汇聚起来的悲鸣，连天地都为之动容。

　　莫言的高明就在这里，他虽然在整部小说中用了夸张和喜剧的叙事手法，但他没有停留于此，而是在豹尾部，通过猫腔的诗学转换，把前面的喜剧成分变成了一个悲剧的前奏。很清楚，《檀香刑》在精神推进上是一步步往上走的，它的内部，一直有一条向上走的诗学线索，如同一首乐曲，前面有了充分的回旋，到孙丙的行刑和死亡，曲子中突然出现了一段拔地而起、尖锐而绚丽的乐章，把整首乐曲带向高潮，并在此戛然而止。《檀香刑》在叙事上达到了这一效果，它结束在整部小说的最强音上，结束在孙丙的死上，只留下了檀香刑的余音久久地缭绕在读者的心中。①

在小说的结尾，几个主人公全部在行刑场所出现，这一幕就像是历史上重大的戏剧场景汇总那样，所有紧紧纠缠的人物关系，都在一个舞台上一次性交代和了断了。

莫言的长篇小说《檀香刑》既是一部汪洋恣肆、激情迸射的新历史主义典范之作，又是一部借刑场为舞台、以施刑为高潮的现代寓言体戏剧。洪治纲评论说：

　　　　它以极度民间化的传奇故事为底色，借助那似非常传统的文本结构，充分展示了作者内心深处非凡的艺术想象力和高超的叙事独创性，张扬了作者长期所崇尚的那种生命内在的强悍美、悲壮美。同时，在这种强悍和悲壮的背后，莫言又以其故事自身的隐喻特质，将小说的审美内涵延伸到中国传统文化的内部，并直指极权话语的深层结构，使古老文明掩饰下的国家权力体系和伦理道德体系再一次受到尖锐的审视。
　　　　他试图以一种刚烈彪悍的叙事方式，在重新激活民间生活艺术质感的同时，将生命真正地推演到种种极致状态，推演到作者内心深处渴慕已久的精神高度。这使得《檀香刑》不仅在叙事形式上呈现出传统与现代、民间与个人、残酷与诗意、悲剧与喜剧等二元共生的奇妙状态，而且还通过这种形式自身的整合,透示出作者对于传统文化和生命本源的某种深邃而复杂的理解。

可以说,这部小说完全是以一种喜剧性的话语方式来展示悲剧性的精神内涵,且悲与喜在小说中都叙述得浓彩重抹、登峰造极。这种两极化的高度整合,不仅体现了莫言高超的叙事技能,也表明了《檀香刑》绝不是一般意义上对传统小说创作模式的复归,它是莫言在沉入民间之后,以自己特有的艺术生命在激活民间话语的过程中所暴发出来的独一无二的声音,是莫言对中国当下先锋文学的再度开拓。

《檀香刑》所迸射出来的审美特质无疑是极为惨烈的。这种惨烈,与其说是源于作者对各种酷刑的酣畅淋漓的精妙叙述,还不如说是道出了中国传统刑术文化的血淋淋的真实本质。莫言之所以狂热地钟情于对各种刑术进行津津乐道的叙述,固然有他自身对残酷美的特殊爱好和痴迷(他的很多小说都是通过残酷的方式烘托出人性内在的强悍美),但也绝不能忽视中国传统刑术内在的种种近乎荒诞的文化内涵。实质上,正是这些刑术中所包含的种种繁富驳杂的文化内蕴,决定了《檀香刑》所蕴藉的那种深远的悲剧力量。

事实上,《檀香刑》的巨大成功,也正是建立在这种对人性内在的丰富性与复杂性的有效表达中。它以人性撕裂的尖锐方式,将叙事不断地挺入深远而广袤的历史文化中,在挞伐与诘难的同时,表达了莫言内心深处的那种疼痛与悲悯的人文情怀。因此,莫言的《檀香刑》看似残酷,但在这种残酷的背后,却有着强烈的体恤之情——那是对生命中血性之美的关爱,对人类永不朽灭的伟岸精神的慕拜。[②]

《檀香刑》是莫言迄今为止最重要的长篇小说之一。它既是一部历史小说,又是一部当代小说。它颠覆了历史小说的叙事模式,又从本土文化和历史资源中获取了创造性灵感和源泉,在小说的结构和叙述上实现了"大踏步撤退"。

与《丰乳肥臀》的命运截然相反,《檀香刑》一面世就赢得了一片赞誉之声,对其中较之《红高粱》中的剥皮描写不知道要更加令人发指多少倍的凌迟刑和檀香刑的描写,评论界也开始坦然接受,并力图阐释这种描写背后所蕴涵的丰富的文化内涵。

文学评论家李敬泽在点评该书时指出,在《檀香刑》中,莫言成了说书人,"他和唐宋以来就在勾栏瓦社中向民众讲述故事的人们成为了同行。这不是指《檀香刑》采用了'凤头、猪肚、豹尾'之类古老的结构原则,而是指它的叙事精神:直接诉诸听觉,让最高贵和最卑贱的声音同样铿锵响亮;直接诉诸故事,却让情节在缭绕华丽的讲述中无限延宕;直接诉诸人的注意力:夸张、俗艳、壮观、妖娆,甚至仪式化的刑罚也是观看的集体狂欢——这是中国的民间美学。"③

这是一本让人拿起便不会放下的书,也是一部历史恢弘的大戏,它与历史、与人生、与政治、与每个人物的命运和整个王朝乃至整个种族的命运都构成了不同层次的隐喻,再加上猫腔戏的大悲大恸,使得整部小说的内涵异常复杂,包含的艺术时空异常宏大。李敬泽总结说:

《檀香刑》是一部伟大的作品,从小说的第二句开始一直到小说的最后一句,莫言一退十万八千里,他以惊人的规模、惊人的革命彻底性把小说带回了他的故乡高密,带回中国人的耳边和嘴边,带回我们古典和乡土的伟大传统的地平线。《檀香刑》是21世纪第一部重要的中国小说,它的出现体现着历史的对称之美,莫言也不再是一个小说家,他成为了说书人。④

李敬泽高度评价《檀香刑》:它像一个标杆,是我们从传统文学文化资源中获得再生性力量的一个开端,"它写出的是我们的历史,但它也在形成文化和文学的未来的历史"。

①谢有顺:《当死亡比活着更困难——〈檀香刑〉中的人性分析》,《当代作家评论》2001年第5期。

②洪治纲:《刑场背后的历史——论〈檀香刑〉》,《南方文坛》2001年第6期。

③李敬泽:《莫言与中国精神》,《中国现当代文学研究导引》,南京大学出版社2006年版。

④李敬泽:《莫言与中国精神》,《中国现当代文学研究导引》,南京大学出版社2006年版。

二、《四十一炮》:"华语文学传媒大奖"

　　《四十一炮》是莫言精心打造的一部在艺术上勇于探险的长篇力作,也是莫言创作的第九部长篇小说,初版于2003年。小说以上世纪九十年代初的农村改革为背景,通过身体虽然已经成年、精神心理却仍旧停留在少年时代的主人公罗小通的诉说,抒写了农村改革初期两种势力、两种观念的激烈冲突,在揭示人性裂变的同时,反映了人们在是非标准、伦理道德上的混沌和迷茫。2004年作者凭借此书获得第二届"华语文学传媒大奖·年度成就奖"。

　　这是一本富有浪漫主义、传奇色彩及现实意义的农村题材作品。通篇以一个孩子的口气讲述,既有孩子似的烂漫无知,又有极具时代特色和乡土特点的民间口语。小说中的主人公罗小通是一个在诉说的虚幻中求得满足的孩子。他用自己特别能讲的嘴胡吹乱诌,把自己的少年时代和身边各色人等的故事,说得云里雾里、天花乱坠。他的讲述真真假假,谎言和夸张、真实和掩饰都有。罗小通的身体长大了,但是精神状态却仍然留在童年状态里,这种状态和德国作家君特·格拉斯的小说《铁皮鼓》里面的侏儒奥斯卡身体处于儿童的状态、精神是成人的状态恰好相反。莫言反其道而行之,将罗小通这个对成人世界感到恐惧的少年滔滔不绝讲述的东西铺陈而出,把一个作家对少年时代的留恋,对童年时光的回忆,以及对眼下这个被权力不断破坏的环境和人心的现实,都做了变形的展现。

　　小说的思想脉络清晰,一条显性,一条隐性。显性的思想脉络是食品问题。小说中的屠宰专业村是一个以屠宰牲畜为主、闻名远近的屠宰村,屠宰专业户们赖以赚钱的主要手段就是往肉里注水。"注水肉"引发了两个严重问题:一是食物中毒;二是环境污染。前者发生在"肉食节"上,几百人同时中毒、远近医院的救护车都被调来参加救护。环境污染则使得屠宰村附近的山里,生长出了一群不知是什么动物的怪兽。

隐性的思想脉络是人的问题,或者说是体制问题。屠宰村的村长发明了"高压注水法",通过非法手段让大部分村民们富了起来,自己则成了"黑心致富的带头人",并为自己积攒了政治资本。在"注水肉"将要受到打击前,村长突然果断地取缔了所有个体屠宰户,成立了集体肉联厂,他自己也摇身一变,当上了董事长。肉联厂以打击"注水肉"、让城里人吃上放心肉为幌子,实际上却是变个体注水为集体注水,变注水为"洗肉",变非法为合法。村长的远大政治眼光再次为他积聚了政治资本,在带领群众致富之前,自己依靠手中的权力先富起来了。农村基层组织以及检疫站里老韩小韩们的行为,被作者提升到政治体制的高度,折射出当代政治体制改革的艰难性和复杂性。

还有一条忽明忽暗的线,即性的问题。由于社会开放和经济发展所引发的性问题,在农村是不可避免,而又必须加以重视和解决的问题。否则它将引发出许多社会、伦理问题,甚至给农民的生活带来灾难。

小说中的各种思想和观念,通过"炮孩子"的述说而表达出来。正如作者所说:"在写作过程中,罗小通就是我,但他现在已经不是我了"。

小说除了正面讲述农村发生的变化,以独特的方式重构农村改革初期的历史外,另有一条副线,讲述了老和尚——一个曾经身份不凡、过着奢靡肉欲的生活的国民党军官的传奇人生。两条线索交叉进行,实和虚的场景不断变换,使得整部小说叙事曲折迂回,场景扑朔迷离,令人读来有酣畅淋漓、欲罢不能的感觉。

《四十一炮》还塑造了村长老兰、我父亲罗通和母亲杨玉珍三个主要人物形象。其中老兰是农村改革里的风云人物,父亲则代表在时代风云面前保守顽固的一方,他身上那些传统、美好的东西,也因为他的被唾弃而被一并抹杀了;母亲则是农村中大多数农民形象的代表,她人生的愿望只有一个——盖上大瓦房,过上好日子。此外,小说中还有两个人物——父亲的情人野骡子姑姑以及"我"同父异母的妹妹娇娇,虽然作者用的笔墨不多,也给读者留下了较深的印象。

小说用叙述的华美和丰盛，来弥补生活的苍白和性格的缺陷，通篇洋溢着传奇色彩和浪漫主义。如"我"的幻觉和想象，让读者眼前的"我"近乎神人，而"我"的倾诉对象——同样是一个充满传奇色彩的大和尚；讲故事的地点"五通神庙"，则是欲望的象征，据说曾在聊斋里出现。这些无疑为该书增加了精彩看点，使读者不时被莫言式的幽默逗得捧腹大笑。

在《四十一炮》中，莫言改变了以往的语言风格，他说："在这本小说里，不同于我以前写的那些上世纪60年代的农村小说，这次我尝试着用优雅而文学的字眼去描述情节，希望可以具有更多的时代性，当然人物在对话时该土的还是土。"现实与浪漫并举，乡土与优雅共重，语言鲜活而富有魅力，可以说是《四十一炮》的一大特点。

小说封面上有一句引言："大和尚，我们那里把喜欢吹牛撒谎的孩子叫炮孩子，但我对您说的，句句都是实话"。小说的前半部分写得比较现实，后半部分则慢慢地转为荒诞。用诙谐的、荒诞的手法，通过一个小孩子对和尚的述说来表达作者对社会问题的关注，其中也许隐含着作者的些许无奈。此外，作者在书中还动用了大量的起转埋伏，声东击西的小说元素，显示了作者驾驭小说的能力。

这部小说使由莫言的中篇小说《野骡子》发展而来的。莫言在谈及该书起名《四十一炮》的由来时介绍说，在他的故乡，如果一个孩子爱说谎，特别会编排故事，人们就叫他"炮"孩儿。而在这部小说里有一条十分具有传奇色彩的副线，就是有一个会讲故事的年轻人，他讲的许多东西都是自己凭空想象出来的，虚幻的成分很多。这个年轻人小的时候就是个"炮"孩儿，虽然他现在已经20多岁了，但他依然停留在过去的岁月里，他所经历的许多传奇故事都是随口"炮"出来的，是经不起推敲的。

此外，小说中的"我"和母亲小时候收破烂时无意中收到了一门迫击炮，但是并没有把它当作废品卖掉，而一直很好地保留着。后来，母亲不知道从哪里弄来了41枚炮弹，"我"便使用迫击炮将这些炮弹全部发射向了仇人村主任的家。尽管这些只是"炮"孩儿的编造，但这41枚炮弹恰好又对应了该书的41个章节，所以书名定为《四十一炮》是再合适不过了。

莫言在《自述》中回忆说：

我的故乡把那种说话无边无沿、信口开河的人，叫做"炮人"，对这样的孩子，就叫做"炮孩儿"。一旦某个孩子被称为"炮孩儿"，这个孩子的话，就没有人会相信了。对于"炮孩儿"来说，"炮"是一种言说的状态，也是一种说话的腔调。是一种愉快，也是一种创造。"炮人"其实就是口头文学家，"炮孩儿"其实就是文学少年。这样的孩子，有的可能会成为小说家，成不了小说家，也会成为村子里的"名人"。我们那儿，每个村子里，都有这样的人，有"炮孩儿"，有"炮老头"。我小时候，跟村子里的"炮老头"关系很好，也很想成为一个"炮孩儿"。我没有成为一个"炮孩儿"，一是才华不够，二是受到了家长的压制。每当我唾沫横飞地"炮"时，总怕被家里人看到，心存忌惮，不能尽情发挥。我母亲谆谆地教育我：你是狗改不了吃屎了，掐破耳朵地嘱咐你，不要"炮"，不要"炮"，你一离了我们的眼，就忘了你姓什么。你不"炮"是不是嘴巴发痒？你不"炮"就会憋死？小孩子家，少说话，大模大样地，多好！我父亲可不会这样客气，他瞪我一眼，说：再"炮"就用麻绳子把嘴给他缝上。我的"炮"给扼杀了。

根据我的经验和观察，"炮"需要情绪需要氛围。氛围适宜，情绪高涨，灵感大发，口齿利落，犹如大河奔流，滔滔不绝。手舞足蹈，眉飞色舞，忘乎所以。这种状态，其实就是小说创作的状态。

这部小说的创作过程并不顺利，因为我起初没找到叙述的腔调，一旦确定了"炮孩儿"的腔调后，小说就如水到渠成了。

对自己笔下的罗小通这个人物，莫言分析说："拒绝长大的心理动机，源于对成人世界的恐惧，源于对衰老的恐惧，源于对死亡的恐惧，源于对时间流逝的恐惧。罗小通试图用喋喋不休的诉说来挽留逝去的少年时光。"

在莫言的小说里，描写农村题材的占了很大一部分。《四十一炮》则是他的又一部农村小说。在被问及是否对农村题材有着格外喜好时，莫言说："我想一个人在成为作家之前就已经决定了他今后的写作之路。我在农村生活了很长时间，20岁时我才到了城市，对农村的一切已经有了很深的记忆。"对我来说，"书中的一切早就烂熟于心了，这也不是我的生活经历，但我和书中人物是同呼吸的，我知道他们应该想些什么，也知道他们的感受，所以写书的感觉是真实的。虽然这本书拖得时间比较长，中间总被其它的事耽搁了，而真正的写作时间也就半年。"

这是一部精彩绝伦的小说，是"黑色老树上抽出的绿枝"。它通过一个孩子的视角和信口开河的诉说，重构了人生的少年时光。与苍白的人生抗

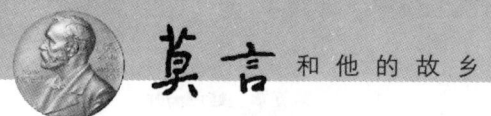

衡,与失败的奋斗抗衡,与流逝的时光抗衡,使人们又一次近距离地回看了农村改革初期的历史。该书200？年曾入围第七届"茅盾文学奖";2004年作者凭借此书获得了第二届"华语文学传媒大奖"。

"授奖辞"高度评价莫言:"他通透的感觉、奇异的想象力、旺盛的创造精神,以及他对叙事艺术探索的持久持久热情,使他的小说成了当代文学变革旅途中的醒目界碑。他从故乡的原始经验出发,抵达的是中国人精神世界的隐秘腹地。他的笔下的欢乐和痛苦,说出的是他对民间中国的基本关怀,对大地和故土的深情感念。"

"大师不愧为大师",这是人们读过小说后不由自主发出的感叹!

三、《生死疲劳》:"红楼梦奖"

2005年,莫言以喷涌般的气势创作了一部重构宏大叙事艺术的长篇巨著——《生死疲劳》。作品围绕土地这个沉重的话题,叙述了中国农村从1950年到2000年的50年间发生的沧桑巨变的历史,阐释了农民与土地的种种关系,并透过生死轮回的艺术图像,展示了新中国成立以来中国农民的生活和他们顽强、乐观、坚韧的精神面貌。

这部长达55万字的长篇小说,重点描述了高密东北乡西门屯地主西门闹一家和农民蓝解放一家在半个多世纪中所经历的悲欢离合、"生死疲劳"的故事,其中充满了种种吊诡和狂热、唏嘘和苦难。虽然时间跨度长达50年,从1950年起一直写到2000年底,包括解放初期、土地改革、抗美援朝、十年动乱、包产到户、全面改革开放等主要历史时期,就连书中许多人名都打着历史的烙印,如蓝解放、黄互助、黄合作、庞抗美、马改革、蓝开放等等。全书通篇脉络清晰,层次分明,引人入胜。

台湾麦田出版公司 2006 年版

小说分为5个部分,分别是"驴折腾"、"牛犟劲"、"猪撒欢"、"狗精神"和"结局与开端",形式上采取了中国古代章回体小说的形式。叙述上则依旧保持着狂欢的语调,把地主西门闹和农民蓝解放一家的故事讲述得悲喜交集,把人生欢乐与苦难的互相转换,如滔滔大河般缓缓流过读者的脑海。莫言通过《生死疲劳》完成了对中国半个世纪土地问题和农民命运的重新讲述,是新世纪一部史诗性的小说。

《生死疲劳》使莫言再度回到对多变、复杂、荒诞和鬼魅的中国现当代史

莫言 和他的故乡

的讲述当中，并套用佛教"六道轮回"的故事，为自己的小说找到了一种恰当的表达形式。小说采用拟人化的写作手法，以建国后地主西门闹被枪毙为引线，描写了西门闹在随后的岁月里不断地转生为驴、牛、猪、狗、猴和大头婴儿蓝千岁的过程中，在它（他）的眼睛里重现的中国当代农村历史风云的戏剧性变幻。

小说的视角十分独特，即通过动物的眼睛来观看中国近五十年来社会、历史的变化。土改时期被枪毙的地主西门闹，认为自己虽然有财富，但并没有造孽，因此在阴间为自己喊冤，并先后经历了"六道轮回"：依次投胎为驴、牛、猪、狗、猴，最后再度投胎成人。五十年来中国乡村社会庞杂喧哗、充满苦难的蜕变历史，也在这"六道轮回"中一一展现。

解放后，西门闹的二姨太迎春改嫁给了在他家当长工的蓝脸，并生下儿子蓝解放。蓝脸在合作化运动中一直坚持单干，而不愿加入合作社，成为当时中国农村唯一坚持到底的单干户。到"文革"时他的遭遇十分悲惨，不仅受到来自各方面的压力和打击，而且众叛亲离，但他仍然执拗地坚持单干。

到了 20 世纪 80 年代，农村实行联产承包责任制，当年领导"合作化"的村支书洪泰岳，虽然是一个正派的基层干部，却因看不惯分田到户，希望恢复人民公社，而成了农村改革的绊脚石。这位新时代的失意者与"复辟狂"，最后甚至不惜以死相拼，死时还高唱《国际歌》，成了旧体制的牺牲品。回头来看坚持单干的"一根筋"蓝脸，却发现历史转了一个圈，他竟然是有前瞻性的。改革开放后，迎春与蓝脸的儿子蓝解放担任了县供销社主任和副县长；迎春与西门闹的儿子西门金龙也先后担任了西门屯村党支部书记和旅游开发区的董事长。

莫言认为，历史大致由两种人物担当，一种人是有价值的个性，而另一种人是无价值的个性。《生死疲劳》中的农民蓝脸和村支书洪泰岳，就是这两种人物的代表。莫言为此感叹道，当时违背思潮的农民恰恰被历史证明是"有价值的个性"，而以死相拼的村支书却被历史证明是"无价值的个性"。他强调说："这是个性相似的两个人走了不同的方向，互为正负，合起来是一个人，像一枚硬币的两面。"

作者采用了一种东方式的超现实主义写作手法。"小说中人跟动物之间可以自由地变化，"被转生为驴、牛、猪、狗、猴和大头婴儿的地主西门闹，滔滔不绝地讲述着他身为畜生时的种种奇特感受。可以说，正是关于生命"六道轮回"的想象，撑起了这座气势宏大的文学建筑，写出了农民对生命无比执著的颂歌和悲歌。

　　这部小说是莫言在艺术上向中国古典章回体小说和民间叙事的传统回归的探索性作品。它不仅在观念上保留了大量中国佛教和民间信仰的元素，而且从形式上看，采用了古典章回小说的标题方式，鲜明地继承了中国古典神怪文学，如《山海经》《西游记》《封神榜》所建立起来的奇幻传统。小说的故事情节极端、怪异、变形、荒诞，但是与寄寓其中的哲理浑然天成。全书从内涵到外延充满了作家的探索精神和艺术灵气，就其所达到的艺术境界而言，称得上是一部划时代的史诗性作品，也是中国文学终于跳出图解概念沼泽的标志性著作。

　　莫言在小说的语言上也进行了探索试验，正如他自己所说："力争用一种最自由、最没有局限的语言来表达我内心深处的想法。所以我觉得这本书是对社会现实的关注，和对文学探索、文学创作的一种比较完美、统一的结合。"

　　这部对中国历史和现实的重大问题——土地和农民的关系问题进行严肃思考的长篇巨著，由于构思成熟及素材积累多，莫言仅仅只用了43天时间就写出了该书的初稿。平均每天要写1万多字，创下了他自己写作速度的最高纪录。为此他付出了巨大的代价，平均一天只睡三小时，甚至"在睡觉时也有一半脑细胞在工作，有的梦也变成了现实。"

　　莫言认为，这部小说的创作是基于现实生活的。他说："我六七岁的时候，在我们学校旁边就有这样一个农民，他以个人的力量与公社化这个农民运动相对抗，一直坚持到最后。历史证明了他是正确的。这样一个人在当时的社会情况下却显得非常极端和另类，被很多人打骂，他为了坚持自己的观点做出了巨大的牺牲，甚至跟自己的儿子、女儿都分道扬镳，但他依然没有屈服。我走上文学道路之后，觉得这个人物迟早会进入我的小说，所以这本小说写得非常快"。由于"准备的比较充分，考虑的比较成熟，写的时候自然没有太多的障碍，可以感受到一泻千里很畅快的感觉。如果考虑的并不成熟，写的时候肯定是障碍很多，动作就会慢。"

　　莫言介绍说，"在写作中，我丢掉了电脑，重新拿起软毛笔，创作的激情从笔下汹涌而出。"由于小说写得既快又长，莫言反而为此感到不安，怕因一时的疏忽而给文本带来瑕疵。在小说中，莫言首次尝试采用近似章回体的叙述方式，从而使小说在阅读时有类似阅读中国古典小说的快感。莫言对此解释说，他并不是刻意为之，而是因小说叙事的需要，尤其是为了区别章节之间的界限。

小说的书名来自于佛经,《八大人觉经》(第二觉经)中有一句话:"生死疲劳由贪欲起,少欲无为,身心自在。"它表明,生灵在六道轮回当中的生生死死,是相当疲劳和痛苦的,人只有脱离这个生死轮回的状态,进入佛的境界,才能脱离苦海。而人之所以会有这样的痛苦和疲劳,就是因为人有各种各样的欲望,欲望越多、脱离苦海的可能性就越小,痛苦就越大。

莫言说,他是在承德参观寺庙时,偶然看到有关"六道轮回"这四个字而激发了创作灵感。在佛教看来,人生的最高境界是成佛,只有成佛才能摆脱令人痛苦的六道轮回,而人因有贪欲则很难克服自己,很难与命运抗争。"无欲则刚"说的就是这个道理,一个人为什么会软弱、会害怕、会投降呢?就是因为有欲望,如果没有欲望,就可以保持刚正不阿的人格。评论家李敬泽就此指出,《生死疲劳》是一部关于"执著"的颂歌和悲歌,六道轮回就是为了破"执"。人之所以苦就是因为放不下,而最终安放我们的是这片土地。

莫言在阐释这部小说的写作动机时说:从80年代开始的新时期文学,大部分是写农村题材的,其中大多数是停留在对农村的落后、"文化大革命"带来的毁灭性的后果、经济的崩溃以及农村人的变化的叙述上,没有一部从50年代初到2000年这么一个时期的相对完整的小说。所以我想写这么一部相对完整的、能够概括出农村的核心问题的小说,这个想法也是在漫长的过程中考虑成熟的。

在对《生死疲劳》的写作主旨和思想倾向进行探讨时,莫言指出:

农民和土地是亲密的关系,一旦逃离土地,农民就没有了根本,会陷入更深的苦痛。几千年以来中国改朝换代、农民起义,围绕的核心问题都是土地。1949年之后,农村的变迁实际上还是土地的问题。《金光大道》和《艳阳天》说的都是土地的问题。写农村改革的小说实际上并未涉及根本,根本问题就是"农民与土地"的关系。到了今天,这种关系又发生了变化,农民纷纷逃离土地,出现新一轮的土地荒芜现象。

土地问题是解决中国问题的一把钥匙。没有土地,农民像浮萍一样飘摇。我认为,不应毁掉或背弃土地,那必将使农民陷入更深的苦痛,前途更加未卜。我无法预见,也无法解决,但在我小说的结尾,展示了逃离土地或背离土地的凄惨景象。当然最后还是有希望的,希望寄托在女性身上。

小说出版后,在文学界和社会上引起了极大的反响。出版界称之为"六道轮回的民间想象与古典小说章回体形式完美结合的鸿篇巨制",认为该书"大气磅礴、荒诞怪异,展示了半个世纪的农民命运和乡村变迁,探索了人与灵、生与死、苦难与慈悲等重大的人生和社会问题"。对莫言"运用佛教六道轮回的观念,杂糅魔幻写实的手法,展示了一部充满奇趣的现代中国《变形记》"给予了极高的评价。文学评论家王德威指出:"全书笔力酣畅,对历史暴力与荒诞的沉思又不乏传统民间说唱文学的世故,足以代表当代中国小说的又一傲人成就。"李敬泽认为:"《生死疲劳》是一部向我们伟大的古典小说传统致敬的作品。这不仅指它的形式、它对中国经验和中国精神的忠诚,也是指它想象世界的根本方式。现代小说已经遗忘了这样的志向,而《生死疲劳》让我们记起了那种宏大庄严的景象。"

赵松在《唯有生死永不疲劳》一文中对这部小说给予了高度的评价,他写道:

这一次,他所虚拟的那个世界——高密东北乡,焕发出更为奇幻而自然的光芒。他就是那里的缔造者、魔法师甚至是神灵,又是那里的人物草木尘埃,他超然物外,俯瞰着他所创造的芸芸众生,将其领悟了生命大义的深情至性渗透于毫发细微间,他沉浸其间,为人、为驴、为牛、为猪、为狗、为猴、为世纪婴儿,游走阴阳两界生死轮回之间,将五十年的坎坷多难悲欣交集的尘世百劫演绎得淋漓尽致,虽有轮回往复的过程,却没有落入因果宿命的陈窠,虽有章回小说某些因素的借用与激活,却又能出脱的无碍无拘无束……。这部长达五百四十页四十九万字的《生死疲劳》,是他对自己的一次里程碑式的超越,比之十年前备受瞩目的《丰乳肥臀》来得更为成熟而精彩。

他可以心平气和地向他心仪已久的格拉斯大叔、马尔克斯先生以及福克纳老头儿致意了,因为这部作品显然是有资格进入《铁皮鼓》《百年孤独》和《喧哗与骚动》的行列的。正像格拉斯大叔通过一个整天敲打铁皮鼓、尖叫碎玻璃的畸体儿马特拉策获得了一个近乎全知全能的倒叙视角那样,莫言通过几经转世投胎的世纪婴儿找到了全知全能的倒叙视角。但是为了让这部长达四十九万字的作品显得更有层次感和更富于变化,莫言又借鉴了一点点福克纳老头儿的《喧哗与骚动》的大框架结构,采用了多重叙述最后补述的方式。

当然,莫言就是莫言,他非常清楚,仅有叙事角度和结构框架是远远不够的,他最需要的还是很中国的东西,于是他引入了地狱阎罗审判、转回投胎转世,引入了驴牛猪狗猴的人性畜性相互参杂渗透的叙事视角,引入了章回体的小帽子戏法和说书人的某些方式,还有一些民间传说的成份,收到了似真似幻、似虚似实、亦庄亦谐、五味俱全、趣味十足、起伏多变、生机盎然的叙事效果。然而从整体结构上看,这部小说仍旧是线性的叙事过程。这些因素的介入,确实是解决了线性叙事所容易产生的层次感不强、叙事角度单一的问题。由于线性叙事的大体存在,故事虽然讲的精彩,但是更为重要的小说叙事空间的延伸拓展与灵活利用却受到了很明显的抑制。

虽然如此,这仍旧是一部写作难度很大的杰作。其难度在于必须要面对那半个多世纪的复杂难解的大背景,同时也是构成今天我们这个巨变中的世俗世界的基础、我们中国人重回现代生活的史前时期。

对于过去很多试图以某种观念化、道德化甚至历史化、人性论的方式呈现或借它说事的小说家们来说,这五十多年既是诱人的矿藏,又是不能承受的重负迷宫,结果不是被它轻易地淹没,就是无门而入,不是被事件的沉重所累,就是被人情世相的繁杂所困。如果以人性悲剧的角度来看它,就会轻易陷入宿命论的狭隘泥沼;如果从历史的角度来看它,又会拘泥于大的事实而忽略了众生细节;如果从佛家轮回的角度来理解它,那所谓的现世生活又会显得太过无谓。它要求作者不仅要拥有极强的文字能力,还要有能超越那诸多陈旧角度的阔大视野,将曾经发生未曾发生可能发生的一切都变成小说的构成因素熔于一炉贯通一气;它要求作者找到一个生发与回落的基点,无中生有、一生二、二生三、三生万物地构建起一个饱满鲜活的世界来。莫言毕其十多年间积累的功力,缓慢而有力地克服了这部小说所要面临的难度。

事实上,从西门闹在阎罗殿饱受油炸煎熬的那几页精彩的文字开始,就已经充分地透露出从容、大气、厚重而又简练的特质。这是一部从始至终都体现出非常的自信心与文字运用能力的作品。尤其是当莫言的笔触从牛头马面皮肤的高贵蓝色转到高密东北乡沼泽中的一种上午开放下午凋谢的小花朵的时候,一股轻灵的气息和光泽便暗自流动起来,使小说肌体充满了深层的柔韧和灵性。

莫言是个洞察人心、物性和世理的小说家。无论是所谓的人性、还是动物性、甚至是草木性，都被他融会贯通于他的文字里。他既能超然冷眼面对这一切生灵的际遇，又能与之同喜怒哀乐、共悲欢离合。向来被视为万物灵长的人与驴牛猪狗猴齐物相论。从西门闹的死到驴折腾、牛犟劲，再到猪撒欢、狗精神，到卖艺用的猴及西门后人、相关人等直到最后的世纪婴儿，那么多沉重而苦难的七情六欲的事，于实虚真幻间相互渗透、自然呈现，其中的轻逸狂想与冷调叙述、幽默诙谐与戏拟反讽、残酷呈现与深层抒情交相呼应，使那些沉重不堪坎坷多变的历史情境转化成了一个虚构而又现实的鲜活世界，为我们提供了前所未有的阅读、回忆与想象的多重而广阔的视角和经历。①

作家张颐武在《凶悍地透视乡土中国——评莫言小说《生死疲劳》》中写道：

这部小说有一种难以承受的爆破的力量，它延续了莫言的强烈的风格化的特征和瀑布般流出的句子，但却又添加了一系列原来没有的新的元素。其中一些表记有着相当强烈的挑战性，如利用章回体的写作和对于佛教轮回观念的借用。这些表记都有一种特立独行的风格，一种耸人听闻的氛围，一种突兀地回返传统的新的文学形态的呈现。而章回体的借用则将瀑布般的语言流放置在一个传统的小说装置之中，构成了一种难以言说的新的感受力。

在这个空间里，莫言给予我们的是关于乡土中国的当代史的惊人的描述，这里有家族的仇恨，有情欲和历史之间的不可思议的断层，有惊人的贫困和匮乏带来的焦虑，有狂热的理想国的追求的幻灭和失落，有新的市场化之下的乡土中国的新的希望、困扰和挑战。在这里，"风土"和民俗的记忆不是没有用处的装饰，而是生活的能量的来源。但不断试图彻底改变的宏愿对于风土的改造和引发的不间断的冲突构成了小说的力量。

当年计划经济的力量的冲击给予乡土急剧的"现代性"的改变，一种生产关系超越生产力的失败和崩溃被彰显。这里蕴涵的人民记忆具有着强大的功能。莫言的表述里可以看到他对于那个时代的深刻的质疑。他的恣肆的笔触里其实有对于中国当代史的无尽的关怀和感慨。

他的发现其实以感性的表现提供给人们对于记忆的真切地展开,这种展开告诉我们记忆中的"过去"的不可回返和不可重现。②

美国著名汉学家史景迁对《生死疲劳》也给予了十分中肯的评价,他说:

虽然可以说莫言叙述的政治剧从历史上讲忠实于现有已知的记载,《生死疲劳》依然是一部幻想大胆、具有创造力的小说,它不断地自嘲、重编,并通过文中的评论给读者以震动。它将政治作为病理学来阐述。从一开始,读者想必就乐于欣赏莫言这部小说的别出心裁之处:五位主要的叙述者不是人而是动物,尽管它们都用巧妙控制的人的声音说话。五位叙述者每一位——驴、牛、猪、狗、猴——是一位名叫西门闹的男子逐次转世的化身,这是由阴曹地府的阎王所定。

西门闹,30岁,高密县的富裕地主,共产党接管政权后,在土地改革初期,就被当地的一个村民在寒冷的十二月近距离枪毙了。自觉自己在人世善良正直、修桥补路、乐善好施,是孝顺的儿子,慈祥的父亲,深爱自己的正房与两个姨太太,西门闹抗议命运的不公。阎王的答复是,世界上许多人"该死,但却不死;许多人不该死,偏偏死了。"因此,阎王答应放西门闹转世,正是从这一刻起,他回到了人间,先是做动物,最终恢复人形。

使用这种虚构的手法,在语调与叙述上自然会面临种种困难。五个不同的动物叙述者必须用各自的动物声音描述各自的经历,杂以各自前世在人间生活的情绪与见闻。它们对所谓的现实主要的维系在于,各自与西门闹活着的长工蓝脸存在某种联系,蓝脸是一个强壮、忧伤、吃苦耐劳的农民,坚守自家的土地,坚决拒绝参加后来的各种社会主义组织。蓝脸倔强、骄傲、忍耐,他反过来又是每一种动物的主人或同伴。他们共吃不多的供应粮,一起劳作。虽然他们之间无法交谈,但蓝脸还是在这五种存在形式的身上,回想起自己那被枪毙的东家。

如此简要的梗概或许会使小说听来过于精巧,而这部小说其实粗糙而又坚毅,粗俗而又滑稽。革命分子的乡村政治翻天覆地;村里的性交(无论是人的还是动物的)灿烂而又强烈。死亡令人意外而又暴力。处处可见苦心谋划的巧合。最为滑稽可笑的事件,却是带着超然的精心加以描绘,资深翻译家葛浩文(Howard Goldblatt)流利而又优雅的译笔，无数次再现了这些事件令人同情的时刻。

该书的作者也常常出现在叙事结构中。他作为作者与个人的局限不断受到嘲笑，而我们也常常受到作者莫言的提醒，小说中的人物莫言不可信。"莫言从来就不是一个好农民，"我们被告知，"他身在农村，却思念城市；他出身卑贱，却渴望富贵；他相貌丑陋，却追求美女；他一知半解，却冒充博士。这样的人竟混成了作家，据说在北京城里天天吃饺子。"在小说的结尾，莫言另有发展，成了主要人物之一。正是在西安莫言的家里，蓝脸的儿子得以与情人度过艰难的5年。莫言甚至还给这一对情侣提供日本避孕套。

姜戎在其新作《狼图腾》中，对一群饥饿的狼与一群野马之间可怕的较量做了描写，以此显示旧有的草原生活方式的价值，与之相对照的是党强加于其上最终灾难性的价值观念。对于这种较量，莫言有他自己的版本：在集体农场附近，驴跟狼之间的搏斗。阎连科的《为人民服务》中，一个勤务兵和他的情人——军队师长的妻子——在夏日里激情做爱，高潮发生的那一刻，是二人性狂欢中撕毁了所有一度珍贵的藏品——毛泽东像，以及毛那些过时而又没有意义的政治纲领。在莫言《生死疲劳》中描写的许多性纠缠中，也显现出了这种反政治的激情。如此看来，中国的小说正在取得自己应有的地位，小说作者也在主张新的表达自由。③

自然，也有读者和评论家对《生死疲劳》提出了批评，甚至带有某些批判的意味，认为这部小说是一本魔幻现实主义的"变天账"。有位评论家写道：

魔幻现实主义指其艺术风格，"变天账"则指其思想意识，相对于《创业史》、《艳阳天》的思想意识，这本书自然可称为"变天账"。但显然这些小说都走向了极端，如果说《创业史》、《艳阳天》的出现有当时的局限，那么《生死疲劳》则还局限在80年代的主流意识形态之中，没有正视90年代以后农村中出现的新问题。

与《生死疲劳》相比，贾平凹的《秦腔》没有回避这些问题，甚至没有回避自身的矛盾，这在当代作家中是难能可贵的。在贾平凹的眼中，改革开放后仍坚持合作化的夏天义并不仅仅是一个被嘲笑的对象，而是一个失败的悲剧人物，他也展示了另一种可能的未来；而坚持市场利益的夏君亭虽然在现实中有着生机与活力,却也有着重重危机,并不一定有前途。小说中有着对革命与改革的双重反思,同时也是贾平凹的自我反省。在这里,贾平凹并未给我们提供一个明确的答案,但他对现实的体验与思考,对土地的贴近,对人物内心的把握,却能给我们以广阔的思考空间,让我们了解到当下农村的破败景象和农民的命运,农民的心灵。《生死疲劳》给我们展现的,则是一些破碎的家族故事,越到最后,小说越偏离土地,或者说土地已经成为了一种象征之物。

小说当然也有精彩的地方,流畅奔放的语言,丰富细腻的感觉,狂欢的情节,这些具有莫言特色的艺术仍不逊于以前的小说,其中对动物与人意识交汇处的描写颇见功力,西门牛夜巡、西门狗对味道的敏感等一些细节,也能给人以深刻的印象。小说前半部对小讨厌鬼"莫言"的描绘中既有调侃,又有挖苦,但不乏可爱之处,可以见出作者心态的放松、自然,可惜到后来这一形象也模糊了。小说可圈可点之处还有很多,但总体让人觉得华丽而苍白。④

2007年,《生死疲劳》获得了"'福星惠誉杯'《十月》优秀作品奖"。"授奖辞"指出:"作品植根于中国文化的母体,将夸张的想象与质朴的现实完美地结合在一起,激情四溢的诗性笔触游走于阴阳两界,全景式地展现了乡村中国的生存画卷。作家将沉重的思想贯注于狂欢式的叙述中,在对苦难的戏谑中加深对苦难的理解。"

2008年,该书获得香港浸会大学"世界华文长篇小说奖'红楼梦奖'首奖",并入围首届"曼布克亚洲文学奖";同时,作品还入选中国小说学会"2006年度小说排行榜"(榜首)及《亚洲周刊》"2006年十大好书"。莫言

莫言在"红楼梦奖"颁奖典礼上

曾说:"给《生死疲劳》打一个形象化的比喻,如果说我的作品都是高密东北乡版图上的建筑,那《生死疲劳》应该是标志性的建筑。"

2012年10月,诺贝尔奖组委会授予莫言诺贝尔文学奖后,告诉他:全世界很多大学生会读他的作品,因此请他推荐一部代表性作品。莫言推荐

了当年在瑞典出版的《生死疲劳》,"因为这本书比较全面地代表了我的写作风格,以及我在小说艺术上所做的一些探索。"作者对《生死疲劳》的偏爱溢于言表。在回顾这部小说的创作历程时他曾说:

> 我觉得讲真话毫无疑问是一个作家宝贵的素质。如果一个作家讲假话,不但对社会无益,也会大大影响文学的品格。因为好的文学作品,肯定有一个真实的东西在里边,尤其是真实地反映了下层人民群众的生活面貌。
>
> 我有一种偏见,我觉得文学艺术,它永远不是唱赞歌的工具。文学艺术就是应该暴露黑暗,揭示社会的黑暗,揭示社会的不公正,也包括揭示人类心灵深处的阴暗面,揭示人性中恶的部分。所以我的很多小说一旦发表以后,有些读者也不高兴。因为我把有些黑暗暴露得太彻底了。
>
> 当然我不会迎合这样的读者,而牺牲自己文学创作的原则。我最近写了一部长篇小说(指《生死疲劳》),写了一个后记,最后一句话就是说"哪怕只剩下一个读者,我也要这样写"。

①赵松:《唯有生死永不疲劳》,原载 2006 年 2 月《三湘都市报》,转引自燕赵都市网 2006 年 3 月 31 日。

②张颐武:《凶悍地透视乡土中国——评莫言小说《生死疲劳》,《南国都市报》2006 年 11 月 6 日。

③史景迁:《纽约时报》中文网《读书频道》2008 年 5 月 4 日。

④李云雷:《疲劳的魔幻——略谈莫言的〈生死疲劳〉》,新浪博客 2012 年 9 月 15 日。

四、《蛙》：茅盾文学奖

2009年，莫言发表了直面社会现实的最新力作——《蛙》，这也是他在自己文学道路上创作的第11部长篇小说。小说通过讲述从事妇产科工作50多年的乡村女医生"姑姑"的人生经历，描述了国家为控制人口剧烈增长、实施计划生育国策所走过的艰巨而复杂的历史过程，反映了新中国近60年波澜起伏的农村生育史。小说于2011年获得茅盾文学奖。

《蛙》是莫言酝酿十余年、笔耕四载、三易其稿、潜心打造的一部触及国人灵魂痛处的长篇力作。小说由剧作家蝌蚪写给日本作家杉谷义人的四封长信和一部话剧构成，讲述了"姑姑"走过的人生道路，用生动感人的细节展示了乡土中国生育观念的变迁，毫不留情地剖析了当代知识分子卑微的灵魂。

与莫言以往小说更注重历史幻想色彩不同的是，《蛙》更接近历史现实的书写。小说女主人公"姑姑"是烈士的后代，父亲是在胶东一带名气很大的八路军军医，曾是白求恩的弟子和八路军西海地下医院的创始人。姑姑很小的时候就经受了日本人的严刑拷打和威逼利诱而毫不动摇。新中国成立后，姑姑成了一名助产士，她继承父亲的衣钵在乡村行医，并成为"新法接生"的积极实践者，很快取代了"老娘婆"在妇女们心中的地位，用新法接生了一个又一个婴儿。"姑姑"接生的婴儿遍布高密东北乡，而丧生于"姑姑"之手的未及出世的婴儿也遍布高密东北乡。

这是我国第一部反映计划生育的小说。在小说中，姑姑带领自己的助手、徒弟们一面行医，一面执行计划生育政策。让已经生育的男人结扎，让已经生育的怀孕妇女流产,成了"姑姑"的两件大事。她一生接生近万人,晚年被高密东北乡人民称为送子观音、活菩萨,但她也是计划生育战线的干部,为了计划生育工作,她铁面无私,扒房拆屋,对孕妇围追堵截,不少孕妇肚里的小生命死在了她的手上……姑姑的工作经历,她惊心动魄的从医史,从一个侧面艺术而又真实地反映了中国特色的计划生育史。她的一生功过参半,既辉煌也凄凉。

这是一部带有自传色彩的忏悔书。小说的忏悔意识在姑姑和蝌蚪身上都有体现。作为乡村妇科医生,姑姑亲手接生了近万名孩子来到人世间,从这个角度看,姑姑像一名"圣姑",是小天使们的护卫者;但是计划生育政策的实施,又让她把数千名尚未降临人世的小生命无情地带入了地狱,在有些人看来,姑姑又像一名"判官"或"恶魔"。可以说,姑姑是一个亦神亦魔的人格形象。国家的计划生育政策没错,姑姑也没有错,但是面对使一个个家庭或幸福或悲剧的尖锐现实,姑姑内心起着怎样的波澜没有人能知道,而她晚年生活的凄凉和神经质则让人们感知了她的矛盾、反思和忏悔。她晚年生活在地洞中,以捏泥娃娃表达忏悔的心理,也是作家的自我忏悔。剧作家蝌蚪逼妻子王仁美人工流产致其死亡,以及他被小痞子追杀时的孤独、无助、荒诞,也体现了作者的那颗忏悔之心。①在某种意义上可以说,这部作品是莫言对人在历史场域中的自我担当自我忏悔意识的呼唤。莫言曾说,《蛙》在自己的写作历史上占有重要位置,是自己比较满意的一部作品。"因为这是一部开始执行自我批判的作品,是我提出的'把自己当罪人写'的文学理念的实践。"

这是一部新中国农村生育的编年史。从随心所欲、毫无节制的原始生育,到强制执行的计划生育,再到今天的理性生育、科学文明生育,新中国成立的60多年间,中国农村在生育观念、生育政策上发生了巨大的变化。尤其是从上世纪70年代末80年代初,农村计划生育政策在基层工作中占据着重要位置,不管其他工作多出色,只要计划生育突破了指标,就会被一票否决。在这样的形势下,围绕这项基本国策在乡村发生了很多惊心动魄的事情。这段由中国人自己书写的历史,也可以称为是我们的民族几千年来命运史的缩影,尽管写满了许多无奈、思索与抗争,但还是一步一步走到了今天,走向越来越充满人性光芒、表达着理性渴望的现代文明。

正如文学评论家、第八届茅盾文学奖评委郭宝亮所说:"《蛙》借计划生育题材和姑姑的形象,实际上写出了一部民族生育史,或者说是借生育写出民族的现代化进程的历史。生育之于民族是最能体现文化伦理意义的事件,绝不是简单的添丁进口,而是一个民族兴旺发达与否的大事,它既是政治经济的,又是文化心理的,甚至可以说与民族的集体无意识密切相关。"

新中国成立伊始,万象更新,姑姑作为新法接生的新人,是共和国的新事物的代表。新法接生既是科学现代性的指征,同时也体现国家意志对传统生育观控制的开始。从此,传宗接代的自然行为,让位于民族国家现代化进程的一部分。当计划生育成为基本国策,计划生育行为就成为历史合理性的正义之举。姑姑作为执行者,原本无需替历史承担责任。

郭宝亮认为:"《蛙》的重要价值就在于,莫言一方面承认现代化历史进程的合理性,承认个体在这一进程中的无能为力与无辜性,另一方面,莫言又感到个体不能以历史进程的合理性来开脱个人行为的罪恶感,忏悔与赎罪是十分必要的。这就是为什么莫言要以给日本友人杉谷义人写信的方式进行叙事的缘故。杉谷义人正是侵华日军司令杉谷的后人,这位日本先生同样有着需要替历史忏悔和担当的意识。"

很显然,莫言的《蛙》具备了在历史理性与人文关怀之间的叙述张力,这种张力的获得,使得《蛙》具有了复杂浑厚的艺术魅力。"

莫言对小说取名《蛙》作了解释,他说,"蛙"可同"娲",又与"娃"同音,极具图腾意义和隐喻意味。蛙之神形皆有生殖意,而娲是古之神女,是化万物者;娃是孩子,是生命的延伸。书名可以说是整部小说的主旨和浓缩。它强调说:"在我看来,三个 wa 字,从动物到女神再到人类,似乎隐喻着一条曲折的演变道路,生命在痛苦的磨难中进步,在艰辛的蜕变中重生,一路走来,我们终将拥抱来之不易的和谐与繁荣……"。

整部小说的结构也较为独特,由四封长信和一个九幕话剧组成。四封长信分别代表了四个时代,每一封信都是一个时代的隔离带。书信体的叙事方式给小说的表达赋予了更广阔的空间,使作者能自由地直抒胸臆,也给细腻的心理活动描写奠定了形式上的基础。九幕话剧《蛙》则可以看成是前四封信的补充和升华。《蛙》中的语言不仅幽默,还带着几分戏谑,甚至还用了近乎荒诞的表现手法。善于讲故事的莫言,让许多中国读者在读了《蛙》之后感同身受。

莫言说,这部小说讲述一个乡村妇科医生的故事,小说的主人公姑姑并不完全是虚构的,"生活中的原型是我大爷爷的女儿,她是高密东北乡第一个新法接生员。据姑姑自己说,在她 50 年的从医生涯中,经她的手接生到人间的孩子近万名。作为一个妇科医生,她亲历了、见证了新中国的乡村生育史。"

　　莫言强调说:"她是我们高密东北乡圣母级的人物,有很高的威信,接生了三代人,数万条生命通过她的手来到了人间。当然小说中的姑姑和现实中的姑姑区别是很大的,现实中的姑姑晚年生活是很幸福的,她在计划生育工作期间实际上也偷偷地帮了许多人。她绝对不像小说里那样是个铁面无私的像一个判官那样的人物。她是非常有人情味的。很多人找到她,让她帮忙,她就悄悄地帮助。有的人家第一胎就生了个女孩,还想生第二胎,那么就撒谎说这个婴儿生出来就夭折了。这个当时很严格,你光说是夭折不行啊,第一要有接生医生和护士的证明,第二还必须有实物来证明,必须拿出死婴给他们看。那我姑姑当时就帮人家玩那种'狸猫换太子'的把戏。"②莫言自我评价说:"我还比较满意的就是我写出来的这个姑姑——乡村妇科医生的形象,在最近的30年文学作品里,我还没有读到过。"

　　小说的另一主人公蝌蚪身上也有莫言自己的影子,他所出生的年代,他所经历的事件,他所从事的工作,甚至他所思考的问题,都与莫言有很多相仿之处,有着莫言自我分析所具有的卑微、尴尬、纠结、矛盾的精神世界。

　　小说中日本作家杉谷义人的原型,则是日本著名作家、诺贝尔奖获得者大江健三郎。大江凭《个人的体验》等书获奖,那本书写出了对人类痛苦的体验,这大概和他有一个残障儿子有关。大江非常欣赏莫言的文学奇才,两人彼此"惺惺相惜"。因此,莫言在创作《蛙》时便把他作为书中的人物,通过蝌蚪和日本作家的通信、创作剧本的过程和故事叙述,表现了"姑姑"当乡村接生员一生的悲剧和忏悔。

　　这是一部莫言一直想写却因把握不好人物性格而迟迟没有动笔的作品。在莫言看来,长篇小说的结构很重要,每次构思时他都会在结构上挖空心思,希望能用跟以前的小说不一样的结构,来讲述一个故事。正因此,莫言后期的创作速度越来越慢,因为他希望每一部作品都有些新的变化。他说:"我有很多精彩的故事,迟迟没有动笔,就是因为在思考结构问题。为什么这个《蛙》写了十五万字又放弃?就是因为结构没想好。如果用编年史的方法,那小说篇幅会很长,而且事无巨细都不能漏掉,否则不完整。用书信体,这是一种古老的方法,它的好处是非常自由,可以从1958年一下跳到2008年,把姑姑50年从医生涯中最具表现力、最能塑造人物的故事元素给提炼出来。"

莫言在接受媒体采访时曾说：

　　这不能说是我最满意的作品，它在我11部长篇里是比较特殊的小说，它塑造的人物，小说的结构，所要表达的我个人的一些想法，应该在我过去的11部作品里占有非常重要的地位。
　　我也不是特意要写这个敏感的题材，因为有一个人物，我的小说里有一个最重要的主人翁姑姑，她是乡村里的一个医生，我的公公也是解放初期就做妇产科医生，现在退休多年了，依然在家里有很多的，周围有很远很远的病人找他，搀扶、抱着孩子找他。我也是姑姑把我接生到人间，所以我写小说，也想有一天要把姑姑写到我的小说里。推行了三十多年的计划生育必须涉及，因为这是一个社会背景，这个人生活在这个社会背景，这个人的工作、命运都与这个社会背景密切相关，所以我不是特意要写这个问题，而是塑造人物的需要。
　　《蛙》是"裹在皮袍里的小我"，这是我从鲁迅先生一篇文章《一件小事》借鉴过来的，小学课本里都有这篇文章，鲁迅先生对这篇文章进行了严格的剖析，我觉得我们应该继承鲁迅先生严于解剖的精神。《蛙》的这部小说也是我自己对人生几十年的回顾，在很多冠冕堂皇的借口之下掩藏着很多个人的私念和私心。《蛙》有一个重要的意义，这个重要意义是面对自我，是面对自己的内心进行挖掘，是一种自我批评的精神。

一位学者在读完《蛙》后指出：

　　"蛙"暗示了时代、社会对生命的态度，传达出一个民族对生命的认识。其实,《蛙》的主要意图并非在写计划生育，其宏愿的意图是传达作者对共和国六十年间生命孕育的复杂的态度与多重的情感，其中充满着人文关怀与历史理性的张力。从历史理性角度看，生育不仅关乎个人、家族，还与民族兴衰密切相连，因此，国家把计划生育作为基本国策是正确无误的，计划生育政策对加快中国现代化进程起到重大的作用；但从人文关怀层面看，计划生育政策是对人的生育权、人的生存权的漠视与限制，无数的人间悲剧在国家强力干预生育的过程中产生了，从一定意义上说，几十年的生育史造成许多生命之痛。面对"蛙（娲）"们生育的"被现代化"这一历史史实,作者以"蛙"意象的创构传达了复杂的态度。③

另一位读者则指出:

  《蛙》是一部对中国当代乡村的现实看得很深、思考得很透的作品。"蛙"到底象征着什么呢?那些不断鸣叫、有着旺盛的繁殖能力却又是如此"低贱平常"的生物,承载着莫言的深刻思考。在这些思考的背后,则是对中国现代性命运的深切忧虑和反思——这也是莫言小说的一贯主题。小说的题材有着独特意义和相当的敏感性。计划生育作为基本国策,在中国具有合法性和必然性,因为人口是一个国家走向繁荣的前提,而控制人口又是后发展现代国家实现艰难的现代转型的无奈但必要之举。生育,是人的基本权利;而控制生育,又是人实现理性生存的必要手段——特别是对于中国这样曾经的半工业化的农业国家,也面临着国际上从"人权"角度而来的种种责难与批评,而在此国策的具体执行过程中更是由于文化、传统、伦理、政治、权力、金钱等各种因素而变得异常复杂。

  在新时期以来的文学作品中,计划生育一方面被作为中国现代化进程的"进步事业"得到充分肯定,另一方面,则成为90年代以来主旋律乡土文学突出乡村基层政治尴尬现状和困境的点缀性情节。于是,被不理解、不支持的农村群众撵得到处跑的"乡镇干部"形象,就在几分黑色幽默的喜剧色彩中,将计划生育政策与人性的冲突轻松地嫁接为"分享艰难"的主旋律阐释。莫言的《蛙》显然不想漫画化、戏剧性地处理这个题材,也并不是要理论性地探讨、评判计划生育本身的功过是非,而是要把计划生育处理成一个精神事件和精神背景,以此来表现其对中国人的生存、生命以及精神和灵魂的影响。④

2011年8月,长篇小说《蛙》获得了第八届茅盾文学奖。9月19日晚,第八届茅盾文学奖颁奖典礼在国家大剧院隆重举行。颁奖典礼上,评委会对莫言的获奖作品《蛙》给予了高度的评价:

  "在20多年的写作生涯中,莫言保持着旺盛的创作激情。他的《蛙》以一个乡村医生别无选择的命运,折射着我们民族伟大生存斗争中经历的困

难和考验。小说以多端的视角呈现历史和现实的复杂苍茫,表达了对生命伦理的深切思考。书信、叙述和戏剧多文本的结构方式建构了宽阔的对话空间,从容自由、机智幽默,在平实中尽显生命的创痛和坚韧、心灵的隐忍和闪光,体现了作者强大的叙事能力和执著的创新精神。"

莫言在茅盾文学奖颁奖典礼上发表获奖感言

当晚,莫言在颁奖典礼上发表了直抒胸臆的获奖感言,他说:

在我创作的《蛙》出版近两年期间,曾多次接受过媒体采访,许多人问我这部小说到底是写什么的,我说写人,写姑姑这样一个从医50多年乡村妇科医生的人生传奇,她的悲欢离合,她内心深处的矛盾,她的反思与忏悔,她的伟大与宽厚,她的卑微与狭隘,写出她的职业道德与时代的对抗与统一,写的看似一个人实则是一群人。

《蛙》其实也是写我的,学习鲁迅,写那个躲在旗袍里的小我,几十年来我一直在写他们、写外部事件,这次写自己、写内心。揭露社会阴暗面容易,揭露自己内心阴暗困难,这是人之常情。作家写作必须洞察人之常情,但又必须与人之常情对抗,因为人之常情经常制造罪恶。在《蛙》中我自我批判的彻底吗?不彻底,我知道今后必须向彻底的方向努力,敢对自己下狠手,不仅仅是忏悔而是剖析,用放大镜盯着自己写,盯着自己写也是盯着人写的重要步骤。得了茅盾奖当然是好事,但得了奖则忘乎所以是可耻的行为,必须清楚地知道与这个时代相匹配的好小说还没被发明出来,要把目光往那个方向看,盯着那个在荆棘丛生没有道路的地方,那里有绝佳的风景,那里有伟大的小说在向我们招手。⑤

① 崔立秋:《莫言:作家应有更高的价值追求》,中国作家网 2011 年 9 月 16 日。
② 严锋:《莫言谈文学与赎罪》,《东方早报》2009 年 10 月 2 日。
③ 隋清娥:《莫言〈蛙〉的主题意象解读》,聊城大学网 2012 年 10 月。
④ 吴义勤:《莫言长篇小说〈蛙〉原罪与救赎》,中国作家网 2010 年 1 月 13 日。
⑤ 莫言:《在茅盾文学奖颁奖典礼上的获奖感言》,中国作家网 2011 年 9 月 20 日。

五、作家与"地气"

2012年9月,正是中国北方秋高气爽的季节,莫言从北京回到了山东老家高密。一个月后,他荣获了诺贝尔文学奖。在回答央视主持人白岩松的提问时,莫言说:"一个月前就回来了。每年的这个时候我都会回来,现在是秋收季节,与父老乡亲在一起,接接地气,了解当下农民的心理状态。"他表明自己获奖后,将"按照原来既定的方向,脚踏实地,描写人的生活,人的情感,站在人的角度写作。"在他看来,"作家最重要的还是作品,不是奖项。能让他站稳脚跟的,还是作家对现实生活的关注,对土地的热爱,最重要的还是脚踏实地的、勤勤恳恳的、对土地忠诚的写作态度。"莫言是这样说的,也是这样做的。

首先,莫言的创作是根植于故乡的。也就是说,他的文学世界是扎根于现实,扎根于一个特定的文化区域,是与他生活的这块土地的"地气"相接的。

莫言曾说:"高密民间艺术、民间文化伴随着我成长。我从小耳濡目染这些文化元素,当我拿起笔来进行文学创作的时候,这些民间文化元素就不可避免地进入了我的小说,也影响甚至决定了我的作品的艺术风格。"

莫言的故乡高密市位于山东省东部,地处胶莱河和潍河之间,东临青岛,西依潍坊,南傍日照,北近渤海,已有2200多年的悠久历史。高密文化底蕴深厚,素有"凤凰之城"的美誉,是龙山文化、海岱文化、齐鲁文化的发祥地之一,历史上产生过春秋时政治家晏婴、东汉经学家郑玄、清代大学士刘墉三位

扑灰年画

贤人,号称"三贤"。高密的民俗文化、民间艺术丰富而独特,被誉为中国民间艺术"四宝"的剪纸、泥塑、扑灰年画和茂腔,久负盛名,誉满天下,已列入国家非物质文化遗产保护名录。

这些文化自幼浸润着莫言的成长,在他后来写作的小说当中也都有不同程度的体现。比如他在2001年创作的长篇小说《檀香刑》,整个作品的背景都有一个旋律,就是高密地方戏——茂腔的旋律。

莫言在回忆童年听茂腔的往事时说:

我们小时候最熟悉的旋律就是茂腔,我们看得最多的文艺演出就是茂腔的演出。那时候不仅县里有剧团,村里也有业余剧团,每当春节或农闲的时候,村里的父老乡亲们就表演一些传统戏,有时候也移植一些现代戏。我除了是一个茂腔迷,有时候也上场客串一些小的角色,跑一跑龙套,所以对茂腔还是情有独钟的。外地人听茂腔的旋律未必喜欢,像我这个年纪的人,一听到茂腔就有一种百感交集的感觉,种种的回忆通过旋律一下子就扑到心头。我1976年参军入伍离开家乡,两年后从北京回到高密,一下火车就听到车站广场旁边的小饭店,传出了茂腔的旋律,当时就感觉心里非常激动,热泪盈眶。所以直到现在,一听到茂腔戏,还是有一种强烈的乡土情感涌上心头。

我印象最深的剧目有《罗衫记》、《小姑贤》、《王二姐思夫》,后来还有《红灯记》、《智取威虎山》、《沙家浜》,这些我们村里的业余剧团都演过。我在茂腔《智取威虎山》中跑过龙套,有一群小土匪披着大棉袄,在舞台上跑来跑去,我脸上抹着锅底灰,是从自己家的大锅灶抹一把,往脸上一擦,反正是反面人物,扮演得越丑越好。

高密离青岛很近,过了河就是平度,往南再走就是胶州,小时候老跟平度和胶州的孩子一起玩,别人问"你是哪里人",我就冒充青岛人。全国有两个茂腔剧团,一个在高密,一个在胶州,胶州的茂腔剧团也叫青岛茂腔剧团。

茂腔戏是莫言的家乡戏,也是高密历史文化的集中体现。莫言从小在这样的民间艺术氛围中成长,在写作中自然会受到不同程度的影响。

当年,莫言参军到部队后,提笔想写很多东西。刚开始他固执地认为,童年是酸涩到不堪的,因此在文字中有意"去高密"化。他说:"我努力抵制

莫言 和他的故乡

着故乡的声色犬马对我的诱惑,去写海洋、山峦、军营,虽然也发表了几篇这样的小说,但一看就是假货……"为了让小说道德高尚,他给主人公的手里塞一本《列宁选集》;为了让小说有贵族气息,他让主人公日弹钢琴三百曲等等,但始终都脱不了泥腿子的附庸风雅,简直是满鼻子牛屎味儿的胡编乱造!

后来他醒悟了过来,觉得还是应当以自己生长的这方古老的土地为根基,以自己熟悉的生活和乡村为背景,写自己熟悉和擅长的农村生活题材。于是,从上世纪80年代中期起,他以一系列乡土作品崛起,他的作品写的是一出出发生在山东高密东北乡的"传奇"。他熟悉的亲人——奶奶、父亲、母亲、姑姑先后成了他文学作品的原型,苦难的童年成了他文学创作的源泉。

莫言曾说,小时候他在老家饿得啃树皮。母亲被分配到生产队磨米,想偷点米出来,可是门口都有人站岗,结果母亲就把米先吞到肚子里去,回家后用筷子一撬,吐出来给孩子们吃。为了感念母亲,他才写了小说《丰乳肥臀》来献给母亲。既有苦难的体验,又有心灵的感悟,与故乡的地气又是息息相通的,所以莫言能写出一部部充满传奇色彩的故乡故事。

在谈到作家与地气的关系时,莫言用了一个比喻,他说:我们的文坛很像一个巨大的池塘,作家们就像池塘里各个层面的各种鱼类,有的在水面翻花,也有的沉在池塘底层贴着地面默默地干自己的事情。"我相对来说还是在比较底层的,沉得比较深的,但我不是大鱼,只是那种喜欢贴着底层生活的鱼。"正是贴着底层生活,使莫言贴近了乡村,贴近了农民,不仅接通了地气,而且有了底气和正气,作品自然就变得十分大气。

中国当代文学研究者张清华毫不掩饰自己对莫言长篇小说《丰乳肥臀》的喜爱。他认为,这部小说是"最典型地体现着莫言对民间伦理的执著追寻的作品,他对被侵犯的民间生活的描写,同母亲的苦难与屈辱,和大地的悲怆与哀伤一起,合成了一曲感人的悲剧与哀歌。"在张清华看来,《丰乳肥臀》和诞生于上世纪九十年代的几部长

莫言

篇小说,使"伟大的汉语小说"这个词变得不再是一个虚构意义。他指出:"《丰乳肥臀》对二十世纪中国历史充满血泪和诗意的波澜壮阔的书写是无

人可比的,在书写人民对苦难的承受与消化的历史悲剧方面,体现出了最大的智慧。"

就"接地气"而言,陕西作家路遥、陈忠实、贾平凹等人与莫言有"异曲同工之妙"。他们长期生活在陕西黄土高坡或商洛山中,发表了许多反映原生态的西北风情和地域特色的作品,如《平凡的世界》、《白鹿原》等,被称为是目前中国真正接地气的作家。

台湾作家张大春指出:莫言的作品见证了民间叙事传统,有神话传说、历史和现实的多重对话。一直以来文学界跟着西方的各种主义和流派在走,但莫言和地气相接。很多人说他受马尔克斯的影响,我觉得他是形似神异。他作品中博杂的叙事传统,不是移植过来的,而是他从民间土壤中自然生长出来的,阎连科和陈忠实也是这种接地气的作家。

其次,莫言的创作超越了故乡。高密东北乡既是莫言的故乡,又是莫言创作的摇篮,故乡的饥饿、贫困、苦难造就了他,而他又超越了故乡。他写的是普遍的人性,还有普遍的人类生存困境。他看到"文化大革命"之后整个中华民族被教条所窒息,需要生命的重新爆发。于是,从《透明的红萝卜》、《红高粱》到《丰乳肥臀》和《蛙》,他创作的一部部经典作品,都是生命的呼唤,生命的燃烧,生命的觉醒,他也因此被称为"最有原创性的生命旗手"。

1987年,莫言在家乡的一个寒冷的仓库里,花了18天就创作完成了长篇小说《天堂蒜薹之歌》。这部小说从农民高马被警察抓捕时逃跑写起,用令人窒息的笔触,生动地描写了乡村生活中泯灭人性的人际关系和农民们的"悲惨世界"。深切的人性关怀,在他近乎冷酷的语言中喷涌而出。

1995年,莫言以一部洋洋五十万言的长篇巨著《丰乳肥臀》,总结了"高密东北乡"的百年动荡史,极其有创意地从清朝末年写到了改革开放。政治的动荡、历史的诡秘、人性的险恶、社会的变迁,在这部小说里得到淋漓尽致的表达。其中写到,在饥饿年代里,一名优雅的女医生在农场为了得到一只大白馒头,而心甘情愿地遭受食堂管理员的邪恶奸淫。后来这部小说曾因所谓"不正确的历史观"一度遭到封杀。

而在回顾长篇小说《蛙》的创作历程时,莫言说:

《蛙》是我创作历程里跟现实贴得非常近的一部小说。但是,作家并不是在比大胆,谁写了一个什么重大的、敏感的社会问题,关键还是用艺术的方式触动了千百万人最关心的重大的社会问题。我为什么要

触碰这个话题，因为它涉及人的最根本的东西，人最大的问题莫过于生死，而《蛙》便涉及了生也涉及了死。我认为，可以把人灵魂深处的东西，那些平时我们所忽略的东西表现出来。这样的敏感题材为探索的深度提供了可能性。

　　当然，我认为即便是写历史题材依然可以贴近当下的现实。题材没有新旧之说，关键在于所触及到的人的灵魂深度，在于你的故事、你的题材、你的小说，是否真的有所发现，是否发现了以往作品所没有发现的人的灵魂深处的东西，假如有所发现的话，它就是一部新的小说。我认为，只要我们写出"新"人来，就是新的小说，就是贴近了现实，贴近了社会。

中国留美作家刘再复在谈及莫言时说：

　　莫言本人完全是文学中人，离政治很远也不太懂政治。他浑身都跳动着作家的良心，他从不回避黑暗，每一部作品都是对人的尊严、人的价值的呼唤，对于数十年在中国土地上发生的政治荒诞现象，他都给了充满正义感的回应。从《红高粱家族》、《酒国》、《天堂蒜薹之歌》、《十三步》到《檀香刑》、《丰乳肥臀》、《蛙》以及《食草家族》、《红树林》，甚至短篇小说集《白狗秋千架》、《与大师约会》等等，哪一部不是对时代的回应？哪一部没有良知的呼吁良知的关怀和良知的拒绝？如果真要从"政治标准"苛求，把莫言放回"文化大革命"中，那么他的每一部作品都是"大毒草"，红卫兵有足够理由对莫言进行十次"檀香刑"和一百次"牛棚"处罚。

　　莫言并非把批判现实作为自己的创作出发点。他自然地关注人性、呈现人性并发现现实社会中的"荒诞"属性，因为关注得真诚，写得真实，又自然地显现出罕见的批判性力度。

　　莫言文学作品的价值力量在哪里？就在于他对人性的"真善美"的追求。莫言在谈到自己的文学作品时说：

　　我的《檀香刑》里面确实是写了一些恶的东西、丑的东西，但是，其中难道没有美吗？美不仅仅是肉体之美，也包括精神之美，也包括人格之美。《檀香刑》里县令钱丁这个人物,就可以用美来概括。《丰乳肥臀》里博大的母爱、宽厚仁慈的包容,能说不美吗?《生死疲劳》也写了男女之爱,尽管是不伦之恋,但它是真挚、真诚的。

读者当然有他各自不同的喜好,但是,一部作品里如果充斥着甜腻腻的爱情,那不如去看言情小说吧。当然,我认为这些批评都是有益的。到底一部作品里面美和丑的比例应该是怎样的?我也同意无论写怎样黑暗的社会现实,最终都应该让人看到一点希望,哪怕是在悲观的大背景下很渺茫的希望。我一直都在坚持这样的观点,而且一直在实践。

关于文学的理想主义,莫言说:"优秀的文学作品是属于人的文学,是描写人的感情,描写人的命运的。它应该站在全人类的立场上,应该具有普世的价值。"正是因为莫言的创作根植故乡,又超越了故乡,能够站在全人类的视角来观察人、写人、关注人,才使得他的作品跟其他种族的人、其他语种的人有一种相似性,有一种共性的东西。

一花一世界。前提是花必须是扎根乡土之花,乡土必须是文化营养"高密"之土。从高粱地里走上文坛的莫言,回到高密真是如鱼得水,他可以像过去那样"每天在山里,我与牛羊讲话、与鸟儿对歌、仔细观察植物生长",可以不断地呼吸乡土气息,关注乡土发生的变化,可以继续把那里的许多民间故事、诡异传说、神秘风俗,"和魔幻现实主义及当代社会融合在一起"。故乡是莫言的根,莫言作品中的很多人和事取材于故乡。这对于莫言自己在创作上经历的挫折,对于其他"生活在别处"的作家,无疑都是一个重要的启迪。

上个世纪末,莫言离开军界、调到《检察日报》社影视部工作,他受命写一部以真人真事为背景、反映检察官生活的电视剧《马叔的故事》。和他写小说时下笔万言不一样,莫言写起这剧本,感觉却越写越糟,因为"我写的情节别的电视剧早用过了。"

莫言认为一个检察官不能老是妻子下岗、孩子发烧以及法网人情的职业痛苦,如果把他放在一个独特的、新鲜的环境中,电视剧能好看些。有人建议莫言写奶牛场,但他不喜欢写挤奶女工,这时莫言一下子想起了自己1995年动笔的一部未完成小说《珍珠奇谈》,于是将它与《马叔的故事》糅在一起,剧本的名字也作了改变,定名为《红树林》。

莫言说,当时之所以把剧本定名为《红树林》,是因为他们几个人为了写电视剧到北海深入生活,在离北海100多公里的地方发现了一片红树林,大

莫言和他的故乡

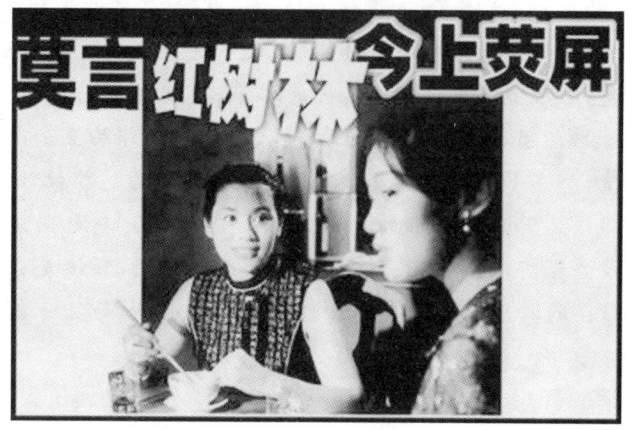

约有7平方公里。由十多种树木组成的红树林,涨潮时树梢被淹没,走进树林深处,海岸无际,水鸟飞翔,到了秋天叶子则会变成红色,真是美极了。于是莫言决定把剧本里的检察官放进珍珠里,把珍珠放到红树林里。没过多久,电视剧本就写好了。

电视剧《红树林》的故事,简单地说就是一位正直诚恳的检察官马叔、一个自甘堕落的女市长林岚、一个公子哥大虎和一个美丽的珍珠姑娘等人物,交织而成的情与仇、爱与恨、善良与邪恶、法律与罪犯间的剧烈冲突。

后来,应出版社的要求,莫言又将电视剧剧本改为同名长篇小说。这就像要把一套家具恢复成一棵树,难度之大可想而知。这是他离开自己的文学王国——"高密东北乡"写作的第一部长篇小说,在小说中他第一次走进了城市,力图去表现检察官马叔、副市长林岚和金大川三人面对改革开放后"钱欲、权欲、情欲"的陷阱经历的复杂人生,以及朴实美丽的渔家姑娘珍珠从红树林边的渔村闯入都市后所经历的情感波折和由此演绎出的多变人生。

虽然小说在叙述上也力求真实,在艺术上也追求创新,但写来写去,写出的人物形象仍然逃不出正统小说的"窠臼"——"检察官马叔出淤泥而不染,两袖清风,正义凛然",女市长"经不住诱惑贪赃枉法,最终跌进犯罪的深渊",珍珠姑娘"美丽善良,遭受侮辱依然坚强面对人生"。

虽然这部小说的反腐败主题具有批判现实主义的精神,社会犯罪小说和侦破小说的外形也颇能吸引一部分读者,但故事毕竟发生在莫言所不熟悉的南海之滨的现代化都市和淳朴的南国渔村,它离开了莫言所熟悉的高密"东北乡"这个文学国度,缺少生活的体验,缺乏充足的"地气",加之是由电视剧改为长篇小说的,因此,无论在结构、语言和语调上,还是在主题的提炼和叙述的技巧上,与莫言的其他作品都形成了较大的反差。无论是人物形象还是整部作品,都显得陌生、别扭以及气脉不足。

1999年,长篇小说《红树林》出版后,虽然一度还登上了"席殊书屋全国连锁店销售前十名图书排行榜",但仍被莫言列入了他"最不喜欢的一部长篇"。他说:"像《红树林》,这也是个命题作文,不是从我心里边长出来的小说,是为完成任务硬挤压出来的。"在他看来,"《红树林》很难说是一部纯粹从小说出发的东西,把电视剧改编成小说是一种商业行为,它作为一部长篇来讲后半部存在着大量的问题。"这正是一位严肃的作家对待自己作品的严肃态度。

相比之下,莫言对同名电视剧的评价倒还高一些,尤其是对导演高今为电视剧《红树林》付出的努力给予了中肯的评价,他说:

> 我觉得高今导演还是比较好地完成了我的电视剧本所赋予给它的东西。假如说我这个电视剧存在什么遗憾的话,就是说我的剧本本身有先天性的欠缺,而高今为了尊重我没有改动剧本中的某些缺陷,假如他胆子更大一点的话,在拍摄的过程中大胆对我的剧本进行修改,也就更好一点。我觉得《红树林》是一个中上水平的电视剧。

莫言写作《红树林》遭遇的困惑和挫折从另一个方面证明:树接地气才能繁茂,花接地气才能盛开,人接地气才能健康,作品接地气也才能厚重起来。如果写作是用生活本身说话,甚至达到了"非从自己胸臆流出,不肯下笔"的境界,那么作品就能具有更为丰富的内涵,文字就能更加深入人心,更加具有震撼灵魂的力量。

第六章　乡土生活的馈赠

记忆中的故乡是一条河流，它永远在不断地流动着。

我从来没感到过素材的匮乏，只要一想到家乡，那些乡亲们便奔涌前来，他们个个精彩，形貌各异，妙趣横生，每个人都有一串故事，每个人都是现成的典型人物。我写了几百万字的小说，只写了故乡的边边角角，许多非常文学的人，正站在那儿等待着我。故乡之所以会成为我创作的不竭的源泉，是因为随着我年龄、阅历的增长，会不断地重塑故乡的人物、环境等。这就意味着一个作家可以在他一生的全部创作中不断地吸收他的童年经验的永不枯竭的资源。

这是从小生活在故乡高密的莫言，在走上文学道路后对故乡的感受。

莫言 和他的故乡

一、高密：莫言文学馆

高密历史悠久，文化底蕴深厚，被誉为"中国民间艺术之乡"、"中国扑灰年画之乡"。历史上高密"老八景"为：长陵春色、东浦荷香、龙潭夜雨、古城晚照、晏冢穹碑、郑祠古柏、潍河落雁、九穴栖鸳。

如今，人们来到高密，蜂拥而至的却是设立在高密一中校园里的"莫言文学馆"。

位于高密一中的莫言文学馆

高密一中是这个城市里最好的中学。走进校园东南部，就可以看到有一座四层小楼，入口处挂着"莫言文学馆"的大红色招牌。馆名由曾担任文化部部长的中国当代著名作家王蒙题词，文学馆入口处的那副对联："身居平安里心忧天下，神游东北乡笔写华章"，则是由著名作家贾平凹书写的。

莫言文学馆是由当地政府与莫言研究会共同筹办的,于2009年8月22日正式开馆。

文学馆的一楼正中央是一副雕琢着的沙画,画中作家莫言在一片红红的高粱地里凝望着前来参观的每一个人,旁边悬挂着一副字画,是莫言为高密东北乡题的字,系用左手书写而成。在字画的字里行间,流露着莫言对家乡的深深眷念。馆内的扩音器里,伴随着电影《红高粱》的主题曲,响起了一阵浑厚的声音:"这里是红高粱的故乡,这里是莫言的文学王国,莫言文学馆欢迎您!"

文学馆的二楼展厅里,全面展示了莫言的人生经历和辉煌的艺术成就,展览由"文学成就"、"成长道路"、"文学王国"、"故乡情结"、"文化交流"五个板块组成,还设有影视室、创作室、莫言书法手迹展室、莫言作品资料室等,展示了莫言的部分珍贵手稿、不同时期的照片、获奖证书原件及莫言影像资料、书法、书信等。

高粱地里的莫言(沙画)

许多参观者对展览中的"成长道路"和"故乡情结"两部分尤其感兴趣,因为它向人们展示了莫言少年穷苦、勤奋好学、辍学务农和青年入伍、发奋读书、破茧而出的成长道路,以及成名之后对家乡故土的情谊。

文学馆收集了莫言三十多年来创作的文学作品,其中包括莫言发表在1981年第3期《莲池》杂志上的处女作《春夜雨霏霏》。正是从这部短篇小说开始,莫言走上了文学创作的道路。后来他在1983年《莲池》杂志上发表了短篇小说《民间音乐》，著名作家孙犁看了后觉得这篇小说有空灵之感，并在有关评论文章中给予了正面评价。莫言则凭借着这篇小说和评论文章敲开了解放军艺术学院的大门。

馆内的莫言故乡创作室里，一张莫言老宅的大幅照片格外引人注目，就是在这个普普通通的破旧土坯房里，诞生了第一位获得诺贝尔奖的中国籍作家。而在影视室里，一部介绍莫言生平的视频短片——《回家》正在播放着。

高密莫言研究会的秘书长兼莫言文学馆馆长毛维杰全程参与了莫言研究会和文学馆的筹备工作。毛维杰介绍说："当初市里准备成立莫言研究会的时候，安排我到北京征求莫言老师的意见，莫言老师并不赞成。后来禁不住多方力劝，他才勉强同意。"准备建馆时，莫言最初也是反对的。他说，"我本身就是一个有争议的人，家乡再给我建一个馆，这不是引火上身吗？"由于研究会的坚持，才把馆建了起来。事实证明，这是有远见的。

研究会成立当日，莫言专门发来寄语：

得知故乡成立"莫言研究会"，心中惶恐。我只是一个普通的小说作者，所写小说，多是依据故乡题材，所用语言也以高密人日常语言为基础。可以说，没有高密的多彩历史和丰厚文化积淀，就不可能有我这样一个作家。我成为作家，纯属偶然，故乡人中，才华横溢者比比皆是，他们如果执笔，成就都应在我之上。我愿把研究会的成立当作故乡人民对我的鞭策。必当高悬鞭策自警，写出更好的作品为家乡父老争光！

后来，莫言在一首打油诗中袒露了自己的心迹："故乡成立研究会，诚惶诚恐惭且愧，高悬鞭策自努力，永远知道我是谁。"

莫言研究会成立后，于2006年10月创办了《莫言研究》，并开通了红高粱文苑网站；2008年11月，莫言文学馆建成。毛维杰介绍说，莫言文学馆总建筑面积约1900平方米，旨在展示莫言的文学成就和成长历程，溯其文学轨迹，探其成名真谛，解其家乡情结，扬其文学价值，振其人文精神，启迪后学，扩大交流。开馆以来，每年都接待不少国内外参观者和游客。近年来，来自国外的研究人员也越来越多。这位被称为"红高粱地里的守望者"的馆长坦言，自己也是莫言作品中的人物原型："一个是《澡堂》，一个是《红床》，那里面确实有我的影子。"在毛维杰看来，莫言受齐文化的影响更大，目前他研究的主要方向便是"齐文化与莫言创作的关系"。

在文学馆创建之初,莫言的大哥管谟贤曾撰写了一副楹联:

> 大栏河崖东北乡,莫言之文学王国;
> 萝卜棉花红高粱,须知非种树之书。

上联说的"大栏河崖",就是指所谓的"高密东北乡"一带地方(村里人在外边都说自己是大栏人或河崖人),莫言在这里建立了他的文学王国;下联里,"萝卜棉花红高粱"分别指莫言的三部小说——《透明的红萝卜》、《白棉花》和《红高粱》,它们虽以农作物为名,却不是关于农业的书,而是地地道道的文学作品。

在莫言文学馆楼梯的东墙上,挂着日本著名作家大江健三郎书赠莫言的一幅手迹:"莫言先生,作为朋友,我认为你是可怕的对手,然而,仍然是朋友!"毛维杰说,大江健三郎是莫言的积极推崇者,他曾说过,尽管是对手,但"要是让我来选诺贝尔文学奖获奖者,我就选莫言"。因为"在我们之间,文学上的血缘关系非常类似。可以说再没有人比莫言更接近我们的文学特质了"。

2012年6月,一位名叫李子红的文学青年在参观后写下了"走进莫言文学馆"一文:

> 端午节的清晨,风里夹杂着粽子的甜润和青青艾香,我去了莫言文学馆。
>
> 莫言红高粱的传奇神秘,怀乡怨乡的寻根文学情结,一直熏染着我这个同生在高密的读者。按说,我应该早来了。
>
> 我是奔着殷红殷红的高粱而来,《红高粱》不仅浸透了巩俐,也成就了莫言。
>
> 然而,这里蛙鸣一片,莫言的长篇小说《蛙》在去年获得了第八届茅盾文学奖,读者和评论家们一片喝彩声。我来不及翻检《莫言研究》,就一头扎在盛满莫言图片和证书的展厅里。莫言收割的果实装满一栋楼房,连同他的老屋,也在宽厚的一睹墙壁上,还有他小时候割草的镰刀,锄地的锄头,拾草的篮子,拾粪的筐子等。怪不得莫言越写越卖力,有这么一栋敞亮的仓库存放着。

莫言 和他的故乡

　　莫言迷离着睿智的眼睛笑着,不知是笑读者还是笑他小说里的人物,他的小眼睛琢磨不透,深不可测的。他真能写哦,恨不得把字典里所有文字,都贪婪地收拢在他的布袋里,用了就洋洋得意的拿出来,旁人若无的样子。《檀香刑》、《生死疲劳》、《丰乳肥臀》、《红高粱家族》、《透明的红萝卜》、《四十一炮》、《白狗秋千架》、《酒国》、《蛙》等等上百部。我看,诺贝尔文学奖还欠莫言一个奖。①

　　而就在几个月后,莫言一举获得了诺贝尔文学奖。获奖次日,莫言研究会专门举行了莫言获奖座谈会,与会者在会上提出,该馆仅有两层小楼,展览面积也就一千平方米左右,显得太小,无法满足接待需求,希望能扩建或重建莫言纪念馆。毛维杰称:"莫言是我们高密人的骄傲,我们期待着建更大的展馆,来弘扬他的文学精神。"目前已经设计出二期规划,准备在合适的时机再修建。他认为,莫言对高密文化有继承也有发展,保护好高密的原生态文化,对高密文化的发展将产生巨大的促进作用。

　　针对网上重建或扩建莫言文学馆的各种呼声,莫言在微博中回复说:"这不是我希望看到的。""我家乡为我建的不是纪念馆,是文学馆。我主观上并不希望建这个馆,但是他们已经付出了很大的劳动和努力,我也不想过多干涉。"这就是莫言,一个享誉海内外的著名作家对待荣誉的态度。他曾在一首名为《自嘲》的打油诗中写道:

　　　　读书从不求甚解,得理更愿让别人。
　　　　谓我狂者不知我,俺本老实厚道人。

　　这首打油诗无疑十分符合莫言的性格。而在另一首《故乡忆旧》的打油诗中,莫言写道:

　　　　韭菜炉包肥肉丁,白面烙饼卷大葱。
　　　　再加一碟豆瓣酱,想不快乐都不中。

　　《莫言打油诗》编辑成册后,莫言曾专门请山东大学教授贺立华为其写序。与莫言相识24年的贺立华在谈及这位"莫逆之交"时说:

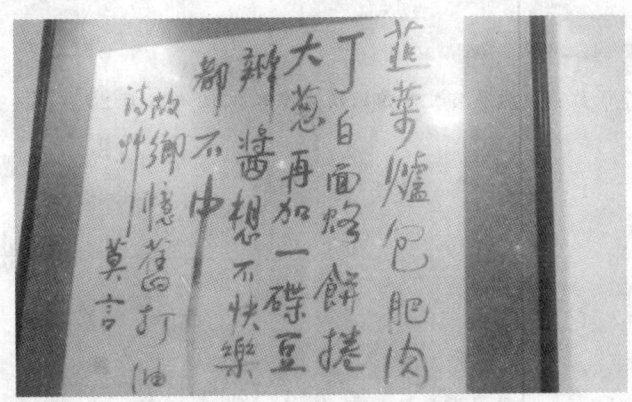

莫言作的打油诗

生活中的莫言，没有大作家的影子，喜欢听戏，爱吃煎饼，有一个和睦的家庭，摘掉作家的标签，莫言就是一个典型的山东汉子。

正如他的笔名一样，莫言生活中不是一个爱说话的人。别看他20多岁就离开故乡，但他最爱吃的还是老家的煎饼卷大葱，一块吃饭时，我们总是先挑那些做煎饼的餐馆。

一个大作家，身居首都北京，不爱鱼肉和西餐，光想着家乡的煎饼、大葱和大酱，这就是故乡打在他身上的烙印。

1992年，在贺立华教授主持下，山东大学中文系编辑出版了《莫言研究资料》（山东大学出版社1992年8月出版）。2001年，莫言受聘为山东大学兼职教授，与贺立华一起培养了数届研究生。贺立华说，"不仅莫言与山东大学缘分很深，莫言的女儿也是山东大学培养的，2000年，莫言的女儿考上山东大学英语系，度过了4年美好时光，后来被保送至清华大学读研究生。"

"啥时咱们见见面，抽烟喝茶听茂腔。"茂腔是莫言家乡的戏曲，对莫言影响很深。莫言参军入伍后第一次回故乡，首先听到的就是让他感动得落泪的茂腔，他为此还专门写了一首打油诗：

当兵两年还故乡，车站广场听茂腔。
此曲唯在高密有，使我潸然泪两行。

注

① 李子红:《走进莫言文学馆》,新浪博客 2012 年 8 月 24 日。

二、"东北乡"传奇

高密东北乡(泛指原高密大栏乡、河崖乡,今胶河疏港物流园区、夏庄镇)是莫言生长的地方,也是他灵感的发源地。在这片土地上,不仅有古齐文化的深远影响,有胶河两岸的平原沃野,有曾经一望无际的高粱地,还有莫言的父老乡亲,有几代人流传下来的英雄好汉行侠仗义的故事,自然也有土匪窃贼杀人越货的传闻。

从小在这里出生、听着这些故事长大的莫言,后来陆续把这些故事写进了他的文学作品。他在小说中塑造的那个"高密东北乡",已经不是一个单纯的地理概念,而是一个充满传奇色彩的文学概念,是建立在真实故乡基础上的一个虚构的"文学地名",是莫言心中的一个艺术世界,也是莫言渴望追寻的精神家园。

在短篇小说《白狗秋千架》中,莫言第一次描写了"高密东北乡"。"高密东北乡原产白色温顺的大狗,绵延数代之后,很难再见一匹纯种"。此后,"高密东北乡"的故事便一发不可收拾地出现在他的小说里。莫言回忆说:"以前总觉得没东西可写,但自从用了这个之后,仿佛打开了一道闸门,发现自己少年时期的生活被激活了,要写的东西源源不断地奔涌而来。"同一年,在短篇小说《秋水》中,莫言再度提到这片土地,描绘了"高密东北乡"的史前史。此后,他高举起"高密东北乡"的大旗,如同一个草莽英雄现世,创建了自己的文学王国。通过"高密东北乡"的叙事,莫言创造了类似福克纳的"约克纳帕塔法镇"和马尔克斯的"马孔多小镇"的文学地理世界。他的几乎所有作品,都在这片充满想象力的土地上展开,并向历史纵深挖掘,向广袤的中国乡村延伸。

正如莫言所说:"每当拿起笔,写我的高密东北乡的故事时,就饱尝了大权在握的幸福。"他说有山,就有了山,他说有河,就有了河。古齐文化的浪漫主义风格对莫言有着十分深刻的影响,"红高粱系列"中余占鳌与

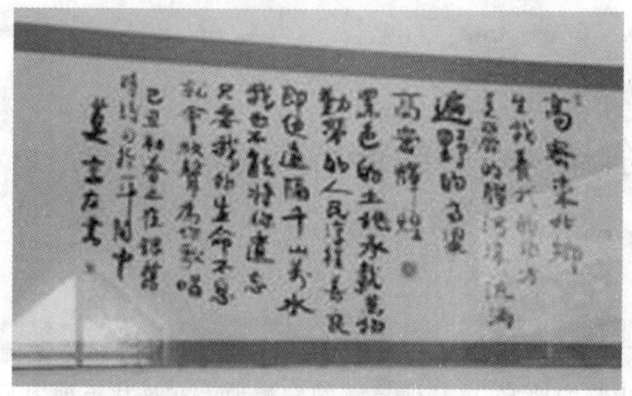

莫言题词：高密东北乡是生我长我的地方

戴凤莲那轰轰烈烈的爱情，就是在"高密东北乡"红红火火的高粱地里发生的。

从《红高粱》开始，高密东北乡就成了莫言创作的无穷无尽的资源。它不仅是高密农村或山东农村一个虚构而又真实的缩影，而且是莫言自己开创的一个"文学王国"。这个"文学王国"是开放的、变化的，莫言不但把天南地北的河流、沼泽、森林、老虎、狮子通通移过去，甚至把发生在世界各地的事情，也改头换面地移到这里来，好像那些事情真的在这里发生过。如同福克纳、马尔克斯一样，莫言在这块"邮票般大小的家乡土地"上开创出了一片新天地。福克纳与马尔克斯由于反复耕耘"邮票大的故乡"而叩开了诺贝尔文学奖的大门，莫言自然也不甘落后。

莫言笔下的东北乡是"地球上最美丽最丑陋、最超俗最世俗、最圣洁最龌龊、最英雄好汉最王八蛋、最能喝酒最能爱的地方"。这块土地充满了神秘和矛盾，时而展示美，时而展示丑，莫言的创作轨迹也同时朝着美丑急剧冲突的方向前进着。根据1938年发生在高密的"孙家口伏击战"和"公婆庙惨案"，他写了《红高粱》；结合山东"苍山蒜薹事件"和自己四叔的遭遇，他写了《天堂蒜薹之歌》；根据农民孙文率众扒胶济铁路的故事他创作了《檀香刑》；以自己生产队里一个单干户为原型，他构思了《生死疲劳》；他还以自己的堂姑为原型创作了《蛙》……

借助于"高密东北乡"，莫言进入了与童年经验紧密相连的人文地理环境，除了像《透明的红萝卜》这样自己亲身经历的故事外，小时候从大人那里听来的传奇故事，也为莫言打开了想象力的大门。在这个没有疆域的文学王国中,他可以自由驰骋,信马由缰。

在他的笔下,东北乡的人们既朴实、木讷,又爱凑热闹,骨子里却十分固执倔强。从《红高粱家族》中的戴凤莲、《檀香刑》中的孙丙和孙眉娘,到《天堂蒜薹之歌》中冲击政府的老农、《蛙》中的妇产科医生……村子里每一个来往的村民,或许就是经过莫言加工和极致渲染后,出现在小说中的某个角色。

其实,莫言和他的乡亲们都是在这块土地上生长出来的"红高粱",具有顽强的生命力和强悍的人格、强健的体格、不屈的性格。他们总是毫无掩饰地将自己粗俗的一面展示出来,将东北乡人的性格特征标识出来。走在这块土地上,听着一句句方言乡音,望着苍凉的土地,莫言构建的文学世界便自然而然地流露出来。这些乡亲们的人格贯穿了他的作品,即使他走得再远,他依然被平安乡牢牢吸住,永远无法分离。而村子里的人和事,经过莫言的文字加工,也持续地给世人带来了沉重的思考和深深的撼动。

高密城雕:凤城泽瑞

虽然人们往往用马尔克斯和福克纳来评说莫言叙事风格里的"魔幻现实主义",但他自己却并不这么看。莫言的家乡高密深受齐文化"泛神论"的影响,至今在民间仍流传着五花八门的神怪故事。如把蛇称作"神虫",把黄鼠狼、乌鸦、猫头鹰当作不吉利之物,相信各种动植物都有各自的灵验等等。

在莫言生活的村子里，则流行各种"叫魂"、驱邪、祈雨的仪式。传得最神乎的是"画怀"——坐月子的女人碰到挤住奶的情况，去找一个神婆，用锥子和炊帚在女人胸前比画几个圈就能下奶。

虽然同处山东，但齐文化与崇尚正统、礼仪周正的"鲁文化"相比，存在着较大的差别。莫言小说里描写的各种鬼怪故事，在当地百姓看来，"就是代代流传的街头故事"。近代以来，地处胶东半岛和山东内陆结合部的高密，既是德国等殖民者进驻青岛的必经之地，又是日本侵略者的重点扫荡区，还是土匪头子打家劫舍、频繁出没的地方，自然上演了一出出惊心动魄的大戏。

莫言的二哥管谟欣回忆说，小时候，莫言最爱干的事儿就是缠着爷爷和叔叔们给他讲故事，不仅有真人真事，也有神仙鬼怪。与严肃的历史记载不同，这种口口相传的故事往往带有夸张修饰的成分，为莫言的写作插上了想象的翅膀，就像他在《丰乳肥臀》中塑造的三姐鸟儿仙，可以听懂鸟叫、看见未来……

寻找故乡，超越故乡，莫言把天南海北的故事和人物都拉到自己创建的"高密东北乡"，在这里展开了一幅当代中国社会的宏伟画卷，任由他书写，任由他批判。故乡的概念，早已超出地理范畴了。①

莫言通过自己独特的创作，把高密东北乡这样一个默默无闻的、隐秘在胶东平原边缘的丘陵和平原过渡地带的微地，扩展为世界性的中心舞台。在这片普通而神奇的土地上，他和高密东北乡的子民们，一起上演了一出出慷慨激昂的人生大剧。

他笔下的"高密东北乡"，已然成为中国社会一个清晰而又精确的缩影，其间展示了一个真实而又惊心动魄的生活世界。莫言创造了一个属于他的高密东北乡，一个未必漂亮但足够厚重的世界，这个世界的上帝、总督和平民都是他，当然还居住着他的父老乡亲、远朋近友、生人亡灵。

对这片土地的眷恋使莫言的小说创作带上了浓重的乡土叙事的痕迹。有位作家说，莫言的小说都是从高密东北乡这条"破麻袋"里摸出来的。而莫言认为，正是这条"破麻袋"，让他的文字有了独有的风格，"土，是我走向世界的一个重要原因。"②

① 魏一平:《莫言与故乡》,《三联生活周刊》第 41 期(2012 年 10 月 18 日)。
② 本节内容参见参见刘清虎:《高密东北乡与莫言的生命哲学——莫言小说创作论》,《辽宁行政学院学报》2010 年第 9 期;叶开:《沸腾的乡土:莫言和他的作品》,凤凰网文化频道,2012 年 10 月 10 日。

三、怀乡与怨乡

"怀乡与怨乡"是莫言在创作中经常出现的对家乡的双重情结。正如他在《红高粱》开篇中所说的:"高密东北乡无疑是世界上最美丽最丑陋、最超脱最世俗、最圣洁最龌龊、最英雄好汉最王八蛋、最能喝酒最能爱的地方。"在这一系列充满极端化的话语中,显现出的正是他对"高密东北乡"既亲密又疏离的感情。

莫言在高密东北乡的现实生活中充满了失落感,他童年和青少年时代所经历的物质上的匮乏、精神上的饥渴、政治上的歧视、生活上的孤独等重重阴影让他痛恨这片土地,但是他所渴望追求的精神家园又是以这片土地为根基的。因此,在他的作品中总是表现出"怀乡"和"怨乡"的双重情绪。"我曾经对高密东北乡极端热爱,曾经对高密东北乡极端仇恨",这是他的自白。但每当他一回到故乡,就会自然而然地掉进那块"红高粱地"。尤其是随着年龄的增长,他越来越眷恋故乡,每年他都要回故乡住上一段时间,以寻找创作灵感。

在莫言的大哥管谟贤看来,莫言是从高密东北乡的高粱地走向世界的,他的根在这里,他对故乡是恨极了爱极了的。他是农民的子弟,恨农民之所恨,爱农民之所爱。

从怀乡的角度看,莫言的"怀乡"表达的是对故乡的热爱、对故乡的眷恋。在与媒体的对话中,莫言曾经多次谈到自己的故乡:

关于"高密东北乡",我出生于斯,长于斯,我与这个地方是血肉相连的,无论这个地方多么贫瘠、多么荒凉,但是作为一个故乡的人,作为一个在外的游子,一旦踏上这块土地,你就会心潮激荡,到任何地方那种感觉都是不可能产生的,这就是所谓的故乡的力量。对于一个作家来讲,故乡是很重要的。1984年上军艺以前,找不到素材来写作,很多时间就是下去体验生活,千方百计找能够让自己感动的故事。到了《透明的红萝卜》阶段之后,一想到过去,想到了童年,就想到了故乡的生活,感觉好像一条河流的闸门被打开,活水源源不断而来。故乡情结、故乡记忆毫无疑问是一个作家的宝库,为什么呢?第一,故乡与母亲紧密相连;第二,故乡与童年紧密相连;第三,故乡与大自然紧密相连。因为有了童年,有童年的童真、童心、童趣在里面才不一样。我想故乡对一个作家的意义,就是我刚才总结的三点:母亲、童年和大自然。

而在与香港作家葛亮对话时,莫言进一步谈到了自己对故乡的感受,他说:

作家写故乡是一种命定的东西,每一个写作者都无法回避的。过去一谈到故乡往往联想到的是荒山野岭,穷乡僻壤,刁民泼妇,传奇人物,总之跟荒凉的、遥远的、偏僻的、落后的乡村有关。后来我说这个说法是不全面的,因为不仅仅是出生在农村的人有故乡,任何一个人都有他的故乡。

我的故乡在高密,王安忆的故乡是上海的一条胡同,北京史铁生的故乡是地坛公园旁边小胡同的小院子。从这个意义来讲,每个作家写故乡,每个作家怀念故乡都是写作的必然的东西。葛亮他的故乡自然就是南京。他在故乡生长到20岁然后才离开,这就是更加完整意义的故乡。他的整个成长时期都是在南京完成的,所以毫无疑问南京的大街小巷留下他很多的记忆,最重要的是童年记忆。

我当年写《红高粱》的开篇讲到高密东北乡的历史,我对我的故乡当时这种情感很复杂,爱恨交织。确实恨不得立刻逃离得越远越好,那样的贫苦落后愚昧。但是离开这个地方之后马上感觉这个地方跟你血肉相连,做梦都梦到熟悉的环境。所以故乡是无法摆脱的梦魇。所以写作的时候爱恨交织的情绪必然对作品有所反映。当然随着写作时间的加长,随着写作越来越多,故乡的位置也不断调整,从原来深陷其中不能自拔,到慢慢的站高一点冷静的关照。

故乡是很大的话题,每个人写作刚开始都有依据个人经验、童年记忆或者故乡经验。但这些是远远不够的,写一篇小说就用光了。用光了之后你还要写故乡,就要不断的从外部汲取新的素材,要把你的故乡由一个封闭的概念变成一个开放的概念,可以把发生在天南海北的许许多多人身上的故事移植到故乡来,可以把别人的故事当成自己的故事来写,这样的话创作素材才会源源不断。

故乡它应该是一个出发点,我的根脉在这里,我喝这里的水长大,吃这里的庄稼长大,有独特的人文地理的东西,培养了我们作为一个人的个性。这种个性直接影响了作家的创作生活,所以尽管后来我写了某件事可能发生在日本、香港,但是我特意把它放在故乡这个盘子里来,用外部的事件来同化。所以这种力量还是来自于故乡。

文学这个东西不属于真正的写实,第一不是照相,更不是实物的翻拍。任何一个作家写故乡,写故乡的历史,都带有强烈的主观性。

回到故乡,既感觉到是客人,同时也感觉到是主人。我就有非常强烈的感受,当两年之后回到家乡确实百感交集。因为在外地你每天都想得很具体,你说我怀念故乡、思念故乡,思念什么很具体,河里的水、水下的沙土、水里的小鱼、河上的小石桥等等非常深刻具体。你回来以后感觉到很亲切、很感伤,这一切曾经都跟我有联系。我在北京生活这么多年时间,比在故乡生活时间还要长,我没有主人的感觉,我现在还觉得是山东人。读书随处静土,闭门既是深山,可以改两个字,闭门既是故乡。①

从怨乡的角度看,莫言的"怨乡"表达的则是童年和青少年时代在家乡遭受的饥饿、歧视、孤独和不公正的对待,以及离乡之后对故乡存在着的种种不合理现象的不满情绪。

首先是饥饿。莫言3岁时就赶上了"大跃进",此后又是三年困难时期,吃饭问题成了农村的头等大事。饥饿成为小莫言童年的第一波记忆,后来他在《透明的红萝卜》中,对主人公"黑孩儿"的描写便是自己当年的写照。此后,有关饥饿的描写,就一直贯穿在莫言的作品中,真真假假,多半都来自他的生活经历。

1961年春天,莫言刚上小学一年级,村里的小学拉来一车煤块,那种亮晶晶的东西孩子们从来没见过,有人跑上前拿起一块就啃,其他孩子也扑上去,每人抢一块吃起来,那种情景让莫言始终记忆犹新。莫言回忆说:

小时候我什么都喜欢吃,但没有任何东西可供我选择。因为我生

第六章 乡土生活的馈赠

在1955年,等我有了记忆时,也就是1960年左右,正是中国经济最困难的时期。大家还觉得很正常,以为人生下来就应该这样半饥半饱的,见了食物眼睛发红,像狼一样要往上扑。我们一生下来就没有体会到像现在的孩子这样一种食物过剩的生活,就感觉到生活就是这样的,就是没东西吃,永远伴着饥肠辘辘的一种感受。

小孩儿确实体会不到一个人应该有自尊,应该忍受肉体上各种各样的痛苦来保持人格的尊严,只是在长大之后才会有这方面的思考。我想别说是小孩子了,即便是一个成年人,当他连续几十天都吃不饱时,突然面临美味佳肴,那真的就很像我小说里说的一样,什么尊严都是顾不上的。

在挨饿的那段时光,给我这一生当中留下最深的印象,就是我现在经常做梦,梦到又在跟人抢夺食物。我想我生活当中很多最屈辱的事情是跟食物有关的,最丧失自尊,让我最后悔的事情也和食物有关。

在《丰乳肥臀》中,莫言描写母亲上官鲁氏奇特的偷粮方式——她给生产队拉磨,趁干部不注意时,在下工前将粮食囫囵吞到胃里,以躲过下工时的检查。回到家后,她跪在一个盛满清水的瓦盆前,用筷子探到自己喉咙里催吐,把胃里还没有消化的粮食吐出来,然后洗净、捣碎,喂养自己的婆婆和孩子,以至于后来形成了条件反射,只要一跪在瓦盆前就想吐。这样的情节听着离奇,却是莫言母亲和村里好几个女人的亲身经历。吃是理解莫言小说的密码之一,在他的小说里,饥饿记忆和吃的疯狂贯穿始终,而这正是中国农民几千年生存困窘的体现。莫言曾经说过,文学其实是一种记忆,有时候在写作时打开记忆的闸门,对饥饿的恐惧和仇恨就会一泻千里。

其次是歧视。莫言是伴随着家族的衰败来到这个世界上的。本来曾祖父一辈来到这里是白手起家的,靠着祖父三兄弟的卖力经营,一家的生活有了重大的改变。但到"土改"的时候,管家的成分却被划成了富裕中农,地位虽然没有地主那样卑微,但也算不上是主流。当时山东地区土改走"极左"路线,斗争格外激烈,莫言这样的中农家庭在村子里比别人矮了半截,这种边缘性的身份与歧视一直伴随着他的童年和青年。

因为家庭成分不好,莫言的父亲一辈子行事谨慎。小时候莫言没少挨父亲的揍,有一次下地干活因为肚子饿极了,他便拔了队里的一个萝卜吃,结果被人告状,他被罚跪在毛主席像前,父亲知道后差点把他打得半死,母

亲和姐姐都不敢去劝，只好求助隔壁的六婶去请来爷爷才算解了围。《透明的红萝卜》就是根据这一经历写成的。

莫言的童年，正是中国政治运动最为频繁的年代，"反右"、"大跃进"、人民公社、"文化大革命"，一波接着一波，个体命运被裹挟在宏大而扭曲的政治浪潮中，飘摇不定，随时都有覆灭的危险。作为家里的小儿子，莫言不仅嘴馋，而且经常偷懒，既长得丑，又爱说话吹牛，为此没少惹事，在家里并不受待见。后来，在解释小说《四十一炮》的名称时，莫言自述说，像自己这样爱说话的孩子，在村里就叫"炮孩子"，意思是说话像放炮，毫无遮拦。

1966年"文革"开始，正在读小学五年级的"炮孩子"莫言终于为此付出了代价。那一年，在华东师范大学读中文系的大哥回家，带回了一些有关上海"一月革命"的材料，莫言看完后，也带领一帮同学组织了一个"蒺藜造反小队"，意思是"蒺藜"虽小，但全身硬刺。莫言亲自写了造反小报，并带领同学撕了学校的课表，没想到队伍里出了"叛徒"，因此很快就被"镇压"了。由于升初中需要贫下中农的推荐，没人推荐他，他便被清除出了学校，只能下地务农。他回忆说：

> 我家是一个上中农，处在贫农与富农之间的成分，是一种如履薄冰的感觉。这种夹缝状态也就造成了我们这种家庭教育，就是要老老实实、恭恭敬敬地做人，时刻不要忘记把自己的尾巴夹住，时刻在人面前保持一种谦恭的、卑微的态度。实际上像我的天性，在这种社会环境和家庭状况下受到了很大的压抑，我是极其喜欢说话，又具有极强模仿力、记忆力的一个孩子，别人讲的快板书我可能听一遍就能很好地模仿出来。在这种状况里面，我个人的天性有一点扭曲。

再次是孤独。离开校园时，莫言仅仅是一个不满12岁的儿童，他还干不了农活，只能放牛、割草，作为被集体所抛弃的一员，他感受到一种无法摆脱的孤独和自卑。学校就在自己的老屋旁边，每次牵着牛路过，听着教室里传来的读书声，莫言就会感觉自己比别人矮半截。

但是，一个人放牛割草的日子，又让他获得了与大自然亲密接触的机会。莫言坦言，自己在小说中对自然的描写，对动植物、声音和颜色的细腻感知，就源自那段时期的生活。他说：

我的父亲在旧社会读过五年私塾,算是知识分子,而我们这个家庭为了满足祖父母三世、四世同堂的愿望,一直到了十三口人的时候还没有分家。这样家里矛盾很多,使我感到人世炎凉。再一个就是因为"文革"开始以后,我过早地辍学,一是家庭出身有问题,二是不安心,必然被撵到学校外面去。因为过早地辍学,现在想是宝贵的财富,使我和大自然建立了一种密切的联系,让别的孩子在学校朗朗读书的时候,我正在跟牛羊一块儿窃窃私语。

我11岁辍学,辍学后有过一段大约三五年特别孤独的时候。那时候还是生产队,11岁的孩子连半劳力也算不上,只能放一放牛、割一割草,做一些辅助性的劳动,我的主要工作就是放牛。一天挣三个工分。牵了牛到荒地去,早上去晚上回,中午自己带点干粮,整整一天,太阳冒红就走,直到日落西山才回。一个认得点字的孩子,对外界有点认知能力,也听过一些神话传说故事,也有美好的幻想,这时候无法跟人交流,只能跟牛、跟天上的鸟、地上的草、蚂蚱等动植物交流。牛是非常懂事的,能够看懂我的心灵。这样一直到15岁,成了半劳力,可以参加生产队的集体劳动了。这三五年真的是太孤独了,想说话又没有说话的对象,有时候在田野里大喊大叫,更多的时候是躺在草地上,看天上缓缓飘过的白云,看天上鸣叫的小鸟,胡思乱想。我对鸟也很了解,像云雀。它在天上叫我就能准确地在地上找到它的巢。我曾经把麻雀的幼鸟放到云雀的窝里,看着云雀把它养大了。我就猜测云雀母亲看到自己养大的这个怪物后的心情。

虽然不能上学,但莫言并没有放弃读书,而是更加酷爱读书。莫言回忆说:"记得我12岁辍学以后就没有书可看了,天天在家劳动。刮大风、下大雨不能下地干活时,就躲在家中的一个磨房里看书,翻来覆去地看。"莫言说,那时候书非常少,一个村子里有几本书了若指掌。为了看书,他想尽一切办法,拿着自己仅有的几本书去跟别人交换,别人不感兴趣就帮他们干活,推磨、割麦子,换来阅读人家藏书的权利,后来附近十几个村庄的书都看完了。实在没书看了,就看《新华字典》。当时没什么文化生活,就觉得唯独书能吸引住你。

中断学业曾经是莫言的一个心结,直到1984年考入解放军艺术学院才算解开,当时他激动地给在湖南当中学老师的大哥写信:"我终于得到了一个扔掉小学肄业帽子的机会,因此我感到有几分高兴。"

第四,是不公正的对待。饥饿、歧视、孤独,身份的自卑以及大家庭生活中的压抑,莫言在21岁之前所想、所做的努力,就是为了有朝一日能够逃离家乡,为此他尝试过各种办法。然而,他却屡屡遭受不公正的对待。

以读书而言,"文革"后期,大学开始招收工农兵学员,按政策莫言或许还有点机会,但现实中大学招生名额很少,不等到村一级就被瓜分完毕,莫言一直也没有真正获得过这样的机会。为此,他还给当时的教育部长周荣鑫写信,给省、地、县、公社的招生小组领导写信,但却始终未能如愿。村里人知道他在做"大学白日梦",都用异样的眼神看着他,生产队里的贫农代表更是毫不客气地指出:"你这样的能上得了大学,连圈里的猪也能上。"

以招工而言,1973年,在河崖棉油加工厂当会计的叔叔给莫言介绍了一份工作,让他去过磅组当季节工,每年棉花收获的季节,去干两个月,负责过磅和记账,每日工资1.4元,回去还要给生产队交一部分。这份工作虽然看不到什么前途,但最起码算是莫言第一次离开了自己的村庄。有一段时间,厂里组织"批林批孔",莫言还负责办过黑板报,唤醒了他潜在的写作才华,也算收获一些自信。直到1976年去当兵,莫言在棉油厂断断续续干了4年。也是在这里,莫言结识了自己的妻子杜芹兰。但作为一个没学历没身份的临时工,要想当正式的工人,希望是十分渺茫的。

以当兵而言,当时除了考大学,农村孩子要想跳出面朝黄土背朝天的日子,还有一条路可走——当兵。但是,从17岁开始,莫言年年报名,年年体检,却从未成功,不是体检不合格,就是政审不合格。

莫言的转机出现在1976年。这一年,莫言已经是第四年报名参军,为了能当上兵,他没少下工夫,碰巧当时公社武装部领导的孩子也在棉油厂上班,莫言就注意与他搞好关系。叔叔也找人帮忙,从厂里给莫言报了名。巧合的是,这一年,生产队的领导和贫农代表们都在外地出工,没人打小报告,莫言终于如愿当了兵。

在莫言的小说中,充满了对社会不公的强烈控诉,以及对有尊严的、轰轰烈烈的生活的憧憬。这是阅读莫言小说、走进他的文学世界的钥匙。莫言曾经做过一个关于自己创作源泉的报告,他说:"饥饿和孤独跟我的故乡联系在一起。在我少年时期,吃不饱、穿不暖,牵着一头牛或者羊,在四面看不到人的荒凉土地上孤独地生存。饥饿和孤独是我创作的源泉"。

童年和青少年时代的经历,不仅使莫言产生"怨乡"的情绪,而且使惨烈的叙事成为莫言小说的一大特点,这在他一开始创作时就出现了。1986年底,他写出了充满残酷浪漫主义色彩的中篇小说《红高粱》。1987年,他躲在家乡的一个寒冷仓库里,完成了长篇小说《天堂蒜薹之歌》,用令人窒息的笔触,生动描写了乡村泯灭人性的人际关系。1995年,洋洋五十万言的长篇巨著《丰乳肥臀》,总结了"高密东北乡"的百年动荡,政治的动荡、历史的诡秘、人性的险恶、社会的变迁,在这部小说中得到淋漓尽致的表达。在沉寂了四五年之后,他推出了重磅作品《檀香刑》,把他心中锤炼已久的"残酷叙事"推向了极致。

但莫言并不止步于"残酷",在他的小说中,深切的人性关怀在近乎冷酷的语言中喷涌而出,一些细节之生动、深刻,让人读来深感震撼。正如一位评论家所说,莫言在自己的文学世界里一直行进在"浪漫传奇"和"残酷现实"两条路线上。在2006年推出的长篇小说《生死疲劳》中,莫言以"轮回"为小说章节结构的基础,通过"赎罪"的方式,体现出中国当代文学中罕见的拯救情怀。小说中长工蓝脸对被冤杀者的忏悔,把《丰乳肥臀》中略显生硬地引进的宗教情怀进行了深化,并在《蛙》中进一步强化了"善推断"。在充斥着浓厚"恶叙事"的中国文坛,这是一股尤为难得的清风。

莫言对当代文学最大的贡献之一,是直面惨痛现实,以犀利语言糅合悲悯情怀,把生活中可怕现实逼到产生幻觉的程度。这种直面现实痛感的创作,在很多故事中通过传统的方式阐发出来,如《草鞋窨子》里的传奇、《酒国》里被灌醉后的各种幻觉等,都是从残酷现实中发散而出,而不是特意的变形或者出现意想不到的魔幻物品及人物,这与拉美魔幻现实主义有着本质的区别。

在谈到获得第八届茅盾文学奖的长篇小说《蛙》时,莫言感慨地说:"我在创作过程中始终忘不了高密东北乡,一个作家可以离开故乡,但他的内心和精神永远跟故乡拴在一起。"在莫言的文学世界里,有他深深爱着和恨着的那片故乡土地;有以那片土地上人们喜怒哀乐为细胞折射的中国人的生存状态;有中国近现代史上人们经历过的种种灾难和苦痛。他从不回避苦难和悲伤,也没有刻意去掩饰民族自身的落后和局限。

他笔下那些挣扎在死亡线上下,苦着累着欢喜着和伤感着的生命,终究不失红高粱如血一般鲜艳的生命激情。在莫言的文学世界里,最让人难忘的,并不是光艳伟岸的大人物,而是那些鲜活的卑微生命:那些喝着高粱酒拿起土枪和土炮向日本人发起自杀性冲锋的乡民;那些被政府强令种下蒜苔但最终卖不出去不得不扔在路上任车碾马踩的农人；那些违反计划生育政策被送去人流而伤心的孕妇；那些在"自然灾害时期"如风中草芥般消失的生命。②

莫言热爱土地，又憎恨土地，渴望逃离乡土，却又无法割舍对家乡的依恋，他经历了一个对故乡从爱到恨，再到爱的心理转变。莫言后来发现，他所经历、所看见、所感受并"怨恨"着的那个乡村世界，并不是一个不值得表达和书写的世界，相反，他一直有意淡漠的乡村情结，却如高粱酒一般在心里发酵膨胀。

"逃离和回归"是莫言生活的核心，是莫言文学王国形成的核心通道——《莫言评传》的作者叶开理清了这条脉络。他认为，莫言创作的全部秘密就在于，对故乡的肉身逃离和精神反刍，以及企图超越地理上的故乡概念，建立起自己的精神家园。莫言笔下的故乡"高密东北乡"，恰如鲁迅的鲁镇，沈从文的湘西凤凰。③

2002年2月，莫言在与大江健三郎交谈时谈及自己的故乡，他说：

二十岁以后我才离开了自己的村庄。整个青少年时期的美好时光都是在非常荒凉、非常闭塞的地方度过的。后来我走上了文学道路，这段农村生活就成了我整个创作的基础。我所写的故事和我塑造的人物，甚至我使用的语言都是有乡土风味的。我早期的作品里写的大都是自己的亲身经历，小说里许多人物都有原型。我的小说语言里面使用了大量的高密东北乡的方言土语。这些方言土语，略加改造后，能够表现生动活泼的景象，产生不同寻常的修辞效果，跟流行的书面用语有很大差别。这种语言上的异质，是我引起文坛瞩目的一个重要原因。

如果我的小说有一个出发点的话，那就是高密东北乡，当然这里也是我人生的出发点。我在这个地方出生、长大，成为青年，然后又离开了家乡。

您的《小说的方法》里面也提到，逃离故乡好像是二十世纪的作家们共同的情结，经过二十年的创作以后，我才意识到，为什么大家都有这样的心理体验？那就是，作家只有逃离了故乡才能真正认识他的故乡。

我在故乡生活了整整二十年，当时最迫切的想法就是逃离。为什么逃离？道理很简单，因为我在那个地方生活得很痛苦。这种痛苦，一是物质生活的极度贫困，二是政治上的压迫造成的精神苦闷。我感到在这样的地方生活，前途一片黑暗，人跟牛马没有什么区别。我跟故乡的生活有尖锐的对抗和冲突,但这些对抗和冲突只能深深地埋藏在我的内心。我想自由,想真实,想自由地表达自己真实想法,但在那个环境里,这是不可能的。

等到真的逃离之后,发现在城市的环境里,我的故乡经验和城市生活产生了更加尖锐的矛盾和对抗,城市对我的压迫更加严重。这种"外乡人"的感觉,我想许多作家都是体验过的。所以这个时期,我感到每日里都是惶惶不安。这时,我开始了写作,通过写作,来救助自己,克服那种对未来,对人生的惶恐和绝望。城市毕竟是文明之地,它使我接受了外来思想,为我的写作提供了一个参照,或者说为我提供了批判的武器,使我的关于故乡的写作具有了批判的精神。我的许多作品,看起来是对乡村生活的批判,其实这里边也包含着对自我的批判。

最近我一直在思索一个问题,世界上许多事物,都以循环形式存在并发展着,日出日落,岁月流年是循环,人生也是循环。但每一次循环的起点和终点,都不是完全一样的。当初我们是那样迫切地逃离家乡,可是到了一定的时候,又想回归故乡。但这个回归,其实很难回到原点。第一,现在的故乡,已经不是我们回忆中的故乡,第二,现在的我们,也不是当年的我们。譬如我们现在坐在我故乡的院子里,但这个地方,对于我来说,只是一个似曾相识的地方,一切都发生了变化,别人变了,我也变了。因此我觉得,这个回归的过程,是一种徒劳,就像古希腊哲学家所说的那样:人不能两次踏进同一条河流。

①葛亮:长篇小说《朱雀》作者,《朱雀》获"亚洲周刊2009年全球华人十大小说奖",葛亮是该奖项迄今最年轻的获奖人。
②曾颖:《做一个对得起所受苦难的作家》,《新京报》2012年10月13日。
③本节内容参阅叶开《莫言评传》"饥饿时代、求知时代、出走时代";魏一平《莫言和故乡》,《三联生活周刊》2012年第42期。

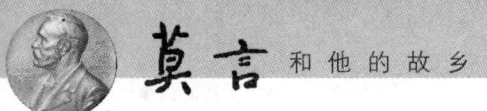

四、莫言创作研讨会

　　至今东武遗风在，十万人家尽读书。

　　这是当年苏轼知密州、其胞弟苏辙来看望他时发出的感叹。一方水土养一方人，有着独特地理和人文积淀的潍河流域，自然是一方文脉充盈、人杰地灵的土地。

　　1988年9月，山东大学、山东师范大学、山东省青年社科协会和高密县委宣传部在莫言的家乡高密联合召开了"莫言创作研讨会"。这是在山东举办的首次全国性莫言创作研讨会。来自全国各地的50多位专家、学者、青年文学工作者以及莫言本人出席了研讨会。

　　莫言当时已经是文坛上一位有成就、有代表性的青年作家。与会专家、学者怀着极大的兴趣，各抒己见，互相辩难，就莫言创作的成就、特点、美学追求、困惑和矛盾等一系列的问题，进行了广泛的讨论。

　　有的学者认为，莫言是一位有勇气、有胆识、感觉敏锐而独特的作家。在他的作品中，充满着对传统文化、传统道德的反思与挑战，充满着对现代意识的探求与弘扬。他真诚地表达着一个痛苦灵魂的思索和困惑，他燃烧着自己的激情与才华，渴望惊醒仍在睡梦中的人们。莫言的痛苦是中国几代有良知的知识分子的共同心态，他的痛苦理应被人们、首先是中国知识分子所理解。然而，很不幸，中国的封闭时期太久远了，历史的积淀太凝重了，以致人们面对莫言的作品，感到有些惊讶，感到很不习惯，甚至感到不能容忍。比如，莫言在作品中所表达的强烈的生命意识，本来是对传统文化中善恶观念的超越，是对生机勃勃的现代精神和现代品格的向往，是面向未来的深沉思考，但遗憾的是，许多人对此并不理解，更谈不上接受了。

　　山东大学文学院教授贺立华回忆说，1988年，莫言作品研讨会在莫言的故乡高密县召开，这次研讨会非常热闹，莫言却默默无言，只是认真听取专家的评价和建议。"正如他的笔名一样，莫言生活中不是一个爱说话的人。"贺立华说:"当时我就觉得,这个不喧哗的作家不一般。"

山东师范大学教授杨守森是文学圈里最早关注莫言和"高密东北乡"的学者之一,作为首届莫言创作研讨会的发起者和组织者,他在会上提出了"高密的民间文化对莫言有着重大影响"的问题。。

山东师范大学文学院教授李掖平在谈到自己对莫言小说的印象时说,上世纪80年代当她还是刚刚毕业的大学生时,就完全被莫言的小说所打动。"《透明的红萝卜》我太喜欢了,我几乎都能背诵它,莫言把主人公写得通体透明,神采飞扬。当时我们刚刚接触到魔幻现实主义的作品,完全被其魅力迷倒。"

李掖平后来担任了山东省作协副主席。她回忆说,在高密召开的莫言作品研讨会上,她得以见到年轻时的莫言:"我简直不太相信,能写出《透明的红萝卜》的莫言竟然是长得那个样子。但是慢慢了解莫言之后,发现他就应该是写出《透明的红萝卜》的那位作家。莫言很幽默,但是在其幽默的时候他又不笑,当大家会心一笑的时候,莫言才会抿嘴一乐,这时候莫言的小眼睛里闪着智慧的光芒。"后来李掖平和莫言接触多了,了解也多了,她发现真正的大作家永远都平易近人,有自信力,根本不需要装腔作势。

2010年7月16日,哈佛大学东亚系、复旦大学中文系等在上海复旦大学校园联合主办了"2010莫言创作研讨会"。此次研讨会是作为复旦大学"新世纪十年文学国际研讨会"首个分论坛举行的。

莫言在2008年上海书展上作关于《我的文学生活》的报告

研讨会由复旦大学中文系主任陈思和、中国作协副主席王安忆、哈佛大学讲座教授王德威和复旦大学中国当代文学创作与研究中心副主任栾梅健分别主持。文学评论家陈晓明（北京大学）、张清华（北京师大）、谢有顺（中山大学）、张新颖（复旦大学）等二十多人在会上发表了对莫言作品的见解。

在专家学者们回顾莫言的创作之前，莫言首先简短回顾了自己"浪得虚名"的三十年。他说："我没想到写自己童年往事的小说会成功，不免心中暗暗窃喜。如今操练了三十年，是否还得继续下去？最近十多年，我追求变的想法非常明确，在梦里也在变。但每个作家都有自己的局限性，我不知道自己的戏法是否会变光。总希望在下一部小说里和前一部有区别，甚至希望面目全非。"

众多学者和作家、评论家对莫言走过的三十年文学创作道路给予了肯定。谢有顺称赞莫言是一个有文学故乡的作家。"他有自己精神的根据地。相比现在很多作家写作时精神漂浮的状态，看他作品的时候，始终能清晰地看到一个精神的来源地，一个终极的命题。"他认为，莫言的写作体现一种感官的解放，对欲望的书写显得气韵生动，有一种坚不可摧的东西。这在一些作家的写作中是匮乏的。

张清华认为，莫言的作品能有效地处理中国当代现实，并提供相匹配的文学经验。他还创造了一种异质混成的小说美学，以此反映中国当代社会的复杂性。复旦大学中文系教授张新颖认为，莫言的作品重新唤起了中国民间想象的传统，"齐东野语的传统在这些年是被压抑的，但在民间没有中断过，而莫言重新唤起了这样一种民间叙事。"

王德威在肯定莫言创作成绩的同时，也对三十年来的中国当代文学做出了充分的肯定。他强调说，我们亟须做的是，如何在国际文学的坐标中定义莫言和其他作家的特殊性和重要性。

面对评论家们的褒奖，莫言表现得十分冷静和低调。他坦言，在公开场合听人研讨自己"是人生诸多尴尬之一"；"我不知道在这样一个场合该表现得冷若冰霜呢还是得意忘形？我想到的办法就是麻木，忘掉讨论的那个人是你。"

学者们同时提出莫言创作的不足。王德威认为，早期"阅读"莫言，时常惊诧于他磅礴的想象力和文字能量，而今当莫言及其他一些作家富有民族特色的表达被符号化了，不免担心它会成为中国文学的负担。作家王安忆说，莫言的作品好的很好，糟的挺糟，"还好他能在糟糕的地点重新起来。"而谢有顺提出的建议是，莫言要警惕写作中的"油滑"文风，这也是很多当代作家面临的问题之一，"这个世界太过迷恋搞笑、戏谑、周星驰式的东西，缺乏写作的庄重之心。文风的过于油滑会伤害一个作家的写作。"

莫言对此回应说，现在油滑似乎已成为一种处世的需要，以至于很多人模糊了油滑与幽默之间的界线。他说："任何作家在年轻时总是向外看，随着年龄慢慢变大，我认识到了自己的局限性，从而更趋于内向。这些年，我对'恶'的看法发生了变化。于是，我更注重在作品中不是表现'恶'，而是表现一种与积怨的和解。理性会使人更宽待一些东西，一个作家应该用更宽容的视线向外张望，这样，作品才能超越一般的社会性批判，走向人性的高度。"①

令人惊奇的是，一直对莫言进行跟踪研究的复旦大学教授栾梅健在研讨会上明确指出："莫言问鼎诺贝尔文学奖的条件已经具备，其理由包括'天时、地利、人和'。"

所谓"天时"，是指经过30年的改革开放，中国的国际地位大幅提升；任何国际性的大奖都不能无视这个有着13亿人口的、崛起中的东方大国。从2008年北京奥运会的成功举办，到当时正如火如荼举行的中国2010年上海世界博览会，都说明全球已经注意到了中国。因而，在当下，有着百年历史的诺贝尔文学奖势必会将橄榄枝伸向中国，这应该是毋庸置疑的事情。

"地利"则是指莫言具备了中国许多当代作家所不具备的优势。从他早年的作品《红高粱》，到后来的《檀香刑》《生死疲劳》，直到最近的长篇小说《蛙》，基本上都一以贯之地坚持着他的民间立场，这是他独具的优势。

所谓"人和"主要是指莫言的作品在国际上的知名度和人脉。正如哈佛大学教授王德威所说："莫言先生是幸运的，他的大多数作品都由美国著名翻译家葛浩文先生所译，其精准程度令人信服。"而翻译的多少与质量直接决定着外国评委对中国作家的判断。在如今的英、法主流阅读市场，莫言作品是中国作家中翻译数量居前，并且最精准的。栾梅健说，正因此，"我一直坚信，莫言有一天会问鼎诺奖。"②果然，两年后，他的预测被事实所证明。

2011年9月25日，第二届中国（高密）红高粱文化节期间，高密市委宣传部和高密莫言研究会共同主办了"莫言茅盾文学奖获奖作品《蛙》研讨会"。其时，莫言的作品《蛙》刚刚获得中国长篇小说最高奖——茅盾文

逢春阶在莫言获奖前一天发表在《大众日报》上的评论

学奖。

研讨会作为作为文化节重要内容之一,引起了各方的关注。来自山东省内高校、省作协、省文联、省社科院以及省内媒体单位的专家、学者、记者四十余人应邀与会参加了研讨。会议由山东师范大学文学院教授、莫言研究会顾问杨守森主持。

莫言出席了研讨会,并向与会者介绍了《蛙》的写作历程与创作心得。莫言表示,这部小说从2005年开始写作,中途因没有最终确定好结构问题而一度搁置,在完成《生死疲劳》之后又重新开始创作该作品,历时四年三易其稿才得以完成。莫言指出,《蛙》此次获奖,表明文学对重大政治和社会敏感问题的关注获得了开放性的认同。作品虽然以"计划生育"这一基本国策为集中表现的主题,但并非要写计划生育事件的过程,而是"盯着人",也就是以塑造人物为核心来写,作品中的很多情节和人物直接取材于作者故乡的生活和亲友。而《蛙》的整体结构采用书信体,也使得作者的写作获得了较为自由的发挥空间。

山东大学教授贺立华再次作为嘉宾出席了研讨会,他说:"莫言虽然获得了茅盾文学奖,但这次他也没说太多话,二十多年了,他的性格始终没变。"

提到莫言作品的艺术价值,李掖平认为,莫言是顶尖级作家,他一直坚持具有先锋意味的艺术探索,莫言的小说写得很感性化,也有足够的才情和激情,他的小说真正有丰盈饱满的艺术感觉和灵性。③

　　2012年10月,莫言获得诺贝尔奖之后,谈论莫言的各种声音此起彼伏,中国文学尤其是当代文学也因此备受关注。惊喜过后,理性的思考和探讨随之而来。莫言的小说具有哪些特质?中国文学该从诺贝尔文学奖中获得什么启示?"诺奖"之后又该如何看待中国文学及其与世界文学的关系?

　　为此,10月22日,文艺报社和中国作家网在京联合举办了"莫言小说特质及中国文学发展的可能性"研讨会,李敬泽、陆建德、陈众议、雷达、梁鸿鹰、吴义勤、陈晓明、张志忠、张清华、王干、李洱等在京作家、评论家参加了研讨会。研讨会由《文艺报》总编辑阎晶明主持。

　　与会专家认为,书写乡土中国,呈现中国乡村的独特经验,是莫言在30多年的创作中一直坚守的立场。从上世纪80年代发表的中篇小说《透明的红萝卜》到2010年出版的长篇小说《蛙》,莫言写乡村,始终把写人性、剖析人性的善与恶作为重要主题。他的作品描写了20世纪中国社会历史的不同层面。在那片高粱地上,莫言看到的不仅是苦难、血泪、饥饿、死亡、孤独,更重要的是,他在这土地上写出了中国农民顽强的生命力,生发出一种生命的英雄主义和理想主义。莫言后来的创作融入了城市生活经验,作家从城市视角审视、思考现代文明对乡土中国的入侵,显示了更强烈、坚定的乡土情怀。

　　与会者认为,莫言的小说具有丰富多变的风格,他一面吸收民间文化资源的养分,一面广泛汲取世界文学的营养,从而形成了独特的"魔幻般的现实主义风格"。有人说:"莫言的胜利,是作家蓬勃的原创力的胜利。他的作品总是充满新的创意,阅读他的文字,就像看一场富含创意的文字焰火。"

　　与会者提出,莫言在创作中一直努力进行各种实验与探索,其作品个人标识强烈、复杂多变、难以复制。他以恢弘奇诡的幻想,呈现出不同于别人的世界面貌;他使用孩子、无知者、动物的视角,还原世界的真相;他从生死轮回的角度阐述、解构历史;他打破了线性叙事,在四维空间中思考;他打通了视觉、听觉、嗅觉、触觉等各种感官,让小说有了狂欢的色彩;他善用各种修辞,并由此开创了一种修辞叙事的方式;他的语言难以归纳模仿,在大开大合中内蕴着节制的力度。

　　与会者指出,莫言获得诺贝尔文学奖,又一次让文学成为社会的焦点,让中国文学尤其是当代文学在世界文学中有了新的位置。在此之后,中国文学的"诺奖焦虑症"得到缓释,当代文学的生存环境在一定程度上得到改

莫言(站立者)和史铁生(右)、陈希米夫妇参加文学界活动

善,"是摘掉有色眼镜谈论当代文学的时候了,从现代文学传统的角度来研究当代文学,才能发现其真正的价值和意义"。而从世界文学的版图看,中国文学从此应该具有更为平和、理性的姿态和语调。以此为契机,当代文学可以有更充足的底气同世界文学展开广泛、坦诚、深入的交流。④

仅仅20天之后,11月10日,山东大学文学院也专门举办了一场"莫言文学创作学术研讨会"。与会专家学者围绕莫言作品的价值和意义、莫言获诺贝尔文学奖对中国现当代文学的意义以及对高校现当代文学教学带来的启迪等问题展开了深入研讨。山东大学副校长陈炎、山东大学人文社科一级教授温儒敏、莫言的大哥管谟贤和来自首都师范大学、复旦大学、山东师范大学、曲阜师范大学、山东省作协、山东社科院的40余名专家学者,以及《中华读书报》、《文汇报》等多家媒体记者参加了研讨会。

陈炎回顾了山东大学与莫言的不解之缘及深厚友谊,肯定了莫言的文学成就,认为莫言获得诺贝尔文学奖是实至名归。他从文学专业的角度发表了自己对莫言作品的理解,认为莫言在创作中将人物放在最艰难困苦的境况中,正是为了考察生命的力度,检验其生存的可能性。他强调,现代文学研究者应更加关注当代作家活生生的文学实践,重视文学在读图时代的作用,并期待研讨会对倡导文学阅读和文学研究的重要性发挥积极作用。

温儒敏教授在发言中谈到,莫言获奖对当代文学创作和评论必将产生重要影响。他畅谈了自己对了莫言获奖的七大猜想,评价莫言是少数最杰出的当代作家之一,其获奖是中国当代文学史上一件标志性的大事,使沉滞的当代中国文坛有了新话题,并将在一定程度上改变人们对当代文学素质的看法,促使更多人关注纯文学。

首都师范大学张志忠教授说,纵观莫言30年的创作脉络,从《透明的红萝卜》到《蛙》,莫言小说表现了基于农民文化的英雄主义、理想主义。山大文学院牛运清教授说,"莫言热"应该带动全社会的读书热、文学热、文学研究热,不应该导向庸俗热、炒作热、商业化热。山东省作协副主席李掖平表示,中国文学要得到世界文坛的瞩目需要一个里程碑式的事件,而莫言获奖就是这样一个标志性事件,希望莫言获奖能给文学带来真正的繁荣。复旦大学栾梅健教授建议山大文学院充分发挥自己的优势与特长,在莫言研究和中国现当代文学研究领域起到引领作用。

山大党委宣传部部长李平生在会上介绍了山东大学的历史及现状,期待莫言先生在学校文化建设、学科建设、学生培养等方面发挥更大的作用。山大文学院院长郑春主持研讨会,并宣布在本次会议的基础上,文学院将于2013年春季,邀请海内外一流的专家学者,组织一次高水平、高规格的莫言文学创作国际研讨会,拓展当代中国文学的学术研究。据悉,本次会议是莫言获得诺贝尔文学奖后,山东学界召开的首次莫言文学创作学术研讨会。⑤

人们有理由相信,通过这些研讨,莫言的故乡、文化底蕴厚重的齐鲁大地和聪明睿智的齐鲁学者,必将为莫言的创作提供更加丰腴的土壤和更加充足的养分。

①傅小平:《众声评说"浪得虚名三十年"——"莫言创作研讨会"侧记》,2010年7月16日。

②《莫言获奖具备天时、地利、人和》,《新民晚报》2012年10月12日。

③王源:《莫言茅盾文学奖获奖作品〈蛙〉研讨会综述》,《东岳论丛》2011年第11期。

④李晓晨:文艺报2012年10月24日。

⑤山东大学新闻网2012年11月10日。

五、潍坊：飞翔的风筝

莫言的故乡高密市是潍坊管辖的一个县级市。莫言获奖在潍坊也引起了强烈的反响。这座历来以"国际风筝之都"驰名海内外的城市，不仅拥有全国唯一的风筝博物馆，而且每年的国际风筝节都吸引了无数风筝爱好者来到这里。如今，她又以自己的乡亲莫言而自豪。

早在上世纪 80 年代，莫言就到过潍坊的十笏园，谒拜郑板桥的遗迹，对潍坊的名人史迹始终充满了兴趣。

2011 年，莫言应邀回潍坊举行文学报告会。他在报告会上回顾了自己的文学创作之路，

10 月 12 日《潍坊晚报》头版

并说自己最早的、未完成的处女作应该是《胶莱河畔》。他回忆道："1973 年，我跟着村里人去昌邑县挖胶莱河。冰天雪地，三个县的几十万民工集合在一起，人山人海，红旗猎猎，指挥部的高音喇叭一遍遍播放着湖南民歌《浏阳河》，那情那景真让我感到心潮澎湃。夜里，躺在地窖里，就想写小说。"

从胶莱河工地回家后，莫言跟母亲要了五毛钱，去供销社买了一瓶墨水，一本笔记本，趴在炕上，就开始写。书名就叫《胶莱河畔》。莫言说："那部小说写了不到一章就扔下了，原因早已记不清。如果说我的小说处女作，这篇应该是。"

据莫言的大哥管谟贤考证，当年从挖河工地上回村的管谟业，回家后开始写作的长篇小说《胶莱河畔》，第一节的标题是"元宵节支部开大会，老地

主阴谋断马腿"。这部模仿《红旗谱》的小说,大意是热恋的妇女队长和民兵连长为了挖掘胶莱河一再推迟婚期,而一个老地主为了破坏胶莱河的建设计划,砍断了生产队里的一匹马的腿。这部小说最后管谟业没有完成,只写了一章。

莫言在报告会上还谈到了自己最近的一部作品《蛙》。他深刻地剖析了中国家庭喜欢男孩胜过女孩的原因,认为这种偏好源于男孩能够养家和传递香火。结果就是,如果确认怀的是女儿,一些家庭会选择流产或者是将女婴抛弃,这种情况在中国一些农村地区依然存在。①

2012年2月15日,莫言以中国作协第八届主席团副主席的身份,应潍坊市委宣传部、市文联之邀,专程回故乡参观乐道院集中营陈列馆和坊茨小镇,对潍坊市文化建设情况进行实地考察。在接受记者采访时他说,自己在创作过程中始终忘不了故乡,自己的内心和精神永远跟故乡拴在一起。回潍坊当天,莫言参观了潍县集中营和坊茨小镇。

参观完之后,他感慨地说:"潍坊是文学艺术创作的富矿,有非常好的文化氛围,例如历经80多年风雨的乐道院集中营、坊茨小镇等德国建筑,在经历了不同时期的大破坏和大建设后,还能保存得如此完好,真让人感到欣慰。"

在谈到乐道院集中营关押美国人的历史时,莫言认为这是一个非常好的题材,要吸引有实力、有资本的投资,还原那段历史。他说"乐道院集中营的故事再过50年也值得艺术家们继续挖掘和整理,因为这一题材非常好,可以从中看到人性和兽性较量、正义与邪恶的斗争。"

莫言认为,潍坊历史名胜很多,这些都可以激发艺术家的创作灵感。他愿意身倚潍坊历史文化这座文学"富矿",从中挖掘更新、更优秀的作品。他说:

> 高密是我写作的源泉,故乡的方言土语是我的母语,我虽然已离开故乡20多年了,在北京买了房子,户口也迁到北京。但对我来说,北京只是一个客店,无论在心理上,还是在精神上,我始终还是个潍坊人。我从来没有把北京当作自己文学写作的背景。
>
> 尽管身边很多作家写作的舞台背景在变换,但我始终把故乡当作自己的文学地理符号。我在北京居住的胡同里也有很多熟悉的小商小贩,但当我动笔把他们写进小说时,依然会将他们放在潍坊,放

在高密这一文学背景中来。譬如在写长篇小说《生死疲劳》中,有一个迎接新千年到来的场面,我就把日本北海道的一处场景移植到了高密县城。

对于一个写作者来说,故乡就像一个"黑洞",是流动的,也是开放的,能把所有的物质吸引进去。作为一个写作者,我在世界各地游走时看到和感受到的一切,都会在写作中潜移默化地移植到故乡高密的版图上。这也可以说是一个作家的"同化"能力,将别的地方甚至外国人身上的事都同化到一个文学背景中来。

莫言说,近30年来,潍坊随着全国的总体发展趋势,有了翻天覆地的变化。农村有了太阳能、大高楼,昔日村头拴着大黄牛的地方如今停上了小汽车。但是,在物质条件变化的过程中,对于作家等艺术家来说,更有必要深入调查和了解广大百姓的精神追求,了解百姓的精神境界,看看百姓在这30年里的所思、所想。

潍坊风筝博物馆前的人像雕塑

在谈及下一步的新作时,莫言表示,他的新作将瞄准新农村。他说,半年多来,自己对高密当下农村的状况、农村人的心态有了丰富的感受,积累了关于农村生活的丰富的第一手材料。他正在酝酿构思一部与当下新农村生活背景相关的小说。"当下农村人在心理上和精神上都有了很大变化,一些青年农民虽然户口还在村里,但他们好多已经到潍坊、广州等大中城市打工,精神面貌已大大改变。"②

在潍坊温暖的初春里,莫言与家乡的作家和媒体进行了座谈交流。他说，来潍坊之前，他就已经从有关文章里读过在历史上非常著名的潍县集中营材料，这次亲临实地，驻足在一张张老照片和史料前，更深刻地感受到那段充满了硝烟与紧张气氛的历史。乐道院有着辛酸的历史，在日军侵华期间，曾关押了数千外国侨民，受到世界关注。"像这样的历史题材，具有国际影响。在相关影视剧制作方面，应该在政府的指导下，注入有实力的资本，一定要出精品，出有影响力的大制作。"

坊茨小镇的德日式建筑群也给莫言留下了深刻的印象。他说："当地政府下了大力气，这些建筑群都保存完好，重现了当年的历史风貌，我们可以从中窥到上世纪坊子的繁华和美丽。这种文化的美是无论几星级的现代别墅都达不到的，它必将成为吸引中外游客的旅游文化热点。"

谈到"文化"与"产业"的关系时，莫言以家乡的茂腔文化为例谈了自己的感受。他说，由于自幼耳濡目染、心诵口唱，茂腔成为他心中高密东北乡一个独特的文化符号，并在他的小说《檀香刑》中多次运用，已经像一种地域文化的印记清晰地烙在他的文学作品中。虽然后来去外地当兵，听惯了南腔北调，但是一出故乡的火车站，听到小饭店里传出的茂腔那缓慢凄切的调子，仍会让他心中百感交集，泪水盈满眼眶。

莫言认为，"虽然现在的娱乐方式越来越多，但是我们不能将这样珍贵的文化遗产丢在身后。"最重要的还是"创新"二字，要在继承传统的基础上，追求新的舞台形式、技术和唱腔元素。

谈到自己的作品时，莫言最常用的一个词就是"故乡"。他在各种场合多次说到，高密东北乡是他文学创作的源泉。故乡不仅为他提供了文化的土壤，还帮他树立了区别于其他作家的风格，那就是对家乡土语的运用。"真正作家的语言应该是故乡的方言土语。"莫言说，

但是故乡又不是永恒不变的，作家不可能一辈子写一个地方，对于莫言来说，故乡在他的心里是一种"四门大开、开放的、流动的"的存在，虽然他离开了故乡，但内心中，故乡似乎无处不在。它"像一个拥有强大想象力的'黑洞'，因为其中积淀了强大的传统文化，才能吸收人生历程中的各种素材养料，经过艺术的加工，移植到我自己的创作版图中去。"

莫言举了一个例子，在他的著作《生死疲劳》中有一个场景：新年倒计时来到时，全城人迎着鹅毛大雪，在高密广场上载歌载舞。其实这种场景在高密并没有发生过，而是他于2005年在日本北海道札幌市遇到的景象，被他"改头换面"后"移植"到了高密东北乡，激发起这片古老土地的生命活

力。这种"吸收"与"移植"丰富了他的小说内涵,但最核心的东西还是与故乡有关。

莫言说,自己喜欢闻故乡土地的气息,经常回到故里与家乡人朝夕相处,蹲田头钻大棚,与老乡话家常,深入到底层去体验生活,从而得到真正的第一手体验。莫言希望年轻作家们的内心也有故乡的强大"存在",他说:"对西方与古典文学的学习很重要,但剩下的还是要回归民间传统文化,而故乡就是民间传统文化的一种强大存在,只要深入挖掘,它的财富是我们享用不尽的。"③

2012年7月,曾担任中国人民解放军副总参谋长的熊光楷上将,以《懂得中国乡土民情的作家莫言》为题,在《羊城晚报》上发表了一篇文章,回忆与莫言交往的经过及对莫言作品的欣赏。文章写道:

2011年11月20日晚,见到莫言,我再次向他表示祝贺,祝贺他的长篇小说《蛙》获得第八届茅盾文学奖。2010年初,这本书刚出版时,莫言就签名赠送给我。《蛙》由剧作家蝌蚪写给日本作家杉谷义人的四封长信和一部构成,讲述了一个乡村妇产医生平凡而又极不普通的人生经历。像莫言过去的小说一样,《蛙》想象力丰富,语言绚烂,把人类灵魂深处的高尚与卑微以及我国计划生育政策的深远影响表现得淋漓尽致。莫言在获得茅盾文学奖后的答谢词中说:"许多人问我这部小说到底写什么的,我回答说写人,写姑姑这样一个从医50多年的乡村妇科医生的人生传奇,她的悲欢离合,她内心深处的矛盾。《蛙》其实也是写我自己的,写鲁迅写的那个躲在皮袍里的'小我'。在《蛙》中我自我批判得还不够彻底,今后我必须对自己下狠手,不仅是忏悔而是剖析,用放大镜盯着自己写……"

莫言曾经是军旅作家,在军艺进修学习过,曾长期在总参工作,因此与我算是同志加同事。尽管我们过去没有多少交往,但我早就知道他的大名。从《红高粱》开始,他的作品,以及根据他的作品改编的电影,经常引起轰动,影响很大,可以说,我对他未见其人,但早已闻其名了。

后来较多地开始交往还是结缘于签名书。由于莫言在海外知名度很高,许多世界著名作家访问中国,与他们对话的中国作家常常是莫言,其中包括不少获得诺贝尔文学奖的作家。我收藏的1994年诺贝尔

文学奖获得者大江健三郎、2006年诺贝尔文学奖获得者帕慕克、2010年诺贝尔文学奖获得者略萨的签名书,都来自于莫言的帮助。他还赠送给我德国著名作家马丁·瓦尔泽的签名小说《惊马奔逃》,国家大剧院建筑设计师保罗·安德鲁的签名画册《国家大剧院》。令我感动的是,这些书都是莫言亲自去书店买来的。

莫言本人的签名书我也收藏了很多,包括一些港台的版本。这些签名书大都是他送给我的。2011年9月,我专门买了上海文艺出版社出版的一套12本"莫言作品系列",其中包括莫言迄今为止发表的全部10部长篇小说,请他一一签名。

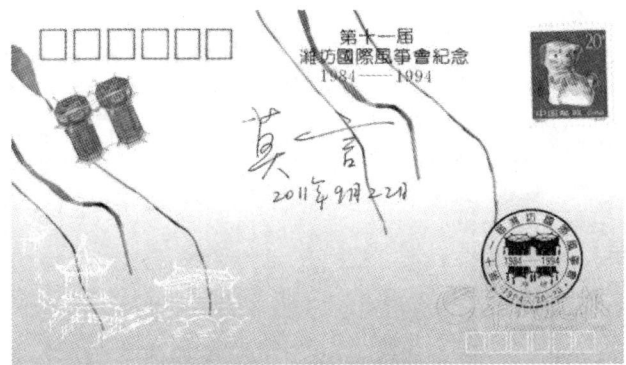

莫言为熊光楷将军签名的潍坊国际风筝会纪念封

莫言与家乡的联系可用血脉相连来形容。家乡的方方面面都能给他以灵感。从交往中我感到,虽然他已经是很有名的作家了,而且在国际上获得的荣誉比较多,但是他仍然保持了他的乡土气息,保持了他的生活气息,他是一个懂得生活,懂得中国乡土民情的作家。令我吃惊的是,他对家乡的茂腔,一种流传范围并不大的地方戏曲都充满感情,一听茂腔就百感交集,既鼓励茂腔走出他的山东老家,登上更大的舞台,还计划亲自为茂腔写作剧本。正因为莫言对家乡的深厚感情,所以我购买了第十一届潍坊国际风筝会的纪念封请他签名。

①中新网昌邑2012年10月11日电。
②《莫言与潍坊:潍坊是创作富矿创作中忘不了故乡》,《潍坊晚报》2012年10

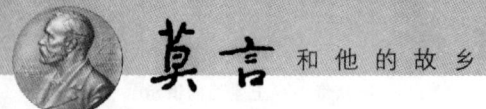

月16日。

③陈文:《故乡是一种强大的文化存在——访中国作协副主席、著名作家莫言》,《潍坊晚报》2012年4月27日。

第七章　从故乡走向世界

作家与故乡,是一个恒久的命题。莫言在谈到作家与故乡的关系时说:

> 故乡的经历、故乡的风景、故乡的传说,是任何一个作家都难以逃脱的梦境,但要将这梦境变成小说,必须赋予这梦境以思想,这思想水平的高低,决定了你将达到的高度,这里没有进步、落后之分,只有肤浅和深刻的区别。对故乡的超越首先是思想的超越,或者说是哲学的超越,这束哲学的灵光,不知将照耀到哪颗幸运的头颅上,我与我的同行们在一样努力地祈祷着、企盼着成为幸运的头颅。

幸运的是,莫言成为了那颗幸运的头颅,并且征服了瑞典学院诺贝尔奖评委会那些同样睿智的评委们。

莫言 和他的故乡

一、故乡与亲人

潍河古称潍水，发源于莒县箕屋山，上游流经莒县、沂水、五莲，从五莲北部进入潍坊市后，先后流经诸城、高密、安丘、坊子、寒亭，最后在昌邑下营镇汇入渤海莱州湾。

潍河两岸名人辈出，从先秦时的孔门弟子曾子、三国时的北海相孔融、文艺理论家刘勰、《清明上河图》的作者张择端、金石学家赵明诚，到现当代著名作家王统照、王愿坚、王希坚、臧克家、李存葆等，都是在潍河流域出生和成长的，他们像一颗颗珍珠镶嵌在中国文化的辉煌史册上。

作家峻青的名作《黎明的河边》，写的就是潍河边的故事。峻青回忆说，1953年，他就是在潍河边创作完成这部小说初稿的。

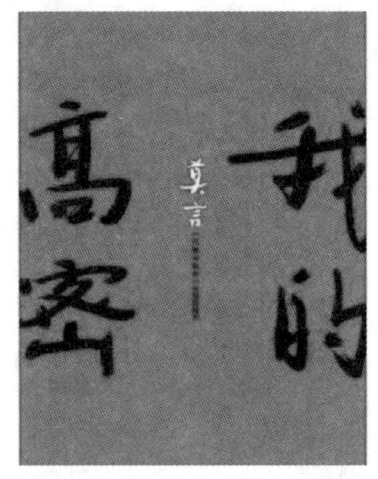

莫言：《我的高密》（散文卷）

故乡对于莫言来说，有两层含义：一是他生于斯长于斯的现实家乡；二是他在小说里塑造的文学意义上的故乡。21岁前，莫言一心想逃离家乡，因为那里充满了饥饿、孤独、压抑与恐惧。但当他真的离开家乡，才发现那些饥饿与孤独的记忆，为他的写作打开了一扇万能之门。由此，莫言在文学世界里，完成了对故乡的回归，并且超越了故乡。

莫言真实的故乡在高密县大栏乡平安庄村（今属高密胶河疏港物流园区），位于胶河岸边，距市区约10公里。

这里有莫言家的老宅。那是一处方方正正的老院子，位于旧村的最后一排；一间正堂四个房间，青砖石基，灰白瓦片，土打的院墙，老式的窗棂，加上一座简简单单的小门楼。房子是民国元年盖的，1966年翻新过。莫言在这里生活了 20 多年,度过了他的童年和青少年时代。他从这里走进学堂,从这里步入社会,从这里踏进军旅。老屋虽然已有 20 多年没人住了,但屋里屋外的物品依然留下了莫言笔下勾勒的那些童年的印记。当年莫言就是在这座老屋里结婚的,他的女儿也是在这个炕床上出生的。1986 年,管家在规划的新村盖了 8 间红砖瓦房,全家就搬了过去。老屋被用来堆放杂物,后来因风吹雨打,两侧房屋和厕所、猪圈都拆掉了,只保留了正屋。

这里有莫言家的亲人。莫言的父亲管贻范、二哥管谟欣一家以及莫言的姑姑,至今依然住在村子里。据现存的《高密管氏家谱》记载,高密管氏世居胶东,是春秋时齐国宰相管仲的后代。历史上因为从军、从政或战乱等原因,曾迁居到江苏海州、浙江龙泉及江淮一带。莫言家所在的这一支,于明洪武年间迁居到高密城东。民国元年,因与人打官司败诉,莫言的曾祖父便带领全家迁居到高密大栏乡的平安庄落户。中间经莫言的祖父管遵义、父亲管贻范,到莫言已是第四代的传人了。

莫言旧居

"作家的故乡并不仅是指父母之邦,而是作家在那里度过了童年乃至青年时期的地方。这地方有母亲生你时流出的血,这地方埋葬着你的祖先,这地方就是你的'血地'。"谈到故乡,莫言有自己的深刻理解。

莫言自称是"写乡土的作者",而他熟悉的乡土就是他的故乡——高密东北乡平安庄。莫言后来虽然参军离开了家乡,并先后把家搬进了县城和京城,但他总是忍不住要回到家乡。这里有他的父老乡亲,有他熟悉的土地、山林和田野,有发生在这里的种种传说和故事。虚幻和现实、历史和当下,就在这个只有700多人口、100多户的小村庄里发酵。

当年莫家的老祖宗迁居此地,实属迫不得已来此开荒。谁曾想到,竟然繁衍了三代子孙,并培养出了小时候叫"斗儿"、后来扬名世界的大作家莫言。

莫言"斗儿"的小名是爷爷管遵义给起的。爷爷称他为"斗儿"的意思是:别看他长得丑,他可是北斗星,长大后可是要成才、要有出息、要光耀四方的。管遵义生于1895年,1978年病故。他一生务农,种田是一把好手,还会木匠手艺,是一个忠厚老实、勤俭持家的农民。爷爷虽然不识字,却是讲故事的高手,他的脑袋里装满了许多故事。从古讲到今,几乎没有他不知道的事儿。冬日炕头里,夏日河堤上,他给孩子们讲了不少民间狐仙鬼怪的故事。尤其是在过去那点着煤油灯的慢慢长夜里,孩子们围在爷爷身边听着动人的"瞎话儿",不亚于一顿丰盛的"会餐"。

莫言的奶奶是个性格刚烈的农村妇女,据说她的胆子比爷爷还大,有一年鬼子来砸门,爷爷去开,鬼子一进门就把爷爷踢倒,刺刀对准爷爷的胸口,吓得爷爷面如土色,倒是奶奶镇静地走上前去把爷爷扶起。此后,只要听说鬼子来了,爷爷就先跑了,往往由奶奶留守,哪怕后来八路军、解放军来了,开大会也都是奶奶去。

莫言的大爷爷管遵仁(管遵义的大哥)是当地有名的老中医,尤其擅长妇科和儿科。家里有很多医书,并写得一手好字。但由于是地主身份,土改时就被扫地出门,他唯一的儿子(莫言的伯父)也跟着国民党去了台湾,多年来生死未卜。莫言在退学回家务农后,有一段时间曾经跟着大爷爷学医,前后两年,他的旧学功底,就是当时背诵《药性赋》、《频湖脉诀》等医学著作打下的。

莫言的父亲管贻范,出生于1922年,是村里的一名老会计。父亲年轻时读过几年旧私塾,在村里算是有文化的人了。他自解放前就为共产党军队征粮,解放后一直工作了33年才退休,却始终没能入党。在上世纪50年代进行的土改运动中,管家被划为"中农",属于团结对象。但由于大爷爷被划为地主,其儿子又去了台湾,使管贻范全家受到牵连。在大队当会计的管贻范终日愁眉不展,事事小心谨慎,委曲求全。个子高大却经常沉默不语,在工作和生活中积累的压力,则只能带回家来。

莫言的大哥管谟贤回忆说:"我父亲的脾气很暴躁,在外边不敢发作,回到家里就逮着老婆孩子撒气。我们兄妹经常挨打,大家都怕他。因为是大

莫言 90 岁的老父亲身体依然硬朗

家庭居住,母亲凡事都让着同住在一起的叔叔和婶婶,对他们的孩子们关爱有加,对我们却很严厉。"在儿女们的眼中,父亲生性严厉,管教孩子不怒自威。哪怕是子侄辈的媳妇穿衣打扮,也必须得中规中矩,稍有出格就免不了要挨他的责骂。

莫言的母亲,本名高淑娟,但她却连使用自己名字的机会都没有,生产队里的记工册上一直写的是管高氏。母亲自幼丧母,跟着姑母长大,17 岁时嫁到管家。她身材矮小,缠着小脚,体重只有七八十斤,却要承受繁重的体力劳动。常年的过度劳累,让她患上一身病,哮喘、肺气肿、肛肠疾病等等……在莫言小时候的记忆里,每逢夏天,母亲必定头疼,在家里呕吐怕婆婆和妯娌嫌弃,每晚就跑到胡同里用手扶着柳树呕吐;到了冬天哮喘病发作时,浑身没有力气,一动就喘息不止,只好天天坐在炕上。为了哺育自己的孩子,母亲往往还要承担更大的苦痛。

旧时的大家庭中,母亲的地位似乎是最低的,她上有公婆,下有子女,除了忍饥挨饿,还要频繁承受生育之苦。她前后生育了 8 个子女,但活下来的却只有 4 个。母亲曾经告诉莫言,自己怀过一对双胞胎,那时候"肚子大得自己都望不到自己的脚",却还要顶着烈日下地干活。直到分娩那天,中午还在麦场打麦子,到羊水浸湿了脚才被允许回家。下午分娩,晚上赶上暴雨还要挣扎着起来去麦场抢收麦子。这对双胞胎没活几天就死了,母亲也落下了一辈子的妇科疾病。

莫言的母亲勤劳简朴、宽厚仁慈,莫言曾说:"岁月留给我最初的记忆是母亲用棒槌敲打野菜发出的声音,沉闷而潮湿,让我的心感到一阵阵的紧缩。这是一个有声音、有颜色、有气味的画面,是我人生记忆的起点,也是我文学道路的起点。"

  在母亲生命的最后 10 年岁月里,莫言每次回家探亲,都要陪着母亲去医院。有一次在采访中被问及童年最深刻的记忆,莫言回答道:"是母亲的叹息。"1994 年 1 月,母亲走完了自己苦难的人生。莫言回家奔丧,回到县城南关的家中时,一度万念俱灰。他把自己关在南关的小院里三个多月,中间除了去过两次教堂外几乎没有出门,一口气写下了 50 万字的长篇小说《丰乳肥臀》,把它献给了母亲。

  莫言对他的叔伯堂姑、《蛙》中的女主人公原型管贻兰也始终非常敬重,每年回家他都要到去拜访、看望她,姑侄俩无所不谈,关系非常融洽。

  莫言的大哥管谟贤生于 1943 年,1963 年考入上海华东师范大学中文系,是管家第一个大学生,也是乡里当时唯一一个大学生。在莫言还没有成为作家前,大哥是管家兄妹中学历最高、也是最有出息的。他是家中"跳出农门"的楷模,自然也是莫言儿时学习的榜样。大哥上大学后留下的书籍包括小说、中学课本及作文本,都成了莫言的文学启蒙读物。大哥大学毕业后分配在湖南当中学语文老师,后调回老家,退休前是高密一中副校长。

  姐姐管谟芬生于 1946 年,只上过四年小学,退学后一直在家务农,是一个地道的农村妇女。由于和父母同住在村里,她经常回娘家帮着烧饭和照顾老父亲的起居。

  二哥管谟欣生于 1950 年,高中毕业时正好处于"文革"时期,没能考大学,靠文科功夫好,一直在公社搞宣传写材料。管谟欣长得和莫言很像,只是个子要比莫言小一号,人比较黑瘦。在镇上写了一辈子材料,退休后在家。身体很好,满面红光,就是耳朵不大好使,跟他说话要对着他耳朵大点声。因为老父亲管贻范不愿意进城,他就一直在家里照顾父亲。

  莫言出生于 1955 年,原名管谟业,是家中的老四。他和大哥相差 12 岁,都属羊。由于莫言祖父没有分家,因此全家十三口人(莫言一家六口人,加上叔叔一家五口人以及祖父母),挤在五间土房子里。那时,"大人天天忙着干活,一天到晚想的是怎么填饱一家人的肚子,哪有什么欢声笑语和温暖可言,父母的爱被生活重担所淹没,只能埋在心里。"大哥管谟贤如是说。

  二哥管谟欣还记得,小时候他和莫言常常为了争书看而闹得不可开交,莫言抢完书就跑到草垛里去看,被虫子咬过,被马蜂蜇过,但莫言依旧坚持那时候家境贫寒,灯油在农村很稀缺,莫言家就只有一盏灯挂在中间的客堂里,晚上全家就靠这个灯照明,莫言一到晚上就会站在门槛上看书,门槛都被他磨得光滑了。

管谟欣回忆说:"那时候家里用油灯,看书看到十来点,我母亲就吆喝,别看了,没油了。当时也不知道累,中午也不休息。我借的书不让他看,我藏着,他就偷着翻我的书。"兄弟俩把大哥留下来的书读完后,就去借村里人的书,本村的书读完就去外村借。断断续续几年下来,莫言已经熟读了《聊斋志异》《水浒传》《七侠五义》等古典小说和《林海雪原》《吕梁英雄传》《红日》《红旗谱》等现代小说,实在没书读的日子就读《新华字典》。直到今天,二哥还保留着这本珍贵的《新华字典》,泛黄发黑的纸上透着油光,扉页上歪歪扭扭写着几个字:"大栏小学,管谟业。"

在管谟芬、管谟欣的眼中,莫言小时候"既聪明又调皮",12岁的莫言也正是因为调皮捣蛋而被学校开除的。辍学后的莫言成了一个地道的小农民。管谟贤说,"他小学都没上完,很痛苦。特别是当他放牛从学校经过的时候,尽管当时学校也不读书,闹'文革',但是他很羡慕人家有书读。"

莫言成为作家最初就是受到大哥的影响。管谟贤去上海读书后,留下的《烈火金刚》《钢铁是怎样炼成的》等红色小说,莫言读得如饥似渴,从中吸取了不少文学的营养。莫言入伍后,经常和在湖南当中学老师的大哥通信,汇报自己的思想、学习和生活。大哥回忆说,莫言入伍后不久给他写了一封信,这也是他第一次看到莫言写的东西。"当时为之一惊,那时候的作文都是'遇到困难,背诵语录,战胜困难'的三段论,莫言的信却是有人物、有情感。"大哥当时曾把这封信拿到班上念给学生听。

1980年5月,正在准备参加考试的莫言给大哥写信,让大哥寄来他认为有参考价值的各类书籍,他说:"这是我能否达到目标的最后一次'垂死挣扎',是破釜沉舟的背水一战,成败在此一举。"

1981年10月7日,莫言在给大哥的信中说,他的提干已经有眉目了,暑假里写了一篇小说《春夜雨霏霏》,发表在保定的新刊物《莲池》上。"真是瞎猫碰了死耗子,这篇东西费力最少,一上午写成,竟成功了,有好多'呕心沥血'之作竟篇篇流产,不知是何道理。"莫言心想,有了这篇作品,如果提干能够顺利通过,最起码不用再担心回家务农了。他告诉大哥,自己就快要当父亲了。"往事不堪回首,几十年,一场梦幻。我马上也要30岁了,再不努力真的就完了。""莫言"的笔名也是从这时开始使用的,即将"谟"字的偏旁拆开、对调，就成了"莫言"。大哥回信说："得知提干有望并处女作发表，又兼芹兰分娩在即，你马上要做父亲，三喜临门，让我们万分高兴！"

莫言的妻子杜勤兰和莫言一样，也是土生土长的高密农村人，家在河崖镇陈家屋子村。虽然文化水平不高，只上过小学二年级，人却相当朴实。莫言是在河崖棉花加工厂上班时认识并喜欢上她的，当时因为家境贫困，莫言始终没敢表白。直到入伍后，他才觉得有了"资格"可以向女方提亲，最后两人结为夫妻，携手相伴至今。

莫言的妻子杜勤兰

莫言的女儿管笑笑出生于1981年，莫言和妻子视为珍宝，异常疼爱。在管笑笑的记忆里，穿军装的爸爸每次回家探亲，都会给她带回很多书，有童话故事、作文选、字典、连环画……装得包里鼓鼓囊囊的。当然，细心的爸爸肯定也不会忘记给她带好吃的。八九岁时，管笑笑跟随妈妈生活在高密县城。家里后院有一块很大的菜地，妈妈侍弄着菜地，种的菜除了自己吃外，还常拿去送给街坊邻居。后来爸爸调到北京工作，回家探亲时，爸爸经常会自告奋勇帮妈妈锄草、打药治虫、翻地，笑笑则像个小天使，跟在爸爸屁股后面颠颠地跑来跑去。

为了照顾父母，杜勤兰一直带着女儿在老家生活。先住在老宅，后搬到新村。电影《红高粱》走红后，母女俩才由农村户口转成城市户口，杜勤兰还得到了一份工作。于是，莫言于1988年在高密市区南关天坛路买下了26号院，盖了一幢房子。从1988年到1995年，莫言虽在北京工作，却在这里安家，先后创作了《酒国》、《丰乳肥臀》等作品。

1995年，莫言把妻子和13岁的女儿一起接到北京，从此全家人才团聚在一起，莫言也结束了长期在北京的单身生活。管笑笑被插班在北大附中初二年级上学，开始了她融入北京这个大都市的生活。

1996年，莫言和大哥一起在高密市区买下了"翰林书苑"的商品房，作为回老家时的居所，并把南关天坛路的26号院转卖给了朋友（后来朋友把这个院子捐给了高密市政府）。

在笑笑的印象里，父亲对自己的疼爱和关切跟天下每一个父亲对女儿的爱是一样的。有所不同的是,父亲表现得更多的是不事张扬、默默无言的关爱。管笑笑读高一那年,一天中午,突然下起了大雨。笑笑正发愁下午怎么回家?没想到父亲竟从魏公村坐了四五站路的公共汽车,特地来学校给她送伞,令笑笑十分感动。

　　受父亲的影响和家庭氛围的浸染,笑笑自小也爱读书。这对"书痴"父女的家里面,最多的就是各种各样的书籍。在读书买书上,笑笑和老爸也最为一致,有时逛书店也会为对方买书。有一次,父女俩各买了两本相同的书,结果到家一碰面,相同的书竟买了四本。

　　每天晚上,吃罢晚饭,莫言总要和妻子相携下楼散步一个小时,并成为多年保留下来的习惯。有时候,笑笑也会跟父母一起散步。散步对莫言的精力调节很有帮助,此刻的他完全放松身心,很少说话,只是步履缓慢地前行。除了读书之外,莫言还喜欢听音乐,尤其是国粹京剧和外国古典音乐。女儿则爱看电影不爱听京剧,父女俩有时也难免会因争抢电视频道而发生"战争"。在女儿眼里,父亲是一个很随和、幽默的人,为人宽厚、真诚、谦卑,对女儿更是"太宽容了"。

　　2000年,管笑笑考入山东大学外语学院。也许是受父亲影响,笑笑对手写的书信情有独钟,不仅用钢笔,还经常用毛笔和宣纸给父亲写信。这让莫言深为感动,他把女儿读大二时用宣纸写的一封几百字的信贴在客厅墙壁上,有空便细读品味。莫言的书法尤其是小楷也写得不错,刚劲有力、流畅自然,他给女儿回信时,有时也会用小楷。

　　出乎莫言意料之外的是,上学期间,管笑笑竟写了一部反映大学生活的长篇小说。2002年暑假过完,笑笑忐忑不安地把这部19万字的小说初稿拿给莫言看,莫言大吃一惊:女儿竟然在他眼皮子底下偷偷写作!看完初稿,莫言只淡淡地说了两个字:"还行。"笑笑问爸爸投哪个出版社合适,莫言说,春风文艺出版社好像在出一套校园文学丛书,你试试看吧。笑笑说:出这本书,我并没有沾父亲的光。就算我是莫言的女儿,如果我写的是一堆垃圾,人家凭什么接受?2003年初,这部笔调冷峻、名为《一条反刍的狗》的

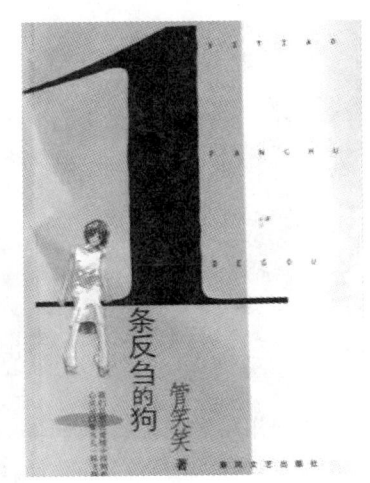

青春小说由春风文艺出版社出版。

小说是以第一人称写的,主要描写了主人公林筱亦从高三到大二之间的一段生活和感情经历:喜欢做梦的林筱亦"爱"上了一个日本男孩,但是两个人仅仅见过一次面;同时,林筱亦也很喜欢同班的一个男生。对两个男生的"爱"让林筱亦十分痛苦,她于是用笔写下了给那位也许是自己用梦编织起来的"爱人"的一封封永不投递的信。笑笑说,这部小说想要表达的就是青春岁月所特有的那种情感和生活经历。

大学毕业后,管笑笑被保送到清华大学攻读比较文学与世界文学专业的硕士研究生;毕业后到中国劳动关系学院文化传播实验教学中心任指导教师,并在职攻读北京师范大学当代文学博士,她的博士论文就是以莫言的小说创作作为研究对象。

莫言结婚33年来,虽然和妻子在文学创作上没有太多交流,但在生活上却得到了妻子无微不至的关怀。"因为时间大多被写作占据,莫言所有的生活细节几乎都被妻子承包,也正是因为身边有妻子照顾,莫言才能集中精力进行创作。"莫言的战友如是说。

莫言为写作所受的苦,勤兰也都看在眼里记在心上。在部队时,莫言利用晚上的时间在仓库里写作,夜里饿了就啃大葱充饥,从此落下了胃病,直到现在还经常折磨他。"他写得很苦,晚上常常睡不着觉,想起什么就爬起来记在纸上,写的时候遇到卡壳,就敲着自己的脑袋做苦闷状,说自己怎么

高密的母亲河——胶河

这么笨,像个孩子一样。"杜勤兰眼里闪着泪光。可以说,莫言和他的妻子感情深笃,他们虽然没有轰轰烈烈的爱情,却有着长长久久的感情。即使后来莫言成了享誉世界的著名作家,但他对待感情依然专一。

它让人想起当年郑板桥在潍水河边写下的那首感人的《竹枝词》:

相思不尽又相思,潍水春光处处迟。
隔岸桃花三十里,鸳鸯庙接柳郎祠。

二、大江健三郎 VS 莫言

"高密东北乡"是莫言为自己创立的"文学王国"。

2002年,中国传统的农历春节期间,日本著名作家、诺贝尔文学奖获得者大江健三郎来到莫言的老家山东高密,私访这个神秘的"文学王国"。

事情起因于日本 NHK 电视台一档名叫"二十一世纪的开拓者"的人物专题报道节目,节目组希望请大江健三郎担纲采访莫言,一向很难请的大江健三郎竟然同意了。这位日本第二位诺贝尔文学奖得主说:"我想看看文学的风景。"此前,他已读过莫言的不少作品。

2月11日,大江先生一行从东京飞往北京与莫言会合,再一起从北京飞往青岛。下机后他们一起驱车开往莫言的老家——高密大栏乡。旅日华人作家毛丹青作为莫言与大江的现场翻译和 NHK 纪录片摄制组成员,全程陪同了此次访问。

毛丹青回忆说:汽车在拓宽的公路上一路飞奔,道路两旁的树木、田野,偶尔一扫而过的牛车、马匹,扬起的尘土犹如蒙蒙花絮,在车后卷起一圈一圈的线团儿。大江先生一边往窗外眺望,一边跟莫言说:"地平线有时能解放一个郁闷的人。"

莫言答道:"地平线应该是天的边儿,小时候我放牛,肚子饿,老是吃不饱,走累了就横躺在地上冲着天上的白云发呆,因为我觉得那白云像是马上会掉进我嘴里的白馒头,看到地平线,我想起饥饿的少年时代。"

大江先生说:"我是从山村里出来的,我的老家在峡谷里,四周都是森林,天一下雨,好像整个天都会塌下来;等到天一放晴,树上的叶子似乎也会欢歌起舞,不过,我始终没有见过地平线。"

毛丹青回忆说,汽车继续行驶,从车窗向外望去,人的视线与远处的地平线一样齐。进入高密县大栏乡的时候,莫言指着路旁的河堤说:"这是胶水河,是我们小伙伴乱玩乱闹的地方;那是石板桥,是我们光屁股往河里扎猛子的跳台。"

大家从车上下来,沿着河堤往前走,眼前是一望无际的土地。冬日的树木没有绿叶,连树干似乎也被浓浓的黄土地染色、犹如土地伸出的臂膀一样。

莫言带领大家从河堤上走进了一条乡间小路,路旁的碎石浅浅地埋在土壤中,有时叫你分辨不出哪个是土块,哪个是石头。虽然这是中国北方农村最普通的景致,但对小说家来说,却是他们心中的文学景象,这一景象也许唤起了他们少年时代不灭的记忆,同时也是对现实的一种多重把握。

胶河边的堤岸

莫言一边走一边说:"很久以前,这里是一片荒地,地势低洼,老百姓喜欢到这里放牧牛羊。那时候我只有6岁,印象最深的恐怕就是洪水,我家后墙有一扇木窗,一把它推开,就能看见河水滚滚东去。发洪水的时候,河水比我们家的屋顶还要高,但凡有劳动力的男人女人都在河堤上抱着被子、砖头,甚至抱着葫芦,随时准备往出现缺口的地方填补。我站在窗口看着滔滔的洪水感到又害怕又壮观。再一个印象最深的就是青蛙的叫声,到了夜晚,周围的河水泛滥,淹没田野,成千上万的青蛙一起叫,震耳欲聋,尤其在深夜里,听起来就象发怒的魔鬼吼叫一样。洪水和青蛙的叫声是围绕我童年时期的两大记忆。"

大江先生接着莫言的话说:"我完全可以想象出来一个少年透过木窗用惊恐而兴奋的目光追逐洪水的情景,不过,水与平原都可以看得很远。我的家乡是日本四国的山村,一到傍晚,山涧的上空就会出现灿烂的晚霞,红得就像人体流出的鲜血,有时我觉得那个情景似乎在意味着一个宇宙,就像一个小小的卵一样的宇宙。而当时,就在这样一个小宇宙的外部,战争仍然在持续,无论是大海、平原、还是山地、战火不断。我觉得夕阳的云朵就像是流出来的人血,所以,我会把类似于幻觉的现实牢牢记住。构成我想像力的基本格式之一就是那片夕阳泛红的、犹如垂死的鱼一样的云朵,逐渐幻化为这从来不会止息的、一直在我眼前蠕动的景象。"

其实,大江先生在许多讲演中都一再提起对痛苦的记忆,他的表述也许是一次触景生情。这是因为看见了地平线呢?还是因为勾起他少年记忆的那道山涧的景观呢?大家无从猜测。①

莫言和大江走进平安庄老家

这一天是大年三十,大拦乡的家家户户都贴起了大红色的对联,灯盏的红色尤为喜人。由于大江健三郎是专门陪同莫言回老家过年的,因此这个除夕夜对莫言一家也就显得格外有意义。当时高密县给大江安排了最好的招待所,但是大江健三郎不去住,坚持要睡莫言家的土炕。

从乡间小路回来,莫言在家里盛情款待了大江先生。大江与莫言的家人交谈,晚上一起吃饺子,两人坐在土炕上谈论文学,然后又坐到炉灶边喝起了酒,喝到夜半,窗外的爆竹声越来越大,农村一年一度的最大喜庆似乎是从惊雷一般的轰鸣中开始了……

2月12日,大年初一上午,大江健三郎与莫言来到村里的旧居参观。大江健三郎对庭院中的磨盘非常感兴趣,莫言说,这是他童年最害怕的东西,因为一放学就要去拉磨,而小孩子都不愿意做这件事。

随后,大江健三郎进入了莫言旧居屋内,屋内的灶台早已废弃不用,莫言解释说,原来厅堂两边各安了一个锅。因为多年不住人,当年糊在房梁上用来防尘的纸已经破烂不堪,这些纸只是在他结婚的时候才糊了一下。

在早期作品《秋水》里,莫言描述了洪水泛滥的时候,河水像马一样涌过来的情景。在带大江健三郎参观旧屋的时候,莫言特地带他参观了当年写《秋水》的地方,那是一间带后窗的不太宽敞的屋子,屋子后面是一条大河;推开后窗,当年还是孩子的莫言可以看到河水滚滚东去那种既恐怖又壮观的场面。当翻译告诉大江先生这是莫言写《秋水》的地方时,他很感慨,连说"我看到了文学"。

从大年三十到正月初二,在三天的行程里,两位作家每天都有长达数小时的深入交谈,话题以文学创作为主,两人的友谊在这一段时间也得到了进一步深化。

大江先生在莫言的"文学王国"里度过了一个特别的春节。他乐观地表示,如果继我之后还有亚洲作家获得诺贝尔文学奖的话,我看好莫言。

实际上,早在1994年,大江健三郎在自己获得诺贝尔文学奖得授奖典礼上,就曾把莫言和自己相提并论,他说:"正是这些形象系统,使我得以植根于我边缘的日本乃至边缘的土地,同时开拓出一条到达和表现普遍性的道路。不久后,这些系统还把我同韩国的金芝河、中国的莫言等结合到了一起。"虽然大江健三郎曾多次访问中国,但他当时并没有见过莫言。能在自己获奖的授奖演说中提及莫言,说明在大江健三郎眼里,莫言在中国文坛乃至亚洲文坛中都处于非常重要的位置,他还表示期待着跟莫言的交流。

莫言对于这位文学界的前辈也非常赞赏。他说,大江健三郎学贯东方和西方文化,通法文和英文,对西方文学有很深的了解。"这一点让我感到非常佩服,我需要翻译来阅读西方作家,而大江健三郎可以直接阅读。"

2月13日,当大江健三郎结束这次旅程并与莫言在高密县话别后,从青岛飞回了北京,一路上,他总是在不停地写着什么。最后,在北京国际机场准备搭乘日航班机返回东京的时候,他才对翻译毛丹青说:"能看见地平线是我小时候的一个梦,我这次看到了,而且是永远的地平线,文学纪行让我圆了少年梦。"[②]

2006年9月9日,大江健三郎应邀在中国社科院作演讲,题目是:"始自于绝望的希望"。莫言作为大江健三郎的朋友应邀前去听讲。

当天的演讲会上,前来倾听演讲的听众多为大学生、作家、专家学者。当大江健三郎在主席台上看见坐在观众席后面的莫言时,就微笑着点头向

莫言 和他的故乡

他表示致意,并在开场白中说:"我知道观众席里坐着我的许多朋友,他们是中国优秀的作家,包括莫言先生。我曾经与他一道到过他的家乡山东高密东北乡,亲身体验了莫言笔下的文学版图,并在那里见到了他的姨妈,她是一个接生婆,莫言在他的长篇小说《生死疲劳》中就将她作为小说里的人物写了进去。作为一个作家,他的文学敏感是值得让人称道的。"

大江健三郎认为,以莫言强劲的创作能力以及已经取得的文学成就,他将是中国诺贝尔文学奖最有实力的候选人。

闻听大江健三郎的夸奖后,莫言既感到尴尬,又自觉无可奈何:"我承认大江健三朗先生说出此话并不是恭维之辞,他是真心的。但是,在中国比我优秀的作家大有人在,并不会因为他的一句话我就真的能获奖,实际上我并没有他说的那样好。"

后来,两人的友情又融入了2009年莫言创作的小说《蛙》中。这部长篇小说共分为五个部分,分别以剧作家蝌蚪写给日本友人杉谷义人的五封信引出,从不少地方可以推断,《蛙》中五封信的接收者"杉谷义人"的原型就是大江健三郎。

2012年,大江健三郎关于莫言获诺贝尔奖的预言变成了现实。《时代周报》记者在采访莫言时提及:"大江健三郎曾公开表示对你惺惺相惜,认为你很有希望获得诺贝尔文学奖。你如何看?"

莫言回答说:"从学养、阅历和成就方面,我无论如何没办法和大江健三郎相比。我们有私人的交往,有些友谊,他对亚洲文学有殷切的希望,他希望有一种亚洲文学的出现。他对中国还有非常深厚的感情,对我也有扶持晚辈的意思。"③

这一年,大江健三郎77岁,莫言57岁,两人年龄相差了20岁,但这种年龄的差异丝毫没有影响两人的友谊。大江健三郎甚至在家里珍藏了一瓶茅台酒,他对自己作品的中文翻译者许金龙说:"我现在不喝,等到莫言先生获得诺贝尔文学奖的时候,我再跟他共饮这瓶美酒。"许金龙问他:"这瓶美酒是在北京喝?还是在东京喝?"大江回答说:"如果身体好的话,我到北京去跟莫言一块喝。我如果老了,走不动了,就让莫言到东京我家里来喝。"

在得知莫言获得2012年诺贝尔文学奖的消息后,大江健三郎非常高兴,他表示自己"一直沉浸在喜悦中"。在向莫言发贺信表示祝贺的同时,他甚至对莫言出席颁奖礼时应该穿什么衣服比较好都给出了非常细致的建议。无疑,这是一个日本作家对一个中国作家的欣赏,也是一个老作家对一个后辈作家、一个优秀作家对另一个优秀作家的欣赏。

2012年12月,莫言将飞往斯德哥尔摩参加诺贝尔奖颁奖仪式,大江珍藏已久的这瓶茅台酒想必可以开封了!

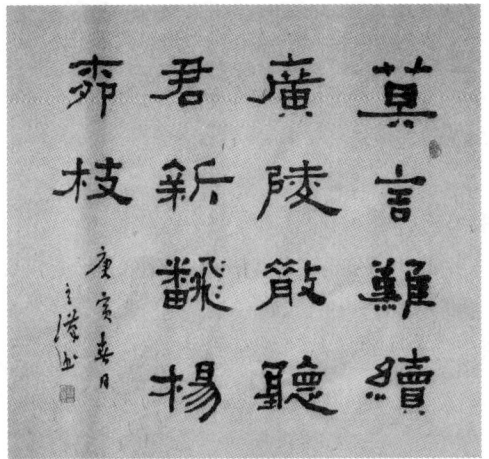

① 毛丹青:《大江健三郎访问莫言老家》,新浪博客2006年5月24日。
② 毛丹青:《大江健三郎访问莫言老家》,新浪博客2006年5月24日。
③ 于晓:《大江与莫言的友谊》,中新网2012年10月18日电。

三、红高粱文化节

2012年10月29日,第三届中国(高密)红高粱文化节在莫言的故乡山东高密隆重举办。此时,距莫言获得诺贝尔文学奖仅仅18天时间,全高密的人们都还沉浸在喜悦的气氛中。

莫言在出席红高粱文化节开幕式时说:"我是一个写小说的农民。如果没有高密的红高粱,如果没有家乡灿烂的文化,如果没有父老乡亲的培养,也没有我。"这位刚刚获得殊荣的世界级作家在家乡的父老乡亲面前显得很谦虚,他说自己做得还远远不够,并希望大家的目光尽快从他身上转移,希望大家把对莫言一个人的关注变成对中国更多的作家、更多的艺术创作者的关注。①

莫言在第三届红高粱文化节开幕式上致辞

两年前,2010年9月,高密市举办了首届红高粱文化节。旨在借莫言笔下、张艺谋电影里著名的"红高粱"来提升高密的知名度,让高密"走向世界"。刚上任不久的中国作协主席铁凝应邀出席了这届文化节,为莫言的故乡和他的"高密文学王国"增添了一份女性的妩媚和文学的光彩。

2011年,高密继续举办了第二届红高粱文化节。文化节以"文化搭台"为主,主要活动包括全国年画联展、茂腔演出周、书法摄影作品展等十余项节庆,举办得隆重而又热烈。

这两届红高粱文化节,莫言都积极参与介入。著名作家、茅盾文学奖得主、山东省作协主席张炜也连续两年应邀出席了红高粱文化节。节庆之际,从外地来到高密的宾客、旅游者们不禁都怀念起那红彤彤的高粱:

"八月深秋,无边无际的高粱红成汪洋的血海。"这是莫言在小说《红高粱》里,对"高密东北乡"风土地理的一句"标签性"描写。张艺谋在拍摄电影《红高粱》时,用浓烈的色彩、大块的色调和单一的场景将这种原始和粗犷发挥到了极致,并打动了所有的观众和柏林电影节"金熊奖"的评委们。

而如今,高密已经很少有人种红高粱了,即便在地势最低洼的"东北乡",这种耐涝作物也已被玉米取代。每每看到高密电视台又一次放映《红高粱》,莫言的大哥管谟贤总会感慨:"电影里的场景都找不着了,早没了大片大片的高粱地。"

记者在高密采访时写道:秋风苍凉,阳光很旺。一朵朵丰满的白云,依旧在瓦蓝的天上游荡,只是再没了"高粱上滑动着一朵朵丰满白云的紫红色影子"。在莫言获奖后举行的新闻发布会上,莫言也遗憾地对来到他家乡的记者说。"原本现在正是高粱收获的季节。可惜,现在你们已经看不到红高粱了。"

如今,"红高粱"这个词,在高密更多的是以乡土意义的符号存在。红高粱虽然不种了,而红高粱文化节却在高密诞生了。以前,高密领导出外访问、考察经常面临的尴尬是,"一提红高粱都知道,一提高密都不知道。"而借助于红高粱文化节,高密开始有了一些知名度。

2012年举办的第三届红高粱文化节,恰逢莫言获得诺贝尔文学奖,自然新增了庆祝莫言获奖的主题。由于莫言的出席以及他获奖后的威望,引来了许多媒体的关注。

10月29日上午,9点半左右,红高粱文化节开幕,首先致辞的就是莫言。围着一条围脖的莫言款款走上台发言,台前立刻被记者们包围。莫言在发言中说,"前几天有个朋友对我说,因为有了莫言,才有了红高粱文化节,我说这是非常严重的错误。"莫言指出,在他写小说之前,高密人民已种植红高粱千百年;在他之前,高密父老乡亲已创造了灿烂文化。"我写小说,是继承了高密文化;我写小说,是在向家乡父老学习的基础上开始的;我写

莫言和他的故乡

红高粱,是因为高密曾经有过一眼望不到边的红高粱。"莫言强调说,如果没有高密的红高粱,如果没有家乡灿烂的文化,如果没有父老乡亲的培养和提拔,也没有他,"这个节日是父老乡亲们的节日,我只不过在其中发挥了一点非常微弱的作用罢了。"

虽然莫言这样说,但家乡人都知道,红高粱文化节的举办和他有着不可分割的关系,尽管两年前莫言并没获"诺奖",但照样是高密的大名人。莫言谦虚地说:"文化节尽管跟我有一点关系,但我发挥的作用很小,我希望大家的目光从我身上转移开来,去看看高密的文化。"剪纸、泥塑、扑灰年画和茂腔等民俗文化一直都是莫言自豪的家乡文化,但他也呼吁老乡们多看看外面的世界。"这次来参加咱们红高粱文化节的还有中国艺术研究院的大师们带来的作品,有书法,有绘画,咱们也好好领略一下高密之外杰出艺术家们杰出的作品,以此提高我们的文化品位。"

从这一届红高粱文化节起,高密也开始尝试市场化运作,不再单纯主打文化牌,而首次出现了招商引资项目的签约仪式和企业高新技术研讨会的内容。两年的品牌推介后,高密市期待从红高粱文化节上收获一点经济效益。按照市里的设想,在"文化搭台,经济唱戏"的思路下,红高粱文化节最终将办成"囊括一切的重大活动"。当然,也包括必不可少的莫言作品研讨会。

高密市文广新局局长邵春生并不讳言,红高粱文化节主要就是借助莫言的影响力。他说,高密要山没山、要水没水,搞旅游不行。怎样让莫言品牌扩大高密的影响力,是我们要考虑的事情。在莫言还没有获奖前,他就已经被视为高密"第一名片"。现在,他获奖了,更要发挥他的影响力。邵春生说,"我们现在对莫言无需推介,高密也没有能力推介莫言,我们只能借莫言推介高密。"

在接受《环球人物》记者的采访时,莫言对把他作为"高密的一张名片"的说法,给予了回应。他说:

> 高密没有旅游资源,山啊、水啊、古迹啊都没有。它曾经是个很发达的县城,有庙宇城墙,如今彻底没有了,片瓦不留。高密也想搞文化、搞旅游,难度很大,就拿我来做文章了。我跟我们县里的领导说,只因高密名人少,故把莫言捧上天。但我头脑是很清醒的。高密建了莫言文学馆,怎么来的呢?最初退休的老干部成立了莫言研究会,正好县里有个空置的旧楼,他们跟县里商量,反正空着,索性拿过来给我们用,于是在那里搞了一个莫言文学馆。我是反对的,但也没办法,人家说我们

研究一个作家,你没权干涉吧?2009年举办开馆仪式,我说我非常感谢,但这个小楼里摆的那个莫言跟我已经没有太大关联了,我非常清楚我根本没做出什么成绩来。高密就是作家少,如果像北京、南京一样多,肯定就轮不到我。

由于莫言的获奖,高密对这一届红高粱文化节十分重视,但和莫言对获奖的低调一样,文化节也刻意保持着低调。"不请外地大牌明星,就是让家乡人一起为老乡莫言庆祝。"文化节的组织者如是说。

这一届红高粱文化节包括室外活动、展厅展览、论坛及讲座四个部分,共有23个项目,其中包括高密民间文艺团体大展演、中国(高密)毛绒玩具展销会、中国奇石玉器展、中国婚纱服装展、红高粱故乡名吃——高密十佳炉包技艺大赛、高密民间艺术精品展等众多内容。高密名吃炉包技艺大赛首次被列入了文化节,因为"高密炉包好吃,但传统技艺做法正在逐渐消失,所以这次特别设立这个项目。"文化节从10月29日一直持续到11月3日。

红高粱文化节自然少不了《红高粱》的话题。据了解,当地政府计划针对莫言故乡和其小说中的"高密东北乡",开发一条"红高粱旅游线路",把莫言故居、莫言文学馆、红高粱拍摄基地等重要景点串起来,并将大面积地种植红高粱,以吸引外地的游客,做大做强高密的旅游业。②

获奖以来,莫言就一直被家乡人们挂在嘴边,但他始终很谦虚,他说:"我做得还远远不够,我过去是、现在是、将来也都是一个写小说的农民,都是高密父老乡亲们的不太称职的儿子。"

实际上,莫言这些年虽然在外地工作,但对于宣传故乡却是不遗余力的。莫言的发小、高密市密水街道干部王玉清

扑灰年画

说,莫言是一个非常"人性"的人,他生在高密,长在高密,对故乡一往情深,只要是故乡提出的要求,他一般都不会推辞。1986年到1987年,正是乡镇企业发展的高峰期,高密南关创建了很多乡镇企业,涌现出不少典型。当时在总政文化部工作的莫言欢欣鼓舞,多次来到高密采访,并连续在《人民日

报》发表了《高密之光》《高密之星》《高密之梦》等多篇报告文学,热情讴歌了家乡的改革开放。

　　对家乡的教育事业,莫言也是既热心又尽力。莫言文学馆馆长毛维杰介绍说,莫言对教育事业极为关心,不仅发表了《童年读书》《陪考一日》《我的老师》《我的大学》《我的中学时代》等有关家乡教育和自己成长的文章,每年还定期去看望自己的小学老师王兆聪、张作圣。当年正是这两位老师发现了莫言的写作天赋,并积极鼓励和支持他写作,激发了莫言的写作热情。

　　由于高密地处偏远,地广人稀,教育教学设施相对落后。1994 年,莫言联络台胞单亦诚到高密协助筹建原大栏乡至诚小学,还为校歌作词,为学校制定校训,请吴祖光为学校题写校名等。此外,莫言还担任了高密一中的名誉校长,为提高该校学生的业余写作水平尽了自己的绵薄之力。

　　莫言的文学之路及获奖历程对学校如何"教书育人"也提供了有益的启示。高密市教育局长杨宗荣说,莫言的成功启示我们,要保护、培养孩子的读书兴趣和读书习惯,宽容、包容孩子的好奇心和个性,发现、张扬孩子的亮点和长处,给孩子更多的自由成长的空间和时间。他介绍说,高密教育系统近年来通过启动读书工程,打造书香文化,"读好书、好读书"已成为老师和学生的自觉行为。

　　茂腔是高密"四宝"之一,为了更好地传承茂腔艺术,2008 年高密市政府出资,面向社会公开招收了 40 名小学员。莫言知道后非常高兴,一有机会就到学校看望孩子们。而对政府修建故居的打算,莫言则一再推辞。莫言的二哥管谟欣在接受记者采访时说,"去年政府就曾提出修缮旧居,莫言不愿意。莫言认为,这样做劳民伤财,也完全没必要给地方政府添麻烦,他不止一次打电话给当地相关领导,不同意修缮。"

　　虽然莫言小说中令人神往的红高粱在高密已不复存在,但红高粱的魅力却将在艺术上得到再现。鉴于《红高粱》的丰富色彩和爱情故事都适合用舞剧来表达,青岛歌舞剧院的创作人员便独具创意地把莫言的小说《红高粱》改编成舞剧。舞剧版的《红高粱》将作为第十届中国艺术节的参演节目与观众见面。青岛市歌舞剧院董事长黄港强调说:"这部舞剧如果能在第十届中国艺术节上演,既能展示山东,又能为艺术节添彩。"

　　谈起作品再次被改编艺术形式,莫言表示,《红高粱》作品是 1986 年问世的,至今已有 26 年,先后被改编成多种艺术形式,包括电影、戏曲、话剧,但还没有改编过舞剧。莫言认为改编成舞剧的难度更大,因为舞剧除了需

高密剪纸

要演员外,还需要舞美设计和舞剧的灵魂音乐,"青岛市歌舞剧院为此付出了很大努力,特别是在音乐上付出了很多,所以我相信他们。"

对于将来的改编效果,莫言说:"虽然小说我是原著,但一旦改变为其他艺术门类,就跟我没有关系了。比如电影《红高粱》获得国际大奖,那是张艺谋的功劳,是姜文、巩俐和众多创作人员的功劳,我只是提供了一些原始素材。"同样,对于舞剧改编的将来,莫言表示"当然希望舞剧版《红高粱》成为珍品"。

随着莫言的获奖,高密人开始重新审视自己的民间文化,高密的命运似乎也开始在改变。国内外的媒体、省市相关部门的领导、寻求商机的企业家以及莫言的粉丝,纷至沓来。高密文广新局局长邵春生说:"这对我们是一种震撼。我们拥有宝贝,但恰恰没有认识到宝贝的价值。"高密一位出租车司机则兴奋地说:"比过年还要热闹,从来没有见过这么多的人。"

一位外地学者在接受媒体采访时说,"莫言的小说获得诺贝尔文学奖,他的价值不仅仅是属于高密的,他的文学遗产,应该是属于一个民族的。那么他的故居,他周边的一个世界,如何很好地保存下来,能够供给我们的子孙在阅读过程当中,或者到那里去的时候重新激发起属于莫言的那样一个世界,这恰恰需要红高粱地里的那些守望者去做一些非常切切实实的事情。

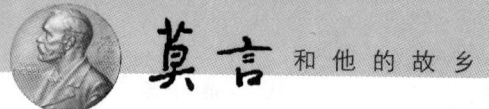

作为一个文学爱好者,或者是一个'莫粉',到高密去是为了住星级酒店、喝几百块钱的红高粱酒吗?"③ 这无疑值得当地政府和旅游主管部门深思。

莫言"得道",高密"成仙",由此可见名人文化产业的威力。莫言对此则始终保持着清醒的头脑,借用他自己手稿中的《自嘲》一诗说:

只因高密少名人,故将莫言捧上天。
但愿今后三十年,故乡能出真圣贤。

①《北京晨报》山东高密专电,2012 年 10 月 30 日。

②多年前,莫言的大哥管谟贤就曾建议在东北乡搞"红高粱旅游"项目,按照电影《红高粱》和小说里的场景,发动村民种上一片高粱地,造几个酒坊,摆放一些高密的特产,吸引游客。管谟贤画了设计图纸,乡里也接受了他的建议,但最后未能付诸实现。

随着莫言的获奖,高密上下掀起了一股"莫言热"。莫言老家的门槛几乎被参观者踩平,改造莫言故居也被提上了市里的议事日程。当地官员对莫言父亲劝说道:"莫言已经不是你的儿子,屋子也不是你的屋子了。"甚至连高密街头的火烧和烧鸡都标上了莫言的简介。"投资 6.7 亿元弘扬红高粱文化"的新闻更是把高密推到了舆论的风口浪尖。

③倪羽等:《莫言热:消费与守望》,东南网 2012 年 10 月 25 日。

四、法兰克福书展

2012年10月10日,一年一度的法兰克福书展在德国中部城市法兰克福拉开了帷幕。法兰克福书展(Frankfurt Book Fair)是在德国举办的世界上最大规模、最享盛誉的国际图书展,被誉为"世界出版人的奥运会"和"世界文化的风向标"。来自世界100多个国家和地区的7000多家出版商和书商携带着30多万种图书参加了本届法兰克福书展。

10月11日,法兰克福书展刚刚进入第二天,就从斯德哥尔摩传来了莫言获得2012年诺贝尔文学奖的消息。这一消息如旋风般刮过这个世界最大的图书博览会,与莫言相关的人和书迅即成为媒体、书商和读者关注和打听的对象。

消息一公布,在法兰克福参展的中国国际出版集团工作人员立即迎来了诸多媒体、书商和读者。包括德国电视一台、法兰克福汇报、德国之声电台、黑森州广播电台、瑞典每日新闻、委内瑞拉SUR电视台等多家知名媒体对该集团工作人员进行了采访。

中国国际出版集团驻德机构负责人、中国图书贸易有限公司总经理张根瑞在采访中谈到,莫言在中国是一位家喻户晓的作家,在世界文坛也颇有知名度。他的作品不仅文笔优美,而且真实感人,贴近底层民众的生活。"这本华语教学出版社出版的《汉语分级阅读——中国当代小说选读》中,就收录了莫言的短篇小说《冰雪美人》,它描绘了一个小人物的悲剧,批判了千百年来那种轻视女性的传统文化心理。"

据了解,中国国际出版集团下属海豚出版社出版的精品系列图书"海豚书馆"中,也收录了莫言的中篇小说《变》。"莫言此次获得诺奖,对于我们无疑是一个好消息,在此次法兰克福书展上,我们目前已和不少海外出版社进行了接洽,有望就此书达成版权合作。"海豚出版社工作人员在采访中如是说。

由于莫言没有来参加这届书展,其作品《檀香刑》的德语版译者、德国人白嘉琳也意外地成了当天的"明星"。她说:"人们一下子就涌过来了,都围着我采访,都不知道怎么应付了!"

莫言获奖后,其作品在书展上成为媒体追逐焦点

白嘉琳所属德国出版社的展台上,《檀香刑》德语版瞬间成了抢手货,德国记者郑重地把几本《檀香刑》摆好造型拍照。出版莫言作品的德国出版社都很兴奋,不仅为商业利益,也为自家的"慧眼",其中就有定于明春出版莫言长篇小说《蛙》的一家出版社。另一家出版了《红高粱家族》等4部莫言作品的出版社,则立刻在展台前张贴出了莫言的肖像。一些德国文学爱好者在向中国记者表示祝贺时,都认为莫言获奖激发了她们对中国和中国文学的兴趣。

一时间,世界最大的书展刮起了"莫言"旋风。本届法兰克福书展的主席博斯也成为记者寻找的对象。两年前他在以中国为主宾国的2009年法兰克福书展上就曾表示,"在很多西方评论家眼中,莫言是有希望获诺贝尔文学奖的中国作家。"那一年法兰克福书展的创意主题是:让世界品味中国书香,让中国领略世界风采。确实,近些年来莫言一直被中外舆论所看好,如今他在文学旅途上孜孜不倦的努力终于"瓜熟蒂落"了。

法兰克福书展由来已久。15世纪中期,住在法兰克福附近的约翰·古登堡发明了活版印刷术,并第一次出版了印刷本的《圣经》,第一版印刷的180本还没有正式发行就已全部售出。印刷术的兴起,使得16世纪至17世纪时的法兰克福,成为德国最重要的图书贸易场所,其提供的服务不仅面向德国人,而且面向其他拉丁语系欧洲国家。此后一段时间由于法兰克福的图书受到德国皇室的严格审查，使得德国的图书贸易中心转到了风气更为自由开放的莱比锡城。第二次世界大战后，法兰克福再一次成为图书贸易中心。1949年，第一次现代意义上的图书博览会在法兰克福保罗教堂举办，德国人对文学的渴望，特别是对外国文学的渴求，对书展起到了推波助澜的作用。到1954年，外国出版商的参加人数甚至超过了德国出版界。如今，全球图书版权交易的四分之三是在法兰克福书展上进行的。

法兰克福书展·中国馆（局部）

以莫言而言，他的许多作品已先后被翻译成英、法、德、意、日、西、俄、韩、荷兰、瑞典、挪威、波兰、阿拉伯、越南等多种语言，在国内外文坛上具有广泛的影响。其中，他在1987年发表的长篇小说《红高粱家族》，描写了莫言的青春往事以及他故乡的情景，1993年以《红高粱》为名翻译成英语；

1996年莫言出版的《丰乳肥臀》，通过描写一户家庭的生活展现了宽广的20世纪的中国景象，2004年以同名翻译成英语，；

1996年至2002年莫言的短篇小说集《养猫的人》（意文名）以及长篇小说《红高粱》和《丰乳肥臀》先后由意大利伊诺第出版社翻译出版。

发表于2006年的《生死疲劳》，使用黑色幽默描写了年轻的中华人民共和国中的生活及其转变，同年以《生与死使我疲劳》为名翻译为英文；

2004年出版的《檀香刑》，是一部关于即将灭亡的帝国中的人性残忍的故事，2013年将以《檀香死刑》为名翻译为英文出版；

莫言最新的小说《蛙》，描写了中国实行计划生育的后果，2011年以《蛙》为名翻译成法文出版……

莫言和他的作品还先后获得过台湾"联合文学奖"、"华语文学传媒大奖·年度杰出成就奖"、法国"Laure Bataillin（儒尔·巴泰庸）外国文学奖"、"法兰西文化艺术骑士勋章"、意大利"NONINO（诺尼诺）国际文学奖"、日本"福冈亚洲文化大奖"、香港浸会大学"世界华文长篇小说奖·红楼梦奖"及美国"纽曼华语文学奖"等国内外奖项。

莫言虽然著作等身，并获得了这么多的荣誉，但在文化界朋友眼中，他

却是一位十分低调的作家。凡是与他交往过的人都说他憨厚,常替人着想,热心助人,是一个从来没有文场中娇、骄二气,并且肯吃苦负重的人。

著名留美学者、作家刘再复回忆说:

我到美国之后,在科罗拉多大学任教,葛浩文请莫言到科罗拉多大学演讲,他的第一句话就说,在座的刘再复教授是我的老师。我还送了莫言一顶科罗拉多的牛仔帽。在我的心目中莫言也是独立独行的牛仔。

大概是1995年,葛浩文要到中国看莫言,问我是不是也写一封信给带回去。我在给莫言的信中写道:高尔基说过,托尔斯泰如果是生活在大海里面肯定是条鲸鱼,我希望你在文学沧海中也能成为一条鲸鱼。他给我回了3页纸的信说,你鼓励我当鲸鱼,可是我们社会却太多鲨鱼。

我的第一印象是:莫言是个赤子,满心天真天籁;第二印象是:莫言浑身充满创作活力,很像法国的巴尔扎克(尽管他的创作风格更近南美的马尔克斯);第三印象是他满肚子都是故事,他到我家里时,科罗拉多大学东亚系的老师学生都来听他讲故事。他讲的故事让大家感到目瞪口呆,又让我们笑得前俯后仰,他真是一个幽默大家。

刘再复

出国之后我写了《中国大地上的野性呼唤》、《赤子莫言》、《黄土地上的奇迹》等四五篇评论莫言的文章,毫无保留地肯定莫言。①

2007年,香港书展主办方贸易发展局与《亚洲周刊》合办名作家系列讲座,邀请莫言前来书展演讲。香港武侠小说作家郑丰由此与莫言相识。他说,莫言给人的印象非常低调厚实,待人十分真诚。莫言的好友都说,从相貌上很难找到莫言一点潇洒的神情:过早谢了顶的脑袋,没有窄腰而只有肥臀的线条。窄窄的一双眼睛,似乎也不具备穿透生活的光泽。用人体造型美的视角去扫描莫言,他不能算是中国文苑美汉。不过,凡与他交往过的人都说他:低调而不事张扬,越来越能控制内心情感,创作富想像力,狂放不羁,语言行文犀利恣肆,不因循守旧,勇于大胆创新,许多作品超出读者阅读经验。在现实生活中,他却胆子不大,见到陌生人似乎有些腼腆,夹杂着胶东口音的语调始终慢声轻气。

从这些日常生活细节以及朋友们对他的印象中,可以探索到莫言的创作源泉、为人之道和心灵世界,这是从文到人的一幅肖像画。

上海文艺出版社总编辑郏宗培回忆说,2004年末,他与旅日学者毛丹青策划了北海道文学采风之旅,莫言为首席嘉宾,带领一支京沪媒体团队在冰天雪地的北海道历时12天纵横三千里。每在一地活动完后到达下榻处,餐前饭后,总要安排一次莫言访谈,大家围他而坐,有提问有记录有摄影。无论是对随行团队,在北海道大学讲座,还是在根据莫言小说改编的电影《暖》基诺影院首映式上,他谈得最多的是他儿时家乡风俗的忆念,对母亲的感恩,谈动物谈孤独谈战争,谈当年被侵华日军抓去当劳工、在北海道过了13年野人生活的非凡老乡刘连仁。

郏宗培说:"每当莫言谈得深情忘我的时候,从他吐出的团团烟雾里,从他细眯的眼眸中,分明让人看到了他内心情感的丰富、惆怅和纠结。莫言很低调,心却飞翔得很高,其中的落差,借以弥补的是他永不泯灭的童心和悲悯的情结。"[②]

1999年,《亚洲周刊》评选"二十世纪中文小说一百强",莫言的《红高粱家族》入选,排名第十八。莫言说:"我作为一个山东高密人,农民的后代,储存的就是高粱、水稻、黄牛……想像力不那么神秘,是可触可感的。现在年轻人的小说和我们不一样,我们是饥饿的一代,他们是过剩的一代。他们是生活在高科技高资讯的时代,电视、电脑、动画充斥着他们的生活,留在他们头脑中的东西与我们不一样。人的复杂心理过程是任何电脑难以比拟而望尘莫及的。"

2005年2月,第30届诺尼诺奖评选委员会授予中国作家莫言意大利诺尼诺奖。同时获奖的还有印度女作家戴维和意大利"无序理论"物理学家帕里西。诺尼诺奖是由意大利著名诺尼诺酒业家族为弘扬"农业文明"于1975年创立的,已有相当的国际声誉。

2月3日,诺尼诺奖颁奖仪式在意大利东北部佩尔科托市举行。评委会在授奖决定中说,莫言的作品植根于古老深厚的文明,具有无限丰富而又科学严密的想象空间。其写作思维新颖独特,以激烈澎湃和柔情似水的语言,展现了中国这一广阔文化熔炉在近现代史上经历的悲剧、战争,反映了一个时代充满爱、痛和团结的生活。[③]

莫言 和他的故乡

2009年10月,莫言作为主宾国代表参加了德国法兰克福书展。在座谈中他说:"作家在对话交流时,应该扮演好自己的角色。文字必须抓住社会热点,否则文字就是一纸空文。"他认为,"文学揭示了人类的普适价值。歌德晚年提到世界文学的概念,世界文学也是文化交流,了解各种文化观念。今天我们发现,歌德的世界文学概念已经突破了文学的范畴,多样性的思想是国际关系的普遍原则,这也是对歌德文学理想的实践。"

红高粱(Red Sorghum)

莫言在座谈会上还讲了"歌德和贝多芬在路上并肩行走突遇国王"的故事。他说:"像歌德那样,退到路边,摘下帽子,尊重世俗,对着国王的仪仗恭恭敬敬地行礼反而需要巨大的勇气"。为什么?也许因为在艰难时代长大的他,深知驯服中藏着牺牲与妥协的意味,而这同样需要勇气战胜自己的骄傲,它从来不是一件容易的事。莫言像一颗种子从岩石缝里长出来,渐渐长成树,他不会让自己轻易跌下悬崖。

备受关注的2012年诺贝尔文学奖揭晓后,世界各国媒体纷纷在第一时间刊发莫言获奖的消息,并争相分析这位对西方读者而言仍稍显陌生的中国作家。

英国《卫报》称,莫言是诺贝尔文学奖设立111年以来第一位获奖的中国籍作家。2000年获奖的高行健虽出生于中国,但已加入法国国籍。而1938年获奖的女作家赛珍珠虽然"对中国农民生活进行了丰富与真实的史诗般描述,且在传记方面有杰出作品",但她属美国国籍。

美国有线电视新闻网报道说,今年文学诺奖结果揭晓之后,中国人的国家自豪感在互联网上喷涌而出。因为与莫言一同竞争诺贝尔文学奖的还有美国歌手鲍伯·迪伦、美国作家菲利普·罗斯(Philip Roth)、加拿大短篇小说家艾丽丝·门罗(Alice Munro)和日本作家村上春树。而莫言成了胜利者,这表明"中国正在崛起"。

瑞典皇家科学院彼得·英格伦(Peter Englund)高度评价莫言说:"他描写农民,描写农村生活,描写人们为生存和尊严而奋力挣扎,这些挣扎有时成功,但大多数时候则会失败。""有人用魔幻现实主义来形容他,但我想这是对他的贬低,因为他并不是从马尔科斯那里直接拿来东西,而是属于他自己的。"④

对此,诺贝尔文学奖评委会前主席、瑞典学院终身院士谢尔·埃斯普马克在莫言获奖之后来华访问时,发表了同样的看法。他说:

《环球人物》封面

在诺奖颁奖词中,我们用的词是"幻觉现实主义"而避免使用魔幻现实主义这个词,因为这个词已经过时了。魔幻现实主义这个词,会让人们错误地将莫言和拉美文学联系在一起。当然,我不否认莫言的写作确实受到了马尔克斯的影响,但莫言的"幻觉的现实主义"主要是从中国古老的叙事艺术当中来的,比如中国的神话、民间传说,例如蒲松龄的作品。他将中国古老的叙事艺术与现代的现实主义结合在一起。魔幻和幻觉的差别,是把莫言被认为是一个模仿者,变为一个传承的创新者,同时充分肯定了中国古典文学民间传说的世界文学意义。莫言作品是在继承古典文学的基础上进行创新,才成就了他今天的文学的辉煌。⑤

北京大学中文系教授陈晓明对此也阐述了自己的看法,他说:

魔幻现实主义起源于拉美,马尔克斯、略萨等都是显著代表。之所以在拉美产生,主要是因为受到玛雅文化的影响。在玛雅文化中,常常有神秘的、不可知的东西渗透到日常生活中。马尔克斯等的作品在现实传奇性的基础上加了更多的夸张和魔幻,简言之就是"日常生活的神奇化"。

莫言一直对马尔克斯、福克纳的作品非常关注,并且努力在现代主义小说的尝试中寻求一种改变传统现实主义的视角。福克纳的一个小说,用傻子的视点越过理性的界限,去发现世界的另一面。格拉斯的

《铁皮鼓》则是用小孩的视点看到世界的另一个面向。帕慕克的《我的名字叫红》则是用死人的视点。

莫言其实一直在寻求一种"孩子"的视角。《红高粱》中用我爷爷、我奶奶的视点类似于孩子,《透明的红萝卜》中干脆直接用孩子,包括《酒国》中的荒诞感、《生死疲劳》中的动物化——这样的视角越过了理性和科学逻辑的界限与制约,叙事上获得了极大自由。

但相比拉美的魔幻现实主义,莫言的魔幻回到了中国经验,写法上不像拉美那么夸张,而是融入了"可理解性",他写动物,猪会带着猪自身的特点,让读者有理解的余地。另外,章回体、猫腔等都带有浓郁中国特色。

话说回来,拉美魔幻现实主义确实影响广泛,但从根源上看,拉美的马尔克斯、博尔赫斯等作家,他们都是受的西方文学教育,博尔赫斯是在日内瓦受的教育,而且他们都是西班牙语写作,所以魔幻现实主义根本上还是西方现代主义的发展。⑥

莫言获奖之后,瑞典翻译家、莫言作品的瑞典文翻译者陈安娜也成为海内外关注的焦点。人们在狂欢的同时,对陈安娜表达感谢,称赞这位翻译家"功不可没"。甚至有读者认为:"没有安娜,就没有莫言今天的成功。"8月27日,莫言曾在微博上表示,他在瑞典出版了三本书:《红高粱家族》《天堂蒜苔之歌》《生死疲劳》,三本书的译者均是在瑞典从事翻译现代中文作品的陈安娜。

其实,早在诺贝尔文学奖结果出炉前一天,陈安娜就在个人微博上发表了对莫言获奖的看法:"我个人认为莫言获诺奖的希望不小,不过是今年获奖、明年获奖或十年后获奖。我们谁知道?等到明天下午再说。"获奖结果宣布后,她在第一时间通过微博发表"太阳"、"蛋糕"的图像,表示祝贺。

除了陈安娜,美国翻译家葛浩文也是帮助莫言走向世界的有力推手。作为翻译中国当代文学作品的国际级大师,数十年来,他已将莫言的十多部作品介绍给英语国家读者。葛浩文表示:"我真心喜欢莫言的所有小说,并对翻译它们乐在其中。我喜欢它们的原因各式各样,比如《酒国》可能是我读过的中国小说中在创作手法方面最有想象力、最为丰富复杂的作品;《生死疲劳》堪称才华横溢的长篇寓言;《檀香刑》正如作者所希望的,极富音乐之美。我现在正在翻译《蛙》,接下来还应该会去翻译一些此前未能触及的他较为早期的作品。"

此外,莫言作品的法文版翻译诺埃·杜特莱(普罗旺斯大学中国语言文

诺贝尔文学奖评委会轮值主席埃斯普马克和旅瑞翻译家万之

学教授),以及日本翻译家井口晃(1989年翻译出版了《红高粱》)、藤井省三(1996年翻译出版了《酒国》)、吉田富夫(《檀香刑》翻译者),也被认为是莫言获奖背后的功臣,而受到人们的称赞。

对此,北京师范大学文学院教授谭五昌表示,没有非常优秀的翻译家把作家作品翻译成外文,就可能会影响到作品在国外的传播性和影响力,所以翻译是非常重要的。外文的译本好,他的作品的丰富性、文学艺术上的魅力就能很完整地呈现出来,于是打动了评委们。

谭五昌认为,这启示我们,中国当代文学如果要获得更多的荣耀,恐怕我们要培养更多优秀的翻译家,也要去发现更多优秀的汉学家,把中国的优秀作品翻译成外文。如果没有翻译这个渠道,我们要得国际大奖是不可能的。

① 《刘再复谈莫言》,新浪博客2012年10月21日。
② 江迅:《莫言和文化界朋友的缘分》,香港《亚洲周刊》2012年10月28日。
③ 穆方顺:《莫言获意诺尼诺国际文学奖》,《光明日报》2005年2月4日。
④ 李亮:《外媒评莫言获诺奖:展现中国农民尊严与挣扎》,环球网2012年10月11日报道。
⑤ 埃思普马克:《诺奖评委纠正颁奖词翻译》,《新民晚报》2012年10月25日。
⑥ 木寻:《陈晓明驳顾彬:没认真读过作品没资格批莫言》,搜狐文化2012年10月12日。

五、越是中国的越是世界的

"无疑,今夜那含蓄的'中国红',最民族、最世界——莫言,用他最现代的手法将中国的国民性表现得淋漓尽致"。这是一位媒体记者在莫言获奖当晚抒发的感想。

莫言的文学作品深深地根植于中国传统文化土壤,又具有广阔的世界性视野,这使得他在中国文坛的同行中,脱颖而出。在获得诺贝尔文学奖之前,他就已经是世界文坛上最具知名度的中国当代作家之一。

莫言写的是中国的乡村和土地,而今获得了世界的认可。它表明,"越是中国的越是世界的",确实是中国文学走向世界、融入世界的"不二法门"。在谈到中国文学如何与世界对话时,莫言曾说:

> 中国文学真正能够跟世界对话,真正超越了狭隘的阶级观念,是从上世纪八十年代初期开始的。这时候几乎所有的作家,都在大量阅读翻译过来的西方小说。这大大开阔了中国这批小说家的眼界。
>
> 我上世纪八十年代的几个作品带着很浓重的模仿外国文学的痕迹,譬如《金发婴儿》和《球状闪电》。到了《红高粱》这个阶段,我就明确地意识到必须逃离西方文学的影响,一定要写自己的东西,自己熟悉的东西。
>
> 这就需要到民间去寻找,文学真正的丰富资源,还是隐藏在民间。当然我说的民间并不仅仅是荒凉的偏僻的农村,城市也是民间。这才有了《檀香刑》和《生死疲劳》。

在写作长篇小说《檀香刑》的时候,莫言就表明,他要在创作上作一次有意识的"大踏步撤退",而这样的"撤退"正是创造"中国小说"的一种观念上的自觉,一种扎扎实实的进步或实验。莫言认为,民间说唱艺术曾经是小说的基础。《檀香刑》引入"猫腔"的韵律及调子,便是一种独创;而独创的根柢,便在于作家的素质,在于对各种形态的古典的或民间的文化艺术的理解与把握,特别是对中国人和中国社会群体的了解。它是创作"中国小说"最重要的前提——任何空泛的"人类意识"及不着边际的"人性"观念,都无助于优秀小说的创造。首先得从中国人开始,包括中国人的文化传统、生存状态和精神世界,以及中国人的"现实"。否则,中国小说就失去了最起码的存在理由,更谈不上所谓全球化的对话与交流了。

英文版《酒国》封面

莫言认为,尽管说文学是人学,是没有国界的,但事实上,每个国家、每个民族,都应该通过小说表现出自己的特质。譬如语言,譬如故事,都要有自己鲜明的风格。莫言说:"到了写《檀香刑》时,我的追求已经十分自觉。我想我首先要用一种跟自己过去的语言、跟流行的翻译腔调不一样的语言。这时候我想到了猫腔的戏文。所谓'撤退',其实就是向民间回归。所谓'撤退的还不够'就是说小说中的语言还是有很多洋派的东西,没有像赵树理的小说语言那样纯粹。在今后的写作中,我也许再往后退几步,使用一种真正土得掉渣、但很有生命的语言。"①

2003年,《檀香刑》获得了"21世纪鼎钧双年文学奖"。"授奖词"指出:

《檀香刑》是这样一个标志:民间渊源首次被放到文源论的高度来认识,也被有意识地作为对近二三十年中国小说创作中从西方话语的大格局寻求超越和突破的手段加以运用;同时,作者关于民间渊源的视界进一步开拓,开始从抽象精神层面而转化到具体的语言形式层面,从个别意象的植入发展到整体文本的借鉴。

义和团现象本身就是民间文化所孕育所造就,是山东古老民间文化的一次狂欢。借这个题材来激活一种以民间文化为底蕴的小说叙述,使本事与形式之间的天衣无缝,形成了一种妙不可言的"回声"。民间戏曲、说唱,既被移植到小说的语言风格中,也构成和参与了小说人物的精神世界。这种"形式"与"内容"的浑然一体,使得《檀香刑》比以往任何高扬"民间性"的小说实践,走得更远,也更内在化。神奇化、暴力倾向,仍旧是莫言给人的突出印象。作者把他的这一奇特兴趣,用于表现或映衬一种桀骜不驯,一种野性,一种英雄主义气概。重要的不在于人们是否接受他的观点,而在于他的这种心理倾向已经铸成了鲜明的小说个性。

正是由于莫言的"大踏步撤退"和"向民间回归",才使他创作出了《檀香刑》这部被誉为"中国当代文学史上横空出世的伟大作品"。在莫言看来,中国文学经历了向西方学习的阶段,应该到了写出中国特色小说的时候了。中国作家要在世界文坛上确定自己的地位也需要这样的尝试,一味地学习西方是不行的,应该从民间文化、民间艺术中得到借鉴,把民间千百年的艺术精华移植过来。在回答《光明日报》记者采访时他强调说:"越是有民族风格的艺术品,才会越有国际性,只有把自己民族最本质的精神,和最有乡土气息的生活表现出来,才能得到国际上别的民族的重视和承认。"

莫言获奖之后,台湾《中国时报》发表社论,在向他表示祝贺的同时,也对莫言的创作进行了评论:

中国改革开放之后的文学,前有先锋与寻根的分派,後有都市与乡土的区别,三十多年的历程,莫言几乎全程参与,而且始终站稳着寻根与乡土这一边的立场。很显然的,从外国、尤其是西方的眼光要找出具有"中国特色"的作家作品,寻根、乡土会比先锋、都市来得吃香得多。

先锋的文学技法,基本上源自西方现代主义,再加上一些拉丁美洲的实验写法,都市题材更是旧有传统生活被破坏、扬弃後才产生的,这些文学内容都是西方读者熟悉的经验,但却无法立即和中国、"中国性"联系上。

莫言的小说,从最早的《红高粱家族》到最近的《蛙》,一直都有饱满的"中国性",因为,那样的情节、那样的语言,甚至那样的叙述,只能出现在中国。他的小说,即使透过翻译,都还能快速、直接地传递给西方读者强烈的异国感受,吸引他们的阅读注目。

同属寻根乡土的贾平凹,没有莫言那种恣意豪放的文字,贾平凹的文字,够乡土够特别,但却几乎无法翻译,译成别的文字立刻就失去了光彩魅力;同属寻根乡土派的李锐,没有莫言那种放肆纵横的想像力,与可以随意变换节奏的戏剧张力。从国际推介的角度看,莫言还真是没有敌手的第一人选。

就文学论文学,莫言的一大成就,在于创造了一种丰富、多层次、极其迷人的乡土语言,一接触他的作品,任谁都能感受到那扑面而来的乡土特质,但仔细阅读、分析,我们却会发现,这样的语言,绝对不是山东高密的老乡们,真正会说出来、能说得出来的;莫言的语言一方面保留了乡土味,不随意掺夹城市文艺腔,一方面却又能够用来描述最混乱的多角场面,表达最深刻最复杂的情绪变化;还有,即使是从来没有去过山东、没有听过一句山东方言的读者,也能进入这种语言中,完全不感隔阂。

莫言的另一大成就,在于创造了一个既写实又迷幻的乡土,他笔下的山东高密,其实只存在他的想象中,那不是历史上或现实里的乡土,而是他凭借着一己的文学壮笔,重新塑造的一个家乡,一个比历史或现实里的家乡,都要更精彩更复杂更丰富更迷人的虚构的家乡,一个许多人都能理解认同的奇幻家乡。

在小说写作与表达上,莫言绝对不是一个"乖乖牌",他的魔幻笔法远离社会写实主义信条,他对于女体与性的执意、近乎耽溺的刻画,也显然和强烈的清教徒倾向大异其趣;更重要的,他写过夸大讽刺贪官污吏的《天堂蒜薹之歌》在先,最近又写了探讨"一胎化"政策的《蛙》。

不论是否同意莫言的立场,他的作品的确足以增添我们对于人间社会的不同理解。②

正如人们所说,反观莫言的作品,莫不是溢满了浓厚的乡土乡村气息,莫言是一个土生土长的作家,也是一个吸着国内"大地母亲"乳汁成长起来的作家。其作品风格贴近地气,语言直白质朴、内涵亲切生动,这是莫言作品走向世界、被世界人们公认的前提。

从另一方面看,如果仅仅写出"中国性"或中国的乡土特色,而没有反映出世界范围内人性的共同本质,同样不能得到世界各国的认可。北京师范大学教授张清华认为,正是因为莫言的描写超出了一般的"民俗"或"乡土风情"的范畴,而变成了"人性"范畴中的生命内容,因此受到了世界范围内的文学家、艺术家和普通读者的关注。

曾两度组织并参与莫言作品研讨会的杨守森教授也指出:莫言"始终有

莫言 和他的故乡

一种情怀,从人性的角度思考中国社会的现实,这是当代一些作家所缺少的。"在莫言获奖的作品《蛙》里,他将人类的忧虑和心灵深处的痛苦用一种特别的方式表现出来,得到国际上的共鸣和认可。一位中国读者在读完莫言的长篇小说《蛙》后说:

这篇小说是一部彻彻底底以"人"为主题的小说,"姑姑"是一位身份复杂的乡村医生,她一生坎坷的命运贯穿了整部小说。在年轻时她曾是计划生育国策的支持和执行者;人到老年时她面对"我"的超生却睁只眼闭只眼。

莫言在小说中用几近残酷的笔触详细描写了王仁美和王胆的死,给青年"姑姑"塑造了果断麻利、铁面无私的形象,同时也试图诠释人性在巨大的政治压力下被扭曲的一面。"姑姑"年轻时的豪言壮语与年老时的唯唯诺诺形成了鲜明的对比,在变化中阐释了生命的坚韧与坚强:生命的坚强与脆弱会因环境而变,因此人性的诸多因素也并非一成不变。

相比莫言的其他小说,《蛙》对人性的剖析与批判更为深刻,对社会的剖析也一针见血。通读小说,我们能感觉到作家虽然始终在写家乡的故事,却已经跳出了故事的本身,站在人类或人性的角度去写"人",我想这应该是许多小说作家应追求的目标。③

朱向前是最早评论莫言作品的评论家。他从1986年就开始发表莫言作品的评论文章,如《天马行空——莫言小说艺术评点》、《在传统与现代的堤岸之间》、《深情于他那方小小的邮票——莫言小说漫谈》等。1990年他在军艺文学系任教时,就在课堂上说,莫言的小说虽然是写中国农村的,但深刻的人性刻画,生动的语言描绘,已超越国界,他还预言莫言今后说不准会成为诺贝尔文学奖的获得者!

莫言的创作始终关注人,关注人性。正如他在接受采访时所说的,自己的文学作品表现了对社会、对人生、对所有问题的一些看法,更重要的是自己的文学作品一直在写人,既直面人生又立足于写人的角度,"自己的小说里一直是把人把所有的人都当人来看。"可以说,莫言之所以能够获得国际上的认可,就在于其作品展示了全人类"共通"的内容,能给予全世界一定意义的启示。杨守森指出,"作品的内在价值是深层次的,能够触及所有人思考。"周均平强调说,"莫言的书要自己去读,去感受,用心体会他的作品里一以贯之的'人性'。"北大教授陈晓明在批驳顾彬对莫言的偏见时也指出:

  莫言当然有思想性,他对历史、对20世纪中国的悲剧性、对人类记忆和人性都有深刻理解,并且在作品中将历史暴力带给人民的创伤呈现了出来。比如他在《丰乳肥臀》的开篇,写到农户家里,驴在生产,同时女人也在生产,而女人因为已经连续生了好几个女孩,所以人们宁愿在外面看驴生产,就在这时候日本鬼子进村,男人们又都跑到外面并且血流成河。仅仅一个开篇,莫言将人与动物的生产,帝国主义对传统中国的侵入等淋漓尽致地写了出来。我相信,如果不是对20世纪中国历史以及人民伤痛记忆的深刻理解,是不可能写出这样的作品的。④

  可以说,正是关注人性让莫言走向世界。一位文学评论家在比较莫言和福克纳的文学作品和创作经历时指出:

  在写作风格上,他们都注重把乡土材料和乡土色彩,同人的本质和人类文明的普遍意义有机地结合起来,从而使作品超越地域性,获得普遍性。虽然他们创作上都经历了迷茫的探索、明确的定位到创作旨趣发生变化、创作力下滑的过程,但都主张文学写真实,又都不拘泥于事实的真实,而更在乎艺术的真实;都善于创新,敢触及新题材,宣扬新思想,实验新形式。

  在作品的主题上,他们亦有诸多共同点,例如:都揭露政治社会、文化习俗及人性本身的丑恶;着力撕破亲情的面纱,袒露父母与子女及手足间的对立与隔膜、猜疑和仇视;处理爱情都反对重爱轻性,主张情性结合;都关注家族命运,表现祖辈的开创精神和生命力在后辈身上的衰退;都描写各类死亡,挖掘其背后的社会及人性缘由。

  在人物形象上都注重塑造硬汉形象,福克纳的硬汉是忠于信念的理想主义者,莫言的硬汉则是热血沸腾的草莽英雄;都塑造了独特的军人形象,福克纳的军人勇于独立思考,无论对外作战还是对内反抗都是勇士,莫言的军人则没有多少思想,常被物欲左右;都塑造了令人难忘的各类女性人物形象,尤其是恋爱中的女人;都着力刻画恶人形象,在福克纳笔下恶人是行径卑劣的恶棍,在莫言笔下他们则是欺压良善的"公家人";都注重塑造社会底层人物形象,描写他们的痛苦,表现他们扭曲的心灵。

在创作艺术上,都表现出充沛的想象力,莫言擅长构想外在生活场景,而福克纳则长于拟想人物内心活动;都通过淡化情节、淡化人物、感觉化的描写来寻求小说的诗化;几乎每篇小说都有独特的结构,使结构本身成了一种有意味的形式;叙事角度多元化,尝试了复合第一人称的叙事、多重第一人称视角、多角度第三人称叙事等多种手法;都有一套独特的语汇系统和句子架构手法,形成了别具一格的文风。⑤

事实上,通过《红高粱》、《欢乐》、《天堂蒜薹之歌》、《酒国》、《丰乳肥臀》、《檀香刑》、《生死疲劳》等一系列作品,莫言以一个作家特有的立场和方式,有效地介入了当下中国的现实。莫言的写作,不仅见证了当代中国社会的巨大变化,传达了古老中国的内在精神和声音;同时也表达了人性的本质特征和人类的共同追求。一位文学评论家就此写道:

> 莫言笔下的中国大地,是一个苦难与欢乐交织在一起的密林。莫言的小说叙事,有力地劈开了现实中国致密的荆棘丛,为人们展示了一个充满生命活力和欢乐的世界。
> 他把肖洛霍夫的恢弘、马尔克斯的奇幻、拉伯雷的狂欢、蒲松龄的诡异、冯梦龙的清澈、段成式的庞杂、果戈理的诙谐和雨果的道德感融为一体,他的小说语言激情澎湃,宛如黄河泛滥,冲刷出一片全新的语言河床,在现代汉语写作史上留下一道罕见的语言奇观。

浓郁的乡土气息和独特的文学地理世界,是莫言创作的重要特色之一。由于受到美国作家福克纳和哥伦比亚魔幻现实主义大师加西亚·马尔克斯创作的启示,从1985年的《白狗秋千架》开始,莫言就专注于营造属于自己的文学世界——"高密东北乡",并在其中找到了无穷的创作灵感和源泉。通过《红高粱》、《红高粱家族》、《酒国》、《丰乳肥臀》、《蛙》等一系列小说,在这个属于自己的乡村世界里,莫言用自己充满想象力的叙事,为人们呈现了一个既原始又狂野,既荒诞又现实,既传统又现代的魔幻世界。正是由于有了这块厚重而又熟悉的乡土作支撑,莫言的艺术才华和不羁的想象力才能够得到自由地驰骋。因此,莫言在总结自己的文学经验时,不无感慨地说:"土,是我走向世界的重要原因。"

莫言迷恋乡土,但并没有被乡土所束缚,相反他用超凡的想象力和独特的幽默与讽刺技巧穿越了乡土,进而将笔下高密东北乡这一方寸之地扩展成为整个中国乃至世界性的大舞台。一方面他的小说既不回避对民族苦难的省思,也不回避对现实社会问题的曲折介入。1995年出版的《丰乳肥臀》,以自由而坚实的笔法重构了百年中国的沧桑,在神话与现实的交融中讴歌了生命最原初的创造者——母亲的伟大与无私。另一方面,莫言笔下的历史和现实大都是以超现实的方式展示出来的,从而给人一种普遍的人性之思。在中篇小说《红高粱》中,莫言通过独特的叙事用民间的视角重现抗战画面,在战争中审视人性的丑恶,并在狂野情爱叙事中展示了人性自由和原始生命力的壮美。除此以外,他的小说《天堂蒜薹之歌》、《檀香刑》和《生死疲劳》等都能够从乡土的世界中审视中国的历史与现实,并给以人们普遍的人性思考。

莫言小说所呈现的乡土世界厚重而坚实,而他的艺术世界则自由而奔放。对艺术先锋性的追求,在莫言的创作中是一以贯之的特征。早期的创作,他吸收魔幻现实主义的艺术技巧,通过奇诡的想像和夸张化的感觉描写,创造了一种属于自己的、融合幻想与现实的艺术世界。随后,他在不同的小说中进行着不懈的艺术探索与创新。例如,在《酒国》中,他通过戏仿不同文体的艺术方式,对中国传统的吃文化和酒文化进行批判和反思。在《檀香刑》中,则运用一种同小说内容高度吻合的"残酷语言"试验,艺术上显得大胆而富有视觉冲击力。另外,除了在小说中进行艺术探索之外,莫言也在尝试着不同文体的写作,散文、话剧以及影视文学剧本均是其创作世界的重要组成部分。莫言的小说世界是本土的,同时也是世界的。他的成功说明只有发掘并弘扬中国文化自身独特的审美个性,植根传统,涵纳世界,才能创造出真正走向世界的具有民族性的伟大文学。⑥

文学艺术的民族性与世界性问题,是一个民族、一个国家文化发展中极为重要的理论和实践问题。

早在上世纪30年代,鲁迅就在谈论木刻艺术时指出:"木刻还未大发展,所以我的意见,现在首先是引一般读书界的注意、看重,于是得到鉴赏、采用,就是将那条路开拓起来。路开拓了,那活动力也就增大。现在的文学也一样,有地方色彩的,倒容易成为世界的,即为别国所注意,打出世界去,即于中国之活动有利。"⑦

在这里,鲁迅从谈论木刻、绘画引申到文学艺术的地方色彩问题,得出"有地方色彩的,倒容易成为世界的"这一结论。它表明,"地方色彩"或民族特色、中国特色,与世界存在着必然联系,文化艺术的民族性与世界性是密切相关的。

所谓"民族的",是指属于某个民族独特的、具有民族个性与民族精神价值、反映该民族生活状态、风俗习惯、价值信仰、道德原则的民族文化的显性表现,是区别于其他民族的显著特征。如在精神气质上,法国人的浪漫,德国人的严谨,英国人的幽默,中国人的中庸等等,就是这些国家和民族在性格特征上区别于其他国家和民族的表现。

所谓"世界的",是指某种文化艺术品所展示的形式及所蕴含的艺术精神和人文精神,是人类所共有的,并得到全世界各个国家、各个民族的热爱与欣赏。如莎士比亚展示的文艺复兴时期对人文主义的追求,对友谊、爱情、自由和正义等人类共同价值的追求和歌颂;又如沈从文所展示的那个自然、清新、纯粹的世界,它象征着人们内心对美好和宁静的向往。

"民族的"或"中国的",通常是"世界的"或"人类的"的一种表现形式,它使自己区别于其他民族、其他国家。这种区别越是显著,创作出来的作品便越有特色、越有魅力。反之,"世界的"或"人类的"又是"民族的"或"中国的"的本质特征。那些富有特色和魅力的作品越能反映出人类共同关心的问题,就越能打开与世界交流的窗口,越容易为世人所了解和认同。也正是在这个意义上,我们说:"越是民族的,越是世界的",或者说"越是中国的,越是世界的"。

文学艺术的"民族性"与"世界性"是相互联系、相互促进的,它们共同构成一部完整的、具有人类情怀的作品。

在中外文学艺术作品中,那些最优秀的作家、艺术家,如但丁、塞万提斯、莎士比亚、巴尔扎克、屠格涅夫、托尔斯泰、鲁迅、老舍、沈从文……他们既是属自己民族的,又是属于全世界的。他们的作品不仅洋溢着浓郁的民族特色,而且散发着人性的光芒。因此能够超越民族,超越时空,为每个时代的不同国家、不同民族和不同文化水平的读者所接受。

要了解一个民族的过去、现在和未来,你只要去读她的文学艺术、民间故事,去看她的人文古迹、经典建筑。这些优秀的文化遗产是一个民族的"根"与"魂",无论科学技术如何进步,经济水平怎样发达,渗透在这些文化遗产中的民族精神,必定像溶入每个国民身体里的钙和钠一样,无所不在地发挥着作用。

2008年,当北京奥运会如一场璀璨的焰火晚会终于落下帷幕,人们最难忘的就是在开幕式上,中国向世界展现了一个既充满神秘、又一目了然的"文化中国":祥云、水墨、汉字、太极……它们共同构成了中国文化和谐共融、天人合一的境界。正是这种和谐共生的传统,决定着中国人的思维方式、认知方式和存在方式。

从中国传统文化艺术的不同方面,都可以感知"越是民族的越是世界的"这一论断的正确性。

——在陶瓷艺术上:钧瓷近年来推出了一系列原创作品,以自然窑变的神奇釉色诠释"道法自然"的精神,以厚重的传统文化为根,注重具有象征意义的"中国元素"的运用,丰富了当代钧瓷的文化内涵与设计语言。如中国工艺美术大师孔相卿创意设计的2008年中秋作品《好运中秋》,就是这样的一件作品。

《好运中秋》以五彩祥云托起一轮明月为主体造型,祥云是吉祥和高升的象征,是北京奥运会的标志性中国元素,祥云火炬传遍了全世界,也把它蕴含的"渊源共生,和谐共融"的中国文化精神传遍了全世界。一轮明月中心镂空,像一个竖立的太极阴阳图。太极的真谛是天人合一、祥和宁静,太极阴阳图象征着万物的生长规律是运动不息的。它让人联想到钧瓷釉色的美,这种美也是流动、变幻的,和太极有着相通之处,它以最简洁也最玄妙的方式表达了中国人的宇宙观、自然观。

虽然简洁,却直指人心。2008年北京奥运会,注定要留在中国人的记忆中。《好运中秋》中的祥云与明月组成了阿拉伯数字2008,以钧瓷的名义,用1300℃的窑变神火,留住中国人的记忆,在奥运会圆满成功的时刻,在中秋节团圆美满的时刻。

"越是民族的,越是世界的"。祥云、明月、太极、2008,《好运中秋》在传统与现代之间找到了一个恰如其分的结合点,也为饱含传统文化内涵的当代钧瓷提供了一个经典的范例。⑧

——在音乐艺术上：在香港举办的"千年经典音乐会"上，香港电台公布了用民意测验方式投票选出的最受听众欢迎的10首交响音乐作品。在这些"千古绝唱"中，除了贝多芬第九与第五交响乐、柴可夫斯基《天鹅湖》等九首外国名曲外，何占豪、陈钢的小提琴协奏曲《梁祝》是唯一入选的中国作品。

67岁的何占豪在接受记者采访时一脸喜色，他说："中国的民族音乐能与贝多芬等世界名家的传世之作同登千年经典榜，实在令人开心，《梁祝》为中国人争了口气。在千年经典音乐会上，主持人介绍说，10首千年名曲的作者多数已作古几个世纪，惟有《梁祝》的作者还在，并且就在现场！全场顿时掌声雷动，这使我感动得快掉下眼泪。""这也说明真正优秀的民族作品，不但中国人喜欢，世界人民都会喜欢。"何占豪说，越有民族性就越有世界性，坚持了自己的民族特色，才能跻身世界之林，才能经得起历史的考验，世世代代流传下去。

小提琴协奏曲《梁山伯与祝英台》不但在中国家喻户晓，在世界乐坛也被公认为中国交响音乐的代表作。世界著名钢琴大师、以浪漫风格著称的"钢琴王子"克莱德曼很喜欢《梁祝》，他在上海举办的独奏音乐会上，把梁祝缠绵而又浪漫的爱情故事演绎得如诗如画、如痴如醉，用另一种风格与理解表现了《梁祝》。这表明，民族的音乐也要不断借鉴世界其他民族优秀的内涵与形式，赋予现代的表现手法与音乐效果。⑨

——在建筑艺术上：万科地产和五矿建设共同开发的"五矿万科·如园"项目，位于北京中华龙脉、上风上水的西山板块。占地12万平方米，总建筑面积约26万平方米，总户数约为800户左右。项目运用现代建筑语言诠释中国传统人文精神，并从山西引进了一座"老房子"（据传是雍正年间山西的一座老祠堂）。

鉴于中国传统民居十分注重民居的内在吸引力，安排上疏密得当，布置上虚实相生，结构上内外通透，装饰上或朴实淡雅，或精工细雕，更以高低起伏的节奏感让人领略它的平淡与变化，令人流连忘返，思绪万千。因此，引入"老房子"成为万科在TOP系人文居住产品系列里的一贯作风，从当年的深圳、上海第五园，到深圳棠樾，再到北京的五矿万科如园，无论是建筑、园林还是人文方面，中式风格贯穿始终。将一座中式老房子从历史移居到现实生活中，是复苏，更是创新，它以包容围合的形态和礼仪建造一座真正属于北京人自己的、纯粹的中国院子，使人们在现代环境中体味传统民居那种捉摸不定的"心理距离"，在现代公寓中感受传统回归的"宁静与惬意"。

愈是具有民族性，便愈具有世界意义，这正是五矿万科如园引入山西"老房子"，在京西书写国际化人文巨宅的期望。它带来的不仅是中国传统文化的回归，而且是传统居住方式和"意境时代"的回归。⑩

在小院、大院的包容围合中，在石墙砖瓦中，在文化与精神的历练中，如园利用现代生活观念及现代生活方式对原始院落空间进一步重塑，提供更多、更大的与自然结合的活动空间，从而实现传统人文、自然、现代的居住观。有家有院落，这是传统建筑在包容围合中的艺术化，中国文化的博大精深在这种情绪中慢慢沉淀，并成为生活的精致体验。院落中形成的强大气场，家庭的礼序，以及个人价值的自我实现，在这里达到了"天人合一、物我两悦"的最高境界。

——在文学艺术上：北京大学中文系教授陈晓明说，莫言的作品以非常大气的手法书写二十世纪的中国历史。他的作品一方面广泛吸取了世界文学的经验，比如魔幻现实主义、现代派的经验，同时又把山东高密的地方戏曲和民间艺术结合进来，这使得他的作品有相当强的内在张力。山东师范大学文学院院长周均平认为，"莫言的作品风格虽然有一些外在因素的影响，但内涵上是中国的、山东的、高密的，有很多的地域文化在里面。"莫言的作品"最乡土，但也最国际"，"乡土是说莫言的作品一般取材于他的家乡高密，而国际代表的则是他受国外一些作家的影响，在作品形式上屡有创新。"⑪

"乡土味"的作品成了莫言创作价值得到世界认可的桥梁。"本土的"往往就是"世界的"，人类总具有共性的价值观和审美观。莫言的创作非常有力地触及了整个人类文明的主题，并且书写了19世纪后期到现在的波澜壮阔的中国历史。⑫

中国小说学会会长雷达指出，莫言的创作具有强烈的独创性和探索性，他不断地吸收当代世界先进文学经验，并与乡土经验相结合，积极拓展汉语叙述的空间，变化多端，不拘一格，表现出丰富的想象力。他的创作从整体上代表了近30年来中国文学的长足进步，此次获得诺贝尔文学奖的肯定，是中国文学走向世界、走向成熟、自我完善的一个象征。同时，莫言的获奖也是多年来中外文化交流特别是文学交流的一次开花结果。

文学评论家贺绍俊认为，"在中国当代作家中，莫言无疑是一位风格独特且鲜明的作家,他写小说仿佛就是在一个自由的王国里纵情狂欢,他的叙述是如此的汪洋恣肆,他的想象是如此的诡异奇特,而他的文学王国里又包含着丰富的中国文化元素,他无疑为世界文学提供了新的样本,因此他丝毫无愧于诺贝尔文学奖。"他的获奖是"中学西渐"过程中的一个醒目路标。[13]

2002年,在与日本著名作家大江健三郎对话时,莫言指出:

> 对过往生活的反思和批判,尤其是对自我的反思和批判,是八十年代中期之后中国文学中才出现的重要现象,而在此之前的文学中,大多都是虚假的歌颂,即便是有批判,也是对外部政治环境的批判,是"诉苦"文学,没有涉及到对自我的批判,因此那些文学,不能算作真正的文学。所以那个时期的中国文学,只能是党派的文学,是政治的婢女,当然也就算不上世界文学,当然也就走不上世界。
>
> 我理解,您提出的亚洲文学乃至世界文学的概念,就是希望在我们这些亚洲作家的作品中,真实地表现我们的独特生活,并对社会和自我进行反思和批判,这两者结合,就是特殊性和普遍性的统一,这样的作品才可能跳出阶级和党派的樊篱,获得一种普遍精神,被世界上不同国度、不同肤色的读者接受、理解,并且使他们的感情和我们的感情产生共鸣,这样的文学,也就是走向世界的文学。

十年后,莫言在获得诺贝尔文学奖当晚接受媒体采访时分析了自己获奖的原因。他说:

> 因为我的作品内在的文学品质,以及我的作品里面包含对人生对社会的关注。真正的文学既是民族的,也是属于全人类的,真正的文学具有民族的特色,民族的风格,民族的气质,但它必然具有文学的共通性,所以能够超越我们族群,我们国家的地理疆域,然后感动所有的读者。

莫言的作品不仅感动了中国的读者,而且也感动了所有的读者。他也因此获得了中国文学界和世界文学界授予的许多荣誉:

——法兰西文学与艺术骑士勋章。授奖辞称赞莫言:"您写作的长、短篇小说在法国广大读者中已经享有名望。您以有声有色的语言,对故乡山东省的情感、反映农村生活的笔调、富有历史感的叙述,将中国的生活片段描绘成了同情、暴力和幽默感融成一体的生动场面。您喜欢做叙述试验,但是,最引起读者兴趣的还是您对所有人物,无论是和您一样农民出身的还是所描写的干部,都能够以深入浅出的手法来处理。"

——华语文学传媒大奖·年度杰出成就奖。颁奖词称:"莫言的写作一直是当代中国的重要象征之一。他通透的感觉、奇异的想象力、旺盛的创造精神,以及他对叙事艺术探索的持久热情,使他的小说成了当代文学变革旅途中的醒目界碑。他从故乡的原始经验出发,抵达的是中国人精神世界的隐秘腹地。他笔下的欢乐和痛苦,说出的是他对民间中国的基本关怀,对大地和故土的深情感念。他的文字性格既天真又沧桑;他书写的事物既素朴又绚丽;他身上有压抑不住的狂欢精神,也有进入本土生活的坚定决心。这些品质都见证了他的复杂和广阔。从几年前的重要作品《檀香刑》到2003年度出版的《四十一炮》和《丰乳肥臀》,莫言依旧在寻求变化,依旧在创造独立而辉煌的生存景象,他的努力,极大地丰富了当代文学的整体面貌"。

——诺尼诺国际文学奖。授奖辞称:"莫言的作品植根于古老深厚的文明,具有无限丰富而又科学严密的想象空间,其写作思维新颖独特,以激烈澎湃和柔情似水的语言,展现了中国这一广阔的文化熔炉在近现代史上经历的悲剧、战争,反映了一个时代充满爱、痛和团结的生活。"

——福冈亚洲文化大奖。颁奖词称:"莫言先生是当代中国文学的代表作家之一,他以独特的写实手法和丰富的想象力,描写了中国城市与农村的真实现状,作品被译成多种语言。莫言先生的作品引导亚洲走向未来,他不仅是当代中国文学的旗手,也是亚洲和世界文学的旗手。"

①莫言、张慧敏:《是什么支撑着〈檀香刑〉——答张慧敏》,莫言《小说的气味》,春风文艺出版社2003年版。
②台湾《中国时报》社论:《相遇红高粱奇幻家乡——贺莫言获诺奖》,2012年10月12日。
③《莫言长篇小说〈蛙〉读后感》,转引自新浪博客2011年12月10日。
④陈晓明:《没认真读过作品没资格批莫言》,搜狐读书2012年10月12日。
⑤朱宾忠:《福克纳与莫言比较研究》,《长江学术》2006年第2期。

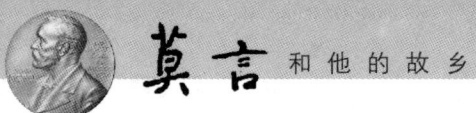

⑥张闳:《莫言:中国经验的杰出表现者》,《新京报》2012年10月12日。

⑦鲁迅:《致陈烟桥》(1934年4月19日),《鲁迅全集》第13卷,人民出版社2005年版,第81页。

⑧阙舞亭歌:《越中国越世界》,搜艺搜网2008年11月15日。

⑨周景洛:《越有民族性就越有世界性——何占豪与〈梁祝〉的故事》,《泉州晚报》海外版,2000年9月14日。

⑩《五矿万科如园:老房子与新建筑》,搜狐焦点网2012年4月26日。

⑪张志龙:《"最乡土,但也最国际"——莫言获诺奖的启示》,新华网山东频道10月12日电;毕晓哲:《"乡土味"的莫言和"乡土味"的诺奖》,东方网2012年10月12日。

⑫李洱:《曹雪芹如果活到现在未必比莫言更伟大》,搜狐文化2012年10月11日。

⑬贺绍俊:《中学西渐"过程中一个醒目路标》,光明网2012年10月12日。

附　录　莫言生平及创作大事记

1955年,2月17日出生于山东省高密县平安庄三份子村。

1961年,7岁。入村办小学就读。

1966年,12岁。辍学回家,成了一名放牛娃。

1973年,19岁。到高密县棉花加工厂当临时工。

1976年,22岁。参军入伍,赴山东黄县解放军某部,历任班长、保密员、图书管理员、部队业余学校教员。

1979年,25岁。和同乡女子杜芹兰结婚。

1981年,27岁。秋天,处女作——《春夜雨霏霏》(短篇小说)在河北保定市文联主办的文学双月刊《莲池》第5期发表,由此开始了自己的创作生涯。年底,女儿管笑笑出生。

1982年,28岁。短篇小说《丑兵》、《为了孩子》分别在《莲池》第2期、第5期发表。在部队"提干"成为排级干部。

1983年,29岁。春天,短篇小说《售棉大路》在《莲池》第2期发表(《小说月报》转载)。秋天,在《莲池》第5期发表短篇小说《民间音乐》,老作家孙犁在一篇文学评论中给予这篇小说以中肯的评价,认为它有一种空灵之感。

1984年,30岁。春天,小说《岛上的风》在《长城》第2期发表。秋天,赴解放军艺术学院文学系就读,并得到系主任、著名作家徐怀中的赏识。小说《黑沙滩》在《解放军文艺》第7期发表,并获该刊本年度优秀小说奖;《大风》在《小说创作》第9期发表,并被《小说选刊》选载;小说《雨中的河》在《长城》第5期发表。

1985年春,31岁。成名作——《透明的红萝卜》(中篇小说)在《中国作家》第2期发表,在文学界引起较大反响;《中国作家》组织在京作家、评论家在华侨大厦举行讨论会,讨论该作品。此后,接连在多家刊物发表文学作品,包括中篇小说《球状闪电》、《收获》、《金发婴儿》(《钟山》)、《爆炸》(《人民文学》),短篇小说《枯河》(《北京文学》)、《老枪》(《昆仑》)、《白狗秋千架》(《中国作家》)、《三匹马》(《奔流》)、《秋水》(《奔流》)等。

1986年,32岁。毕业于解放军艺术学院文学系。春天,小说集《透明的红萝卜》由作家出版社出版。中篇小说《红高粱》在《人民文学》第3期发表,并引起强烈反响,被读者推选为《人民文学》1986年"我最喜爱的作品"第一名。此后,接连发表"红高粱系列中篇"——《高粱酒》(《解放军文艺》)、《高粱殡》(《北京文学》)、《狗道》(《十月》)、《奇死》(《昆仑》)。此外,还在多家刊物发表文学作品,包括中篇小说《筑路》(《中国作家》)、短篇小说《草鞋窨子》(《青年文学》)、《苍蝇·门牙》(《解放军文艺》)等。夏天,与张艺谋等人合作,将《红高粱》改编成电影文学剧本。

1987年,33岁。春天,长篇小说《红高粱家族》由解放军文艺社出版。中篇小说《欢乐》在《人民文学》第1、2期合刊发表,在文学界引起争论。秋天,中篇小说《红蝗》在《收获》第3期发表。

1988年,34岁。春天,电影《红高粱》获西柏林电影节金熊奖,引起世界对中国电影的关注。长篇小说《天堂蒜薹之歌》在《十月》首发,4月由作家出版社出版单行本。小说《复仇记》、《马驹横穿沼泽》在《青年文学》第10期发表(后收入《食草家族》)。秋天,考入北京师范大学鲁迅文学院创作研究生班;长篇小说《十三步》在《文学四季》首发;小说集《爆炸》由解放军出版社出版;山东大学、山东师范大学联合在高密召开"莫言创作研讨会",有关论文后来汇编成《莫言研究资料》(山东大学出版社1992年出版)。

1989年,35岁。春天,小说《白狗秋千架》获台湾联合报小说奖;中短篇小说集《欢乐十三章》由作家出版社出版;长篇小说《十三步》由作家出版社出版。夏天,中篇小说《你的行为使我恐惧》在《人民文学》发表。冬天,开始创作长篇小说《酒国》。

1990年,36岁。中篇小说《父亲在民夫连里》在《花城》发表。

1991年,37岁。完成在北京师范大学鲁迅文学院创作研究生班的学业,获文艺学硕士学位。春天,在多家刊物发表文学作品,包括中篇小说《白棉花》(《花城》)、《战友重逢》(《长城》)、《怀抱鲜花的女人》(《人民文学》)、《红耳朵》(《小说林》)。夏天,创作《神嫖》、《夜渔》、《鱼市》、《翱翔》等短篇小说十二篇。秋天,中短篇小说集《白棉花》由华艺出版社出版。

1992年,38岁。发表中篇小说《幽默与趣味》(《小说家》)、《模式与原形》、《梦境与杂种》(《钟山》)。

1993年,39岁。春天,长篇小说《酒国》由湖南文艺出版社出版;中篇小说集《怀抱鲜花的女人》由社会科学出版社出版;夏天,小说集《金发婴儿》由长江文艺出版社出版。冬天，长篇小说《食草家族》由华艺出版社出版，短篇小说集《神聊》由北京师范大学出版社出版。

1994年，40岁。母亲去世。小说集《猫事荟萃》由新世界出版社出版。

1995年，41岁。春天，在高密创作长篇小说《丰乳肥臀》；《莫言文集》（1—5卷）由作家出版社出版（该文集包括《红高粱》、《酩酊国》、《鲜女人》、《道神嫖》、《再爆炸》5卷）。冬天，《丰乳肥臀》连续两期在《大家》连载。电影《太阳有耳》获柏林电影节银熊奖。

1996年，42岁。春天，《丰乳肥臀》由作家出版社出版；

1997年，43岁。脱离军界，以副师级创作员转业到地方，在最高人民检察院所属《检察日报》社工作，负责为报社影视部撰写影视剧本；长篇小说《丰乳肥臀》获首届"大家文学奖"（奖金高达10万元）。创作话剧《霸王别姬》（与人合作）。

1998年，44岁。在多家刊物发表文学作品，包括中篇小说《牛》《东海》第6期、《小说月报》第9期、《小说选刊》第9期转载）；《三十年前的一场长跑比赛》（《收获》第6期），短篇小说《拇指铐》（《钟山》第1期，《小说选刊》转载）、《长安大道上的骑驴美人》（《钟山》第5期）、《白杨林里的战斗》（《北京文学》第7期）、《一匹倒挂在杏树上的狼》（《北京文学》第10期）、《蝗虫奇谈》（《山花》首发，《小说选刊》第5期选载）。冬天，散文集《会唱歌的墙》由人民日报出版社出版。

1999年，44岁。春天，中篇小说《师傅越来越幽默》在《收获》第2期发表，后被改编为电影《幸福时光》（张艺谋导演，赵本山、董洁主演）；长篇小说《红树林》由海天出版社出版。秋天，小说集《长安大道上的骑驴美人》由海天出版社出版。在多家刊物发表文学作品，包括小说《我们的七叔》《花城》第1期），短篇小说《祖母的门牙》（《作家》第1期），中篇小说《野骡子》、《司令的女人》（《收获》），《藏宝图》（《钟山》），短篇小说《儿子的敌人》、《沈园》（《长城》）。

2000年，46岁。《红高粱家族》被《亚洲周刊》评选为20世纪中文小说100强。春天，《师傅越来越来越幽默》由解放军文艺出版社出版。秋天，《莫言短篇小说》（1—3卷）由上海文艺出版社出版（该文集包括《老枪·宝刀》、《苍蝇·门牙》、《初恋·神嫖》3卷）；《莫言散文》由浙江文艺出版社出版。

2001年，47岁。春天，长篇小说《檀香刑》由作家出版社出版；夏天，被

聘为山东大学文学与新闻传播学院兼职教授;小说集《战友重逢》由解放军文艺社出版。秋天,小说剧本集《冰雪美人》、小说集《生蹼的祖先》由文化艺术出版社出版。《檀香刑》获台湾联合报读书人年度文学类最佳书奖;《酒国》获"法国儒尔·巴泰庸外国文学奖"。

2002年,48岁。担任山东大学文学与新闻传播学院中国现当代文学专业研究生导师。春天,《莫言中篇小说集》(上、下)由作家出版社出版;中篇小说《扫帚星》在《布老虎中篇小说春之卷》发表(春风文艺出版社出版)。秋天,短篇小说集《拇指铐》、《罪过》、随笔集《清醒的说梦者》由山东文艺出版社(东岳文库)出版;随笔集《什么气味最美好》由南海出版公司出版;影视剧本集《英雄美人骏马》由花山文艺出版社出版;与阎连科合著的长篇小说《良心作证》由春风文艺出版社出版。冬天,中篇小说集《司令的女人》由云南人民出版社(收获精品系列)出版。

2003年,49岁。夏天,长篇小说《四十一炮》、演讲集《小说的气味》由春风文艺出版社出版。秋天,中短篇小说集《藏宝图》由春风文艺出版社出版。《檀香刑》获首届鼎钧双年文学奖。冬天,被聘为汕头大学文学院兼职教授。

2004年,50岁。春天,《莫言文集》(十二卷本)由当代世界出版社出版;《彩绘莫言精品中篇》(六卷本)由民族出版社出版。长篇小说《四十一炮》获第二届"华语文学传媒大奖·年度杰出成就奖";获"茅台杯·人民文学奖",获法兰西文化艺术骑士勋章。

2005年,51岁。春天,《莫言作品精选——跨世纪文丛精华本》由长江文艺出版社出版。获香港公开大学荣誉文学博士学位。获意大利诺尼诺国际文学奖。

2006年,52岁。春天,第一部长篇章回小说《生死疲劳》由作家出版社出版;《月光斩——莫言近作自选集》由北京十月文艺出版社出版;《莫言北海道走笔》由上海文艺出版社出版。获日本福冈亚洲文化大奖。冬天,被聘为青岛理工大学客座教授;荣登"2006第一届中国作家富豪榜"第20位(10年345万元版税收入),引发广泛关注。

2007年,53岁。夏天,《说吧,莫言》系列丛书(共3卷,约100万字)由海天出版社出版(该丛书包括访谈对话集《说吧莫言:作为老百姓写作》、演讲创作集《说吧莫言:恐惧与希望》、散文随笔集《说吧莫言:北京秋天下午的我》)。秋天,由《检察日报》社调到文化部中国艺术研究院,从事专业写作和研究;荣登"中国作家实力榜"榜首,余华、史铁生、阿来和王安忆同居次席。

2008年,54岁。《生死疲劳》获第2届红楼梦奖首奖;长篇小说《四十一炮》入围第七届茅盾文学奖(最终作品)。冬天,《莫言获奖长篇小说系列》(五卷本)由上海文艺出版社出版;被聘为中国海洋大学文学与新闻传播学院驻校作家。

当年4月,国内第一部介绍莫言生平、评论莫言作品的专著——《莫言评传》(叶开著)由河南文艺出版社出版。

2009年,55岁。春天,受聘为潍坊学院文学与新闻传播学院名誉院长。夏天,《莫言自选集》由海南出版社出版。冬天,长篇小说《蛙》由上海文艺出版社出版。高密莫言文学馆开馆。

当年起开始使用新浪微博。

2010年,56岁。夏天,中篇小说集《欢乐》(三册)由上海文艺出版社出版。上海复旦大学举办莫言创作研讨会。

2011年,57岁。春天,应邀成为军赋文学院特约作家;夏天,长篇小说《蛙》获第八届茅盾文学奖;冬天,被聘为青岛科技大学客座教授;当选中国作家协会(第8届全委会)副主席。

2012年,58岁。春天,被聘为华东师范大学中文系兼职教授;夏天,短篇小说集《姑妈的宝刀》由上海文艺出版社出版。10月11日,获2012年诺贝尔文学奖,成为第一个获诺贝尔文学奖的中国籍作家。

后 记

2012年金秋时节，从遥远的斯德哥尔摩传来了中国当代作家莫言摘取诺贝尔文学奖桂冠的消息。在为莫言感到欣慰、为中国文学感到庆幸的同时，我和许多国人一样，对莫言的获奖经历、成长经历和创作经历也产生了了解的渴望。而随着这种了解的深入，进一步萌发了把自己了解的东西与大家共同分享的想法。于是，有了眼前的这本《莫言和他的故乡》。应当说，本书的写作完全是出于自己对莫言、对文学、对齐鲁大地的热爱。

首先，是出于对莫言的热爱。莫言出生于上世纪50年代，生长于偏僻的乡村和贫苦的家庭，经历了童年和青少年时期的饥饿、孤独、受歧视等种种磨难，从一个不遭人待见的放牛娃成长为一个世界级的文学大师。他的人生道路给人们留下了许多有益的启示，也使我想起了童年时读过的高尔基的《在人间》和《我的大学》。两位大师的人生经历都印证了这么一句古老的格言：苦难是人生的老师。自然，饱经苦难而终成大器的莫言是值得人们热爱的。

其次，是出于对文学的热爱。回想年少时，自己也曾是一个"文学少年"，也有过与莫言同样的"追书"、"换书"、"藏书"和如饥似渴、废寝忘食地读"红色小说"、"古典小说"的经历。后来上了大学，读了研究生，虽然学的是经济学，却始终没有放弃对文学的喜好。刘再复的《性格组合论》等文艺新潮理论和宋耀良的《十年文学主潮》等文学史著作，成了我读书阶段的案头书。它使我对文学作品中的许多人物形象有了更加透彻的理解，对现当代文学史上的许多思潮、现象、作家、作品也有了更为全面的了解。随着市场经济大潮的兴起和网络等新传播工具的发达，纯文学似乎离人们越来越远，而莫言的获奖则使人们重新唤回了对文学的关注和热情。莫言是如何获得成功的？他在文学作品中构建的"高密文学王国"是什么样子的？这是文学界内外的人们所共同关心的问题，自然也引起了笔者深入探究一番的极大兴趣。

再次，是出于对莫言的故乡——齐鲁大地的热爱。2003年"非典"肆掠之际，我第一次来到山东，就被青岛美丽的海滨景色、八大关的"万国建筑"、崂山的清静幽雅所深深地吸引。2005年，我第二次来到山东，从济南到泰安到曲阜，齐鲁山水的雄浑和悠远深深感染了我，大明湖的春色、趵突泉的美景让我陶醉，泰山的雄伟和孔府的壮观则让我感到震撼。2012年，我再次踏上齐鲁大地，从潍坊到日照，一路上，与作家、企业家交流，与地方领导座谈，赏五莲风光，听费翔演唱，不仅感受了"尚质朴、崇豪迈、重信义"的山东朋友的热情，而且领教了"好客山东"与"好酒山东"的名不虚传。

"岱宗夫如何，齐鲁青未了。造化钟神秀，阴阳割昏晓。"当年，"诗圣"杜甫的一首《望岳》，勾勒出齐鲁山水和岱宗泰岳的雄伟壮丽，表达了诗人敢于攀登绝顶、俯视一切的雄心和气魄。如今，出自山东的当代作家莫言果然登上了诺贝尔文学奖的世界殿堂，领略那"会当凌绝顶，一览众山小"的无限风光。

"三十文章惊海内，一朝获奖震寰宇。"我为莫言高兴，为中国文学高兴，也为山东感到高兴。从先秦的孔子、孟子、荀子到当代的莫言，齐鲁大地为世界贡献了多位文化大师。时代改变了，而亘古不变的是孔子的"仁心"和莫言的"人性"。

在三十多年的创作生涯中，莫言先后创作了十一部长篇小说和一百多部中短篇小说。从《红高粱家族》到《檀香刑》再到《蛙》，他实现了自己创作主体意识的"三度跃迁"（贺立华语），即从"为老百姓写作"到"作为老百姓写作"，再到"把自己当'罪人'来写作"，这是他创作境界的三次提升，也是他心灵境界的三次"净化"。

从《红高粱》时期青年莫言天马行空般的自由写作，到《檀香刑》时期中年莫言的"大踏步撤退"和"以平民姿态的写作"，再到《蛙》时期已过天命之年的莫言"拷问人的灵魂和作家自己灵魂的写作"，莫言一步步深入对人类生存困境的思考，他的作品日益表现出悲天悯人的情怀和浓重的忏悔意识。而"有无悲悯情怀和忏悔意识，则是一个作家是否能成为世界级作家的重要尺度之一，同时也是一个民族、一个政治组织、一个国家优劣的重要尺度之一"（《贺立华：莫言创作三十年，心境三度跃迁》）。在《我心》一诗中，莫言写道：

我心化作一枝荷，亭亭净植思无邪。虽出淤泥而不染，香远益清质高洁。

诗中所表达的回归内心的自悟、自省以及清心寡欲、宠辱不惊、"思而无邪"的心态，是叱咤风云之后中年莫言的真向往、真性情，也是莫言持之不懈的心灵追求。或许正是由于他的"思无邪"，由于他始终如一、心无旁骛的执着写作，诺贝尔文学奖最终才幸运地落在了他的头上。

　　本书写作过程中，参阅了海内外许多新闻媒体和学术机构发表的相关报道和评论文章，尤其是莫言的散文集《我的高密》和演讲集《用耳朵阅读》、高密莫言研究会的《莫言与高密》以及叶开的《莫言评传》等著作，为本书提供了许多素材，并给了我许多启发和帮助。由于成书时间较为仓促，书稿中仍有许多不准确、不规范或其他不当之处，尚祈读者及莫言的研究者们予以批评指正及谅解。如果这本小书能够有助于增进读者对于莫言的点滴了解，则编写本书的目的也就达到了。

　　本书出版过程中，厦门大学出版社的领导和相关编辑给予了许多支持和帮助；著名军旅作家、莫言的高密同乡、潍坊市作协秘书长阎海峰为本书撰写了序言；几位好友不仅给予多方面的鼓励，而且提供了相关参考资料，在此一并表示衷心的感谢。

林间
2012 年 12 月 15 日

图书在版编目(CIP)数据

莫言和他的故乡/林间. —厦门:厦门大学出版社,2013.1
ISBN 978-7-5615-4533-1

Ⅰ.①莫… Ⅱ.①林… Ⅲ.①莫言-生平事迹②莫言-文学评论 Ⅳ.①K825.6
②I206.7

中国版本图书馆 CIP 数据核字(2013)第 000331 号

厦门大学出版社出版发行

(地址:厦门市软件园二期望海路 39 号　邮编:361008)
http://www.xmupress.com
xmup @ xmupress.com

厦门集大印刷厂印刷

2013 年 1 月第 1 版　2013 年 1 月第 1 次印刷
开本:720×970　1/16　印张:19.75
插页:2　字数:323 千字
定价:35.00 元

本书如有印装质量问题请直接寄承印厂调换